AF422895

When Pain Smiles

When Pain Smiles

NAVIGATING THE RAGE OF IED (INTERMITTENT EXPLOSIVE DISORDER)

Nancy E Reyes

Copyright © 2023 by Nancy E Reyes

Contact the author at: starpoems616@gmail.com

All rights reserved. No part of this book may be reproduced in any manner whatsoever without written permission from the author / publisher, except as permitted by US copyright law.

All poems written by Nancy E. Reyes

Book covers and all photography by Nancy E Reyes

ISBN 979-8-988-1610-0-4 (print)
ISBN 979-8-988-1610-1-1 (epub)

Dedication

To all who struggle with mental health issues and disorders:

Breathe in your tomorrow.
Exhale your past.
What is ahead of you
is brighter than what you've surpassed.

----Nancy E Reyes

ACKNOWLEDGEMENTS

Lord God, my Jesus, essentially and principally, I give You all the praise for who I am, and what my future is holding. You are THE reason for my strength in all my fears, and my direction when I am lost. Through prayer, I am always with You. I am never alone.

Elijah and Elyssa: A mother could ask for no more than the gifts and love you have given me. You accepted and tolerated my episodes when I was at my worst, and when it was the most difficult for you. Without you, I could never be who I have grown to be.

Iraida Reyes: My best friend as little kids and my sister-in-law forever. Your constant positivity and faith inspire me when all I have is a will. I could think of no one else who I would have chosen to be my editor for this project. It is my honor. Thank you, Titi!

Josefina Vega: Mi hermana from another mother. My sister from another mister. From the 'hood to the good. Your unconditional and undying love and constant repeated urging to, "just be you", keeps me going. You have always been my control. To Barbra, from Ingrid.

Lorraine Perdomo: Mi otra hermana from another mother. My other sister from another mister. Your constant encouragement and authenticity round off my corners and keep me in the game...from New York to now.

Doretta Gratkowski: Your unwavering faith in God and steadfast "it is what it is" perspective is a perpetual reminder that He is in control no matter what.

Mary Harfst: You are my compass and guiding star. You have no idea how many times I look to you for another reason to take the next step.

Susan Davis: You knew nothing of my disorder nor how I silently relied on you day after day for balance. Your calm demeanor leveled me more than you ever realized.

Dr. Marc Calicchio: You are not only my chiropractor but my silent angel. The care and concern you have shown and the time you have taken with me increased my strength and fortitude physically, mentally and emotionally.

Dr. Stephen Scrimenti: Session after session, I walked away with a nugget, a pearl, of your wisdom that propelled me in my upward journey. You told me, "Don't rush", but yet also smilingly said, "Get the darn book done!! I expect to see it in 2 weeks". (See page 48.)

Preface

When I was diagnosed with Intermittent Explosive Disorder (IED), I began my journey towards acceptance and recovery, and decided to journal my experiences. I needed to gain an understanding of my disorder, and to learn how to navigate amid the triggers and episodes. Just as importantly, I needed to remove my personal negative stigma of mental disorders as a whole. I immediately realized that there may be others who are needing help as I do.

I decided to publish my journey. My poetry outlines my personal lived experiences in facing and navigating my rages of IED.

There is no shame in having a mental disorder and none of us should feel ashamed in living with one. We should not be judged nor labeled. Apart from the episodic rages, we are just as wonderful and just as beautiful as the people who lack mental disorders. We each require our very own specific attention and care in the midst of our episodes. We must individually identify what those are and then feel empowered to request help from loved ones. We must have the inherent belief and love for ourselves that we deserve.

CONTENTS

Introduction

I was 9 years old, running in the streets of Queens. Born and raised in New York, I was a tomboy, always outside with my brother and his friends. Yes, I had friends who were girls, but I preferred playing street ball (baseball, softball, football, wiffle ball, stoop ball) and "catch" with an actual mitt and baseball and throwing frisbees with all the boys on the block. And, of course, New York City in the 70's wouldn't be New York City without the annual block parties. We had them every summer. The streets were barricaded by cars so no one would drive down the blocks. Loud music and even louder neighbors filled the air. As kids, we all ran just for the sake of running, because we could. During this one particular block party, we rode our bikes. All of us, racing one another, up and down the block using the trees as finish lines. I was finally ahead of everyone. I was standing and pedaling as fast as I could go. True, that I was given a head start, but I was ahead! I was flying down the right side of the street. I looked over my left shoulder to see where everyone was, and to see how close they were to me. I saw my brother, who is 18 months older than me, just a few feet behind me. He was laughing maniacally because he was catching up and pedaling fast. I turned my head to face forward again, when suddenly, to my right, a kid (I don't remember who he was) on his bike came barreling out of a driveway and into the street. I turned my handlebar quickly to my left so we wouldn't crash.

The next thing I remember was waking up on my couch and seeing the faces of my brother and all of our friends staring down at me and yelling, "Nancy! Wake up!" They were nudging me. I was confused. They explained that I crashed into another kid on my bike. I was knocked out. My brother's best friend's father picked me up (the crash happened in front of his house) and carried me home.

Later, I was taken to the hospital and x-rayed, and found to have a broken nasal bone. Over the next several days, my face swelled up and I developed bruising across both eyes. The first day of school (4th grade) was 2 days after the bike crash. I began my school year with 2 black eyes, a swollen face and a broken crooked nose. I found out how cruel kids can be. My nickname became, "Igor" and I was asked a hundred times what truck hit me. In time, the bruising faded, and my nose and the swelling healed. I recovered from the physical wounds; however, my brain was injured. I didn't know it was. No one did. No one thought that I could have had a concussion or a traumatic brain injury. Maybe those conditions were not well known back then.

As time progressed, I began exhibiting very little tolerance over the smallest things. It worsened over the years. Family and friends wrote it off as a bad attitude. As an adult, my inability to control my impulses and reactions began to affect relationships and the simplest of activities. I broke mirrors, cell phones and many other things, yelled at my kids, damaged walls, displayed road rage, hurt myself, threw things, punched objects, cursed and just flew into unwarranted tirades. It was getting harder and harder for me to function day-to-day without having crying fits and uncontrollable rages. I began to realize that my reactions were not "normal", and I began to believe that something was wrong with me. My self-image and esteem were horrible. I was on the verge of...I wasn't really sure of what, when I decided to do a web search for.... what? I just entered "uncontrollable rage" on the address bar and hit "enter". The very first item on the list was, "Intermittent Explosive Disorder" or "IED". I clicked on it. I read the definition. I re-read it. I sat and stared at those words which were describing me. They hit me like a ton of bricks. They were describing exactly what I have been experiencing all of my life.

As I read a little more, I just knew.

Immediately, I searched for a support group and found one on a social media site. Over the next few months, I read and studied all about IED. I communicated with several people from the support group and was astounded to find people just like me. Some were in worse degrees of intensity with IED. Others shared exactly the same types of reactions and outbursts that I was experiencing. I then learned about a clinic which specializes in diagnosing IED. I decided I needed to speak to professionals in the field. Over the course of a couple of days, I had exams and tests done. I was evaluated. I was officially diagnosed with IED, a disorder resulting from a traumatic brain injury (TBI). I was so relieved to finally know.

Instantly, I felt fear and hopelessness.

It has been 18 months since my diagnosis, and I have been on a journey that I would not trade for anything in the world. I've always had faith in God and know that Jesus is my Lord and Savior. That faith has carried me through.

I've been writing poetry since I was a kid and decided to use that medium throughout my journey for healing. Thus, this book, "When Pain Smiles: Navigating the Rage of IED". I began writing about it when I realized my disorder. My poems in this book describe my journey with TBI, IED, their effect on me, the episodes of my rages, the realization and acceptance that I have no cure, the embracing of IED and of the unknown of what is to come and what I wish for.

ME

I am an adult child of an alcoholic
who has suffered through abuse.
I had a traumatic brain injury
and been ignored and abandoned and reduced.
These things have been tangled up inside me
like strands of hair matted on a brush....
can't pull one out from the others...
I just don't know how or where to start.
So much confusion. So much anxiety.
So much nothingness that I've felt.
Now 40, 50 years later,
my brain needs so much help.
I find it so hard to focus.
Many times I cannot sleep.
I have dangerous and explosive reactions
over minor and unimportant things.
I yell and scream and curse.
I throw and break what's within reach.
I hurt myself to the point of bruising.
There was one time that I did bleed.
See, my brain cannot react rationally
because it was banged up many years ago.
The injury altered its capability
to provide insight, judgment and impulse control.
So, whether it's the emotional trauma from my youth,
or the trigger which will inevitably happen soon,
it propels me from 0 to 100
and all of hell's madness breaks loose.

IED

...a struggle since i was young,
a battle most of my life,
like an obsessive companion,
never leaving my side....

...never picks me up
when it's triggered to come around.
only dismantling and sabotaging
until i'm crushed and crumble down...

...it fills me with desperation
and my hopelessness surmounts.
my thoughts fly haphazardly...
...a balloon whose air has been let out...

...it slams my back against the wall
for simple things i can't get done.
my brain starts to misfire
and beckons my madness to rage on...

...trapped in a volatile collision,
there's nowhere for me to go.
my plans are changed to something else...
...i no longer have a mind of my own...

...it's doing this deliberately
as it torments and laughs at me.
help! how can i get out of this?
i find it difficult to breathe...

...can someone help me?!
i am abandoned and all alone,
drowning in a swarm of visual words,
overpowering and seizing hold...

...can someone step inside
to see the horror of my disorder?
can someone feel what can't be seen
and validate my torture?

B.O.L.O

I cry every day
because I am so afraid
of having this disorder
getting in my way
of everyday things
and important tasks,
staying on focus
and not losing track.
I'm on heightened alert...
not knowing what to do,
being on look out,
lacking all the tools
to control it, to tame it,
to keep it at bay
so I don't destroy or hurt
anything in my way.

10

HEAL, EMBRACE, DREAM

Heal the hurt.
Embrace the inevitable.
Dream the discovery.

<u>DEAD END</u>

Racing thoughts inside my head,
I try to breathe.
My brain has no breath.

Scattered voices in my brain,
I try to ignore.
I am unable to tame.

Rising madness to the nth degree,
I try to control.
It brings out the hell from me.

Hellish despair and strangulation,
I try to be heard.
No one hears the demolition.

PATCHWORK

At my age and stage,
I am more dead than I am alive.
Yet, I am fighting the
biggest challenge I've had
up to this point in my life:
renewing, retraining,
creating new pathways in my brain;
accepting, self-loving,
gathering my pieces,
embracing that I'm ok.
But everyday is patchwork.
Nothing is a whole thing anymore.
Bits and pieces,
one moment to the next,
ensuring I'm better than before.

Every step is a stop to evaluate,
assess, appraise and measure.
Check my pulse,
count a success,
but it doesn't last forever.
Unforeseen, unexpectedly,
a small thing goes wrong.
Confusion, turbulence,
an explosive reaction,
all control and rationale are gone.

DAMNED

Speed bump. Pothole.
Flipped script.
Red light. Blind spot.
Brick wall is hit.
Once more. Over again.
Record skips.
Repeat. Rerun.
Never ending shit.
This morning. Yesterday.
Daily defect.
Constant. Erratic.
Will I ever get fixed?
Despair. Hopelessness.
Infinite distress.
Wrath. Rage.
Wretched abyss.

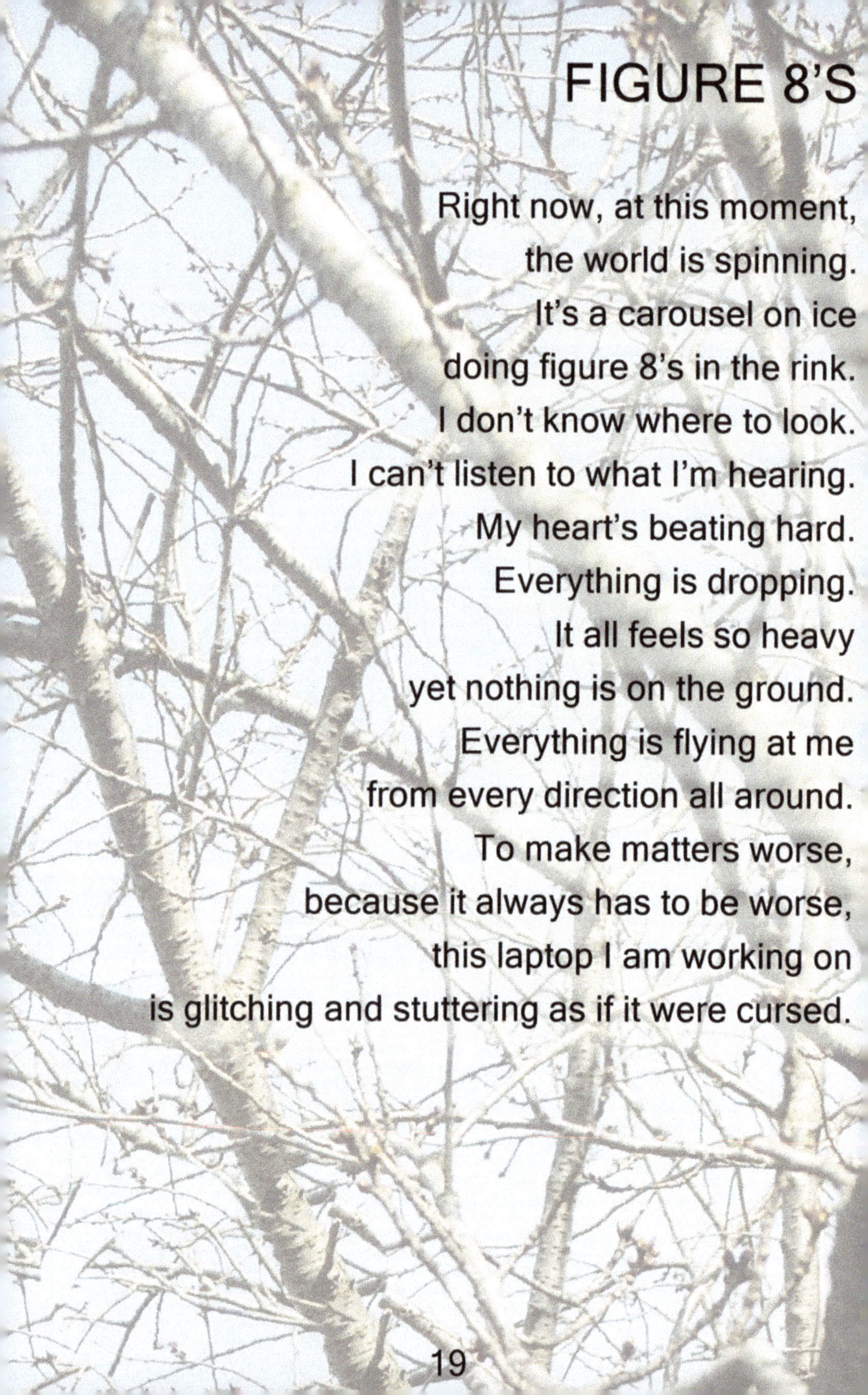

FIGURE 8'S

Right now, at this moment,
the world is spinning.
It's a carousel on ice
doing figure 8's in the rink.
I don't know where to look.
I can't listen to what I'm hearing.
My heart's beating hard.
Everything is dropping.
It all feels so heavy
yet nothing is on the ground.
Everything is flying at me
from every direction all around.
To make matters worse,
because it always has to be worse,
this laptop I am working on
is glitching and stuttering as if it were cursed.

This program is not responding
when I click to save my work.
I feel the pressure building up...
the tears, the madness, the rage about to burst.
It's hard to breathe right now
with this pressure on my chest.
There are so many things I'd rather do
but I'm writing of my IED instead.
                    (I really want to write about being dead.)
And this program is not responding,
with every other key stroke it just spins and spins.
Why does my life have to be this way?
Nothing's easy. Everything's a fucking "thing".
Too many things in my head. Bouncing. Rushing.
Like a bingo cage with all the scattering balls.
What do I do first? But that's taking too long!
Maybe I'll do something else. Oh, just fuck it all!

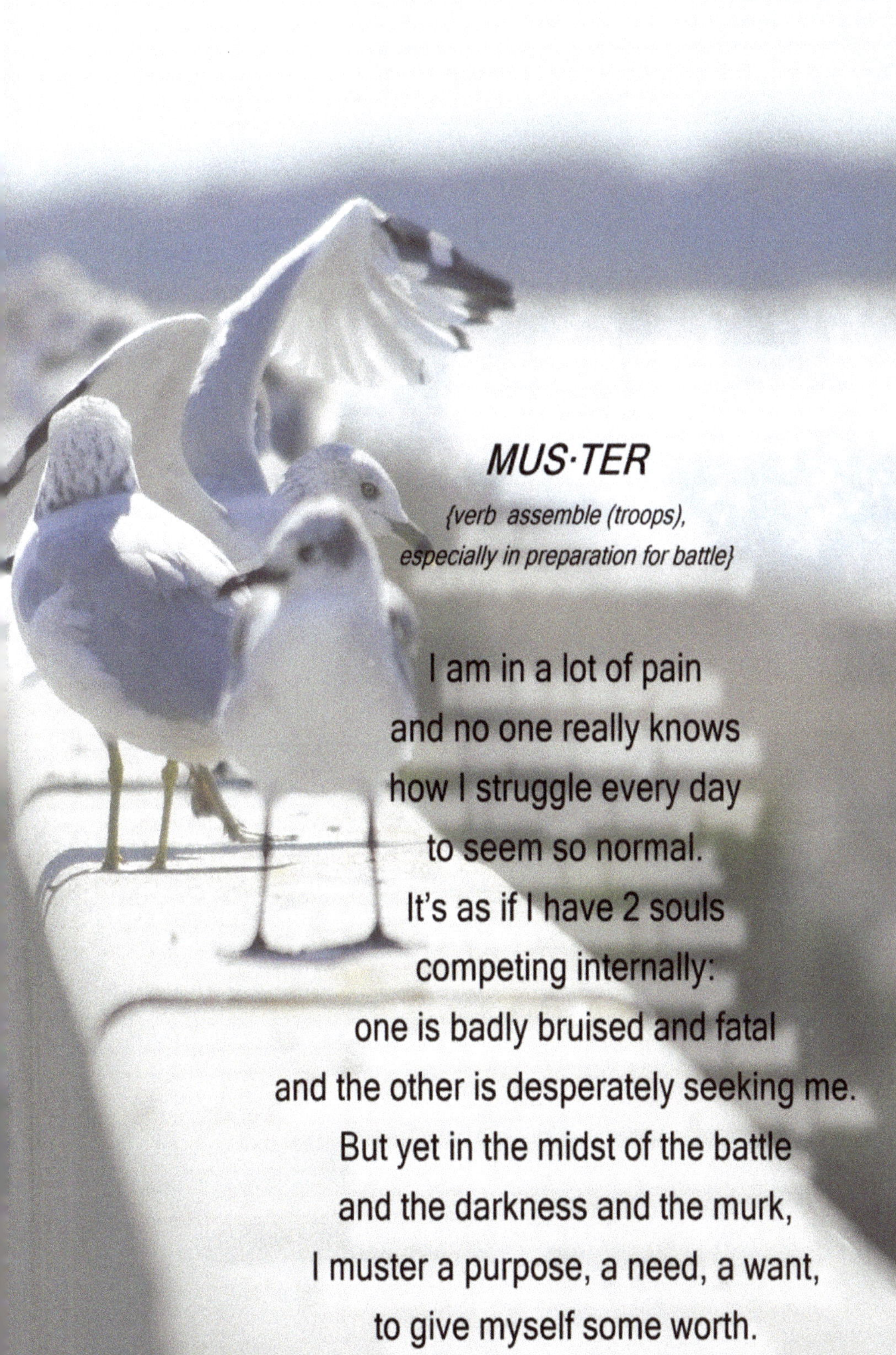

MUS·TER
{verb assemble (troops),
especially in preparation for battle}

I am in a lot of pain
and no one really knows
how I struggle every day
to seem so normal.
It's as if I have 2 souls
competing internally:
one is badly bruised and fatal
and the other is desperately seeking me.
But yet in the midst of the battle
and the darkness and the murk,
I muster a purpose, a need, a want,
to give myself some worth.

DENT IN MY BRAIN

There is a dent in my brain.
It can never be fixed.
It's been there since I was 9.
Didn't know it exists.
It has been a part of me.
It is who I am.
It controls my reactions
and ruins my plans.
It can never be fixed.
It is dented forever...
a permanent impression
that lured a devastating disorder.

FRESH BLOOM

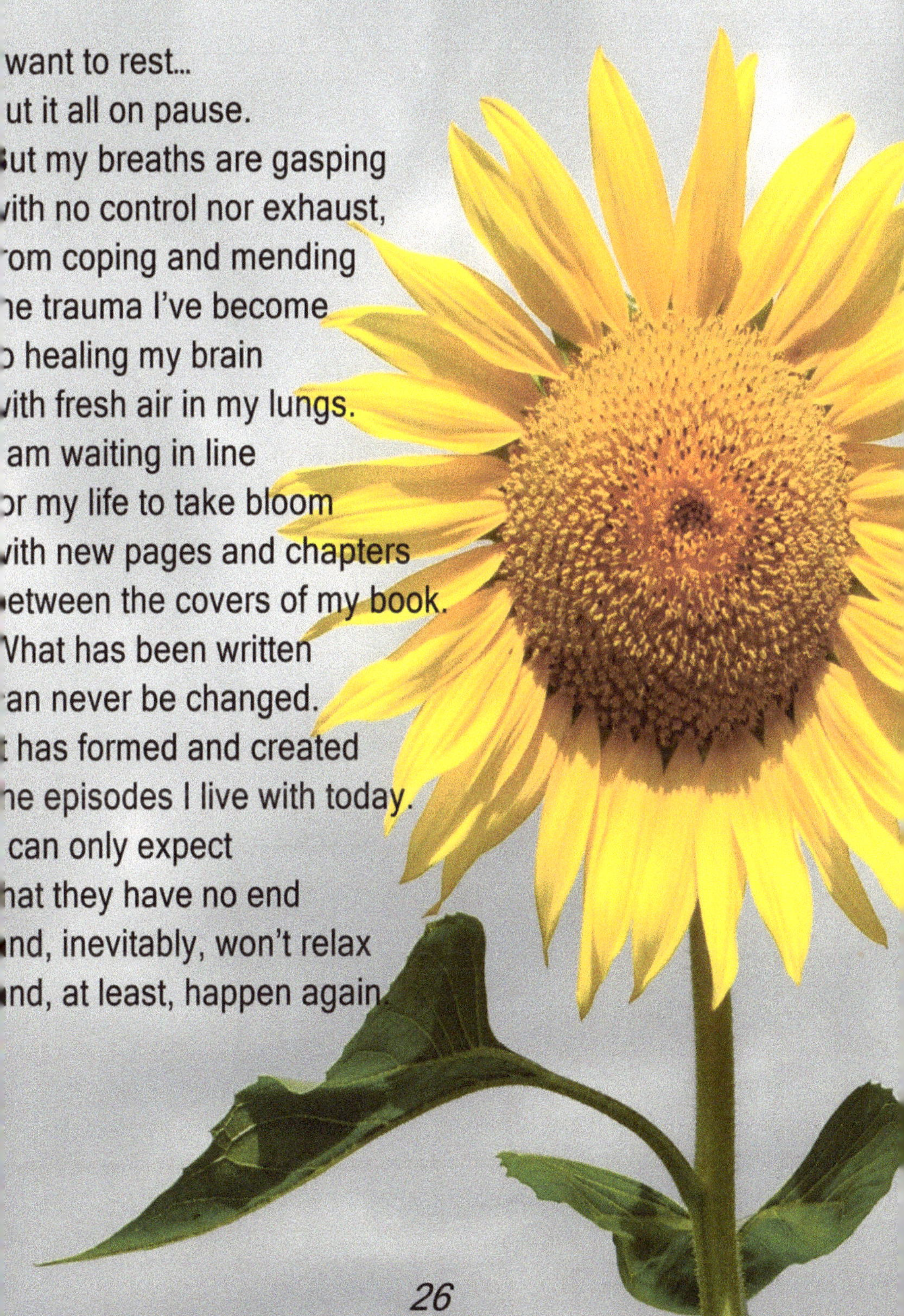

want to rest...
ut it all on pause.
ut my breaths are gasping
ith no control nor exhaust,
om coping and mending
he trauma I've become
 healing my brain
ith fresh air in my lungs.
 am waiting in line
or my life to take bloom
ith new pages and chapters
etween the covers of my book.
What has been written
an never be changed.
 has formed and created
he episodes I live with today.
 can only expect
hat they have no end
nd, inevitably, won't relax
nd, at least, happen again.

NO ONE KNOWS

I feel so alone
as I wait for me to begin.
I feel no one knows
all that's started that has no end.
The triggers come from nowhere
just when I think everything is fine.
The madness that unleashes in a second
when everything's jammed in my mind.
No one knows the intensity.
No one knows how overwhelming it gets.
No one knows the abandonment
with so much shit crowded in my head.
No one knows the helplessness,
with my rage as a weapon against me.
No one knows how deeply rooted this is
as I plummet into a hellfire of agony.

D*I*G*

"Damn, I'm good".
Repeat 'til I believe it.
Over and over
til I breathe life into it.
"Damn, I'm good".
Again and again.
Recur and reprise
until it sticks in my head.
"Damn, I'm good".
Knee-jerk reaction.
Evidence and assurance,
mandatory conviction.

AGENDA

A chiropractor. A psychologist.
A neurologist is next.
Massage therapy. Exercises.
Alter what I eat and drink.
Stay in church. Pray some more.
Practice positive self talk.
Improve my hand-eye coordination.
Don't bump my head when I walk.
Vitamins. Supplements.
Discontinue wine.
A neuropsychiatrist. Crisis Intervention.
This healing's going to take time.
Hidden dragons. Inner child.
Need to be kind to myself.
Self-havening. Breathing techniques.
Nurse my brain back to health.
Get more rest. Get more sleep.
Accept, forgive and embrace.
Step away and leave the past.
Find my peace with no escape.

...IN MY HEAD

I want someone
to get into my head
and babysit
the chaos and madness.
I want someone
to feel the moment...
when the trigger presents
and the shit happens.
I want someone
to be surrounded...
in my vacuum of air
and suffocation.
I want someone
to hear the voices...
when I can't listen
nor control them.
I want someone
to see my emotions...
and nurture, realize
and calm them.
I want someone
to get into my head
and claw and fight
the demons to death.

REMEDY

I think I have finally accepted.
I think I have finally learned
that my disorder may have a remedy
but it will never have a cure.
All those voices in my head
that never take a breath to pause,
will never abandon nor leave me.
They will always attack with force.
It is up to me to accept my disorder
and not argue and fight back.
A crying baby doesn't stop crying
until it is given what it lacks.
When those voices crowd and scream at me
like bullies at a defenseless child,
I need to breathe between the words,
and not add any more fuel to the fire.
I need to soothe and drown them out
and talk myself off the mental ledge.
"This is not the first. It won't be the last."
I need to listen to my voice instead.

There are days when
I don't feel like combing my hair.
A baseball cap becomes my crown.
There are days when
I don't feel like dressing up nice.
In sweatpants, I still stand out in a crowd.
There are days when
I don't feel like applying make-up.
My naked skin always glows brightly.
There are days when
I don't feel like wearing jewelry.
Being Plain Jane is just fine with me.
There are days when
I don't feel like pinning the bad guy.
The grander scheme is the better bet.
There are days when
I don't feel like I matter too much.
But God quickly changes my focus.

EMPTY AIR

Missing fulfillment in my life.
Feeling abandoned. Feeling alone.
Needing to fill the empty air.
Begging for acclaim, to be known.
Wanting to survive to feel alive.
Yearning for attention. Seeking my soul.
Needing to return from beyond repair.
Hoping to discover what makes me whole.

SCREAMS

Faceless voices swoop down
from haphazard directions.
Can't seem to control them
nor pause their violation.
They're irrational
and unrelenting when they strike.
They stare and point and demean
louder than a rocket taking flight.
They don't listen to me
when I beg them to stop.
They continue their ranting.
Their browbeating runs amok.
They tell me I'm stupid
and jeer and laugh at me.
They charge and crowd my head
with incoherent screams.

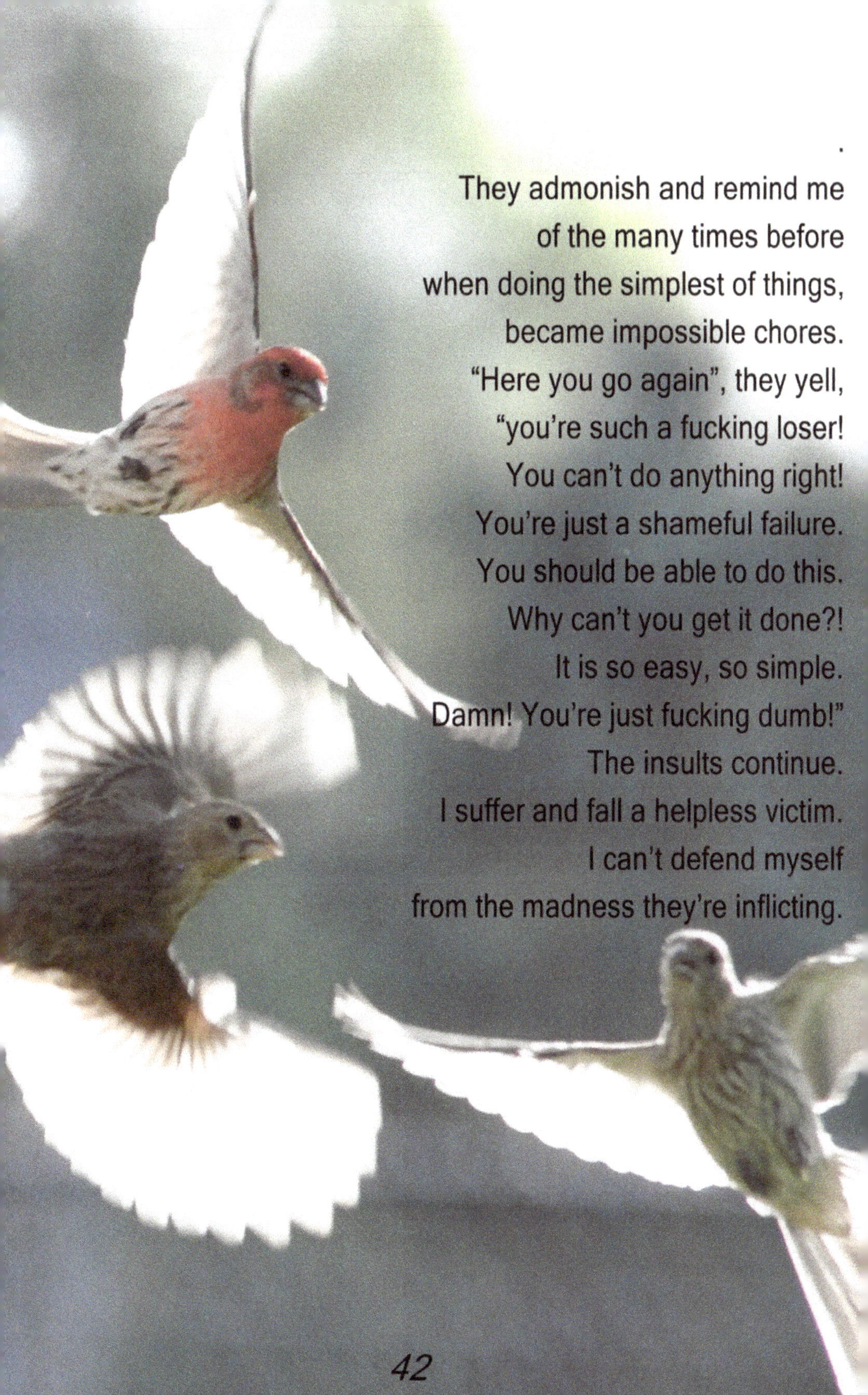

They admonish and remind me
of the many times before
when doing the simplest of things,
became impossible chores.
"Here you go again", they yell,
"you're such a fucking loser!
You can't do anything right!
You're just a shameful failure.
You should be able to do this.
Why can't you get it done?!
It is so easy, so simple.
Damn! You're just fucking dumb!"
The insults continue.
I suffer and fall a helpless victim.
I can't defend myself
from the madness they're inflicting.

PERHAPS MY REFLECTION

Someone beautiful?
Perhaps.
Ready with all the answers
to spit fire and shoot back?
Perhaps.
Someone who rides the waves?
Perhaps.
Rolls with the tides
until the ebb pulls back?
Perhaps.
Someone confused with the mirror?
Yes, perhaps.
Not sure who's supposed to be
looking back.
Yes. Exactly perhaps.

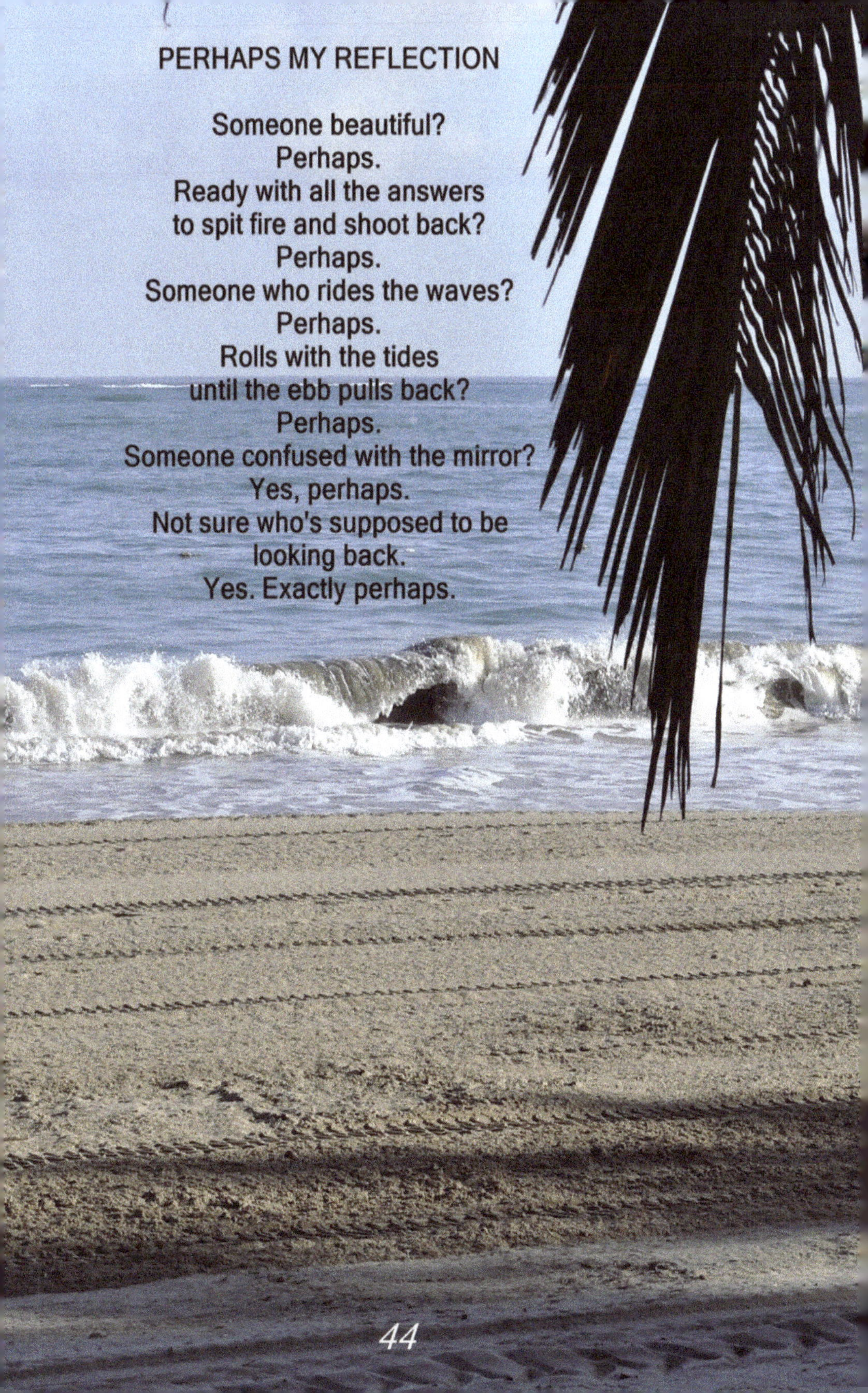

PERHAPS MY REFLECTION

Someone beautiful?
Perhaps.
Ready with all the answers
to spit fire and shoot back?
Perhaps.
Someone who rides the waves?
Perhaps.
Rolls with the tides
until the ebb pulls back?
Perhaps.
Someone confused with the mirror?
Yes, perhaps.
Not sure who's supposed to be
looking back.
Yes. Exactly perhaps.

EVERYTHING

To everyone,
I am no one.
To no one,
I am everyone.
To myself,
I am everything.

DON'T RUSH

Don't rush. Take my time. Relax.

Don't rush. Put my feet up. Kick back.

Don't rush. Take it easy. Hold my horses.

Don't rush. Chill out. Smell the roses.

Don't rush. Take a breather. Exhale.

Don't rush. Slow down. Stay still.

Don't rush. Hold up. Decelerate.

Don't rush. Hold back. Pump the brake.

Don't rush. Cool my jets. Walk slowly.

Don't rush. Don't run. Walk gingerly.

Don't rush. It can wait. Pull the reins in.

Don't rush. Slow my roll. Take it all in.

Don't rush. Take five. Take a break.

Don't rush. Dillydally. Ok to delay.

Don't rush. Don't charge. Slack off.

Don't rush. Pause. Bring it down a notch.

Don't rush. Close my eyes. Listen to the silence.

Don't rush. Wait for the applause. My turn is coming.

PEAK

Finally,
I'm on the highest top I've ever been.
Finally,
my movements are heading in the right direction.
They're no longer staged nor coerced nor wandering.
They're deliberate and timed at my commissioning.
Finally,
I'm not going to stop elevating.
Finally,
my time is here for escalating.
It's no longer biding nor wasted nor restricted.
It is for me to enjoy, anticipate and fill with excitement.
Finally,
I'm on the highest top I've ever been.
Finally,
it's all beginning.

MORNING TEARS

They flow in the morning,
sometimes in the evening, too.
Where they come from
is a mystery with no clue.
Each one holds some pain
of this journey I chose to take.
At worst, making the best
out of all of my mistakes.
Each one holds the hope
of what is invisible to me,
heading into a future
that I dreamt in the past for me.
They remind me of fear
wrapped in the strength of doubt.
But looking within myself,
nothing is stronger than my vow.
So no matter how many tears splash,
carrying the history of my struggles,
they're just paving and making room
for my promises of tomorrow.

ABOVE THE DEBRIS

I don't want this.
Why was it given to me?
Why must I have
an over-reactive duality?
But who am I to pick and choose
what "it" I should have?
Who am I to decide which burden
I'm carrying on my back?
Everyone has a cross to bear.
I believe God chose this for me.
He tells me I am strong enough
to overcome this adversity.
But in the midst of an episode
amid the clamor and the noise,
it's so hard to muddle through
and hear and focus on His voice.
I know He's there.
He has to be.
I just can't hear Him
among all of the debris.
So as I struggle through this struggle
brought on by this condition,
I must hear His faith to control it
and embrace what I was given.

VOLUME

I am in the aftermath
from an episode that just occurred.
I am mad and trembling
and thinking only the worst
thoughts about myself
and how I lost control
simply because I was unable
to lower the volume.
Tap on the right of the speaker
in order to raise it.
Tap on the left
in order to lower it.
I'm tapping and I'm tapping.
The volume is not changing.
I tap again all over the sides.
The volume is not changing.
The speaker is getting larger.
It is not cooperating.
It is laughing and taunting me
because I can't do this simple thing.
It's fucking simple: tap on the side,
the speaker lights up.
The volume will change
to suit my preference.

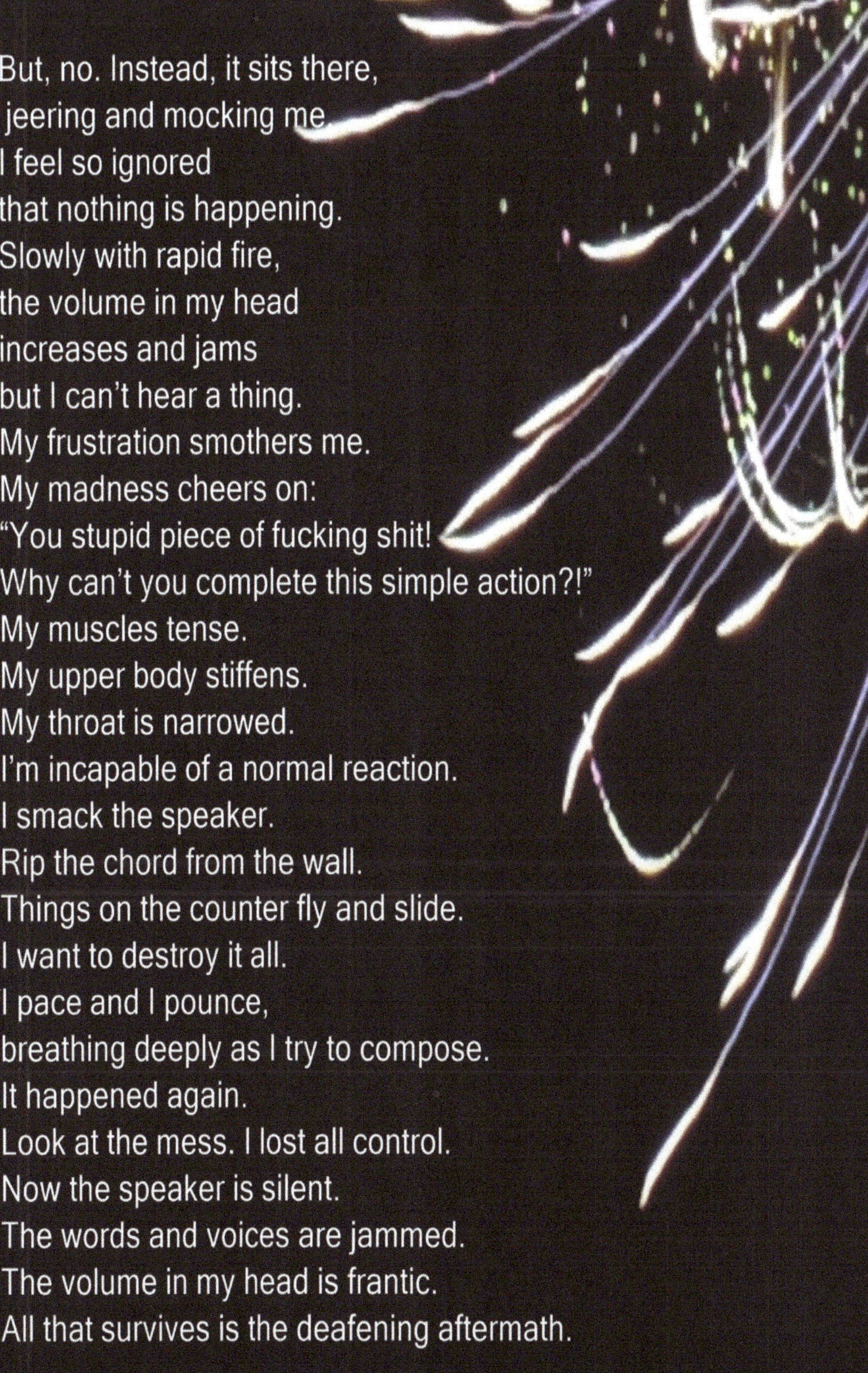

But, no. Instead, it sits there,
jeering and mocking me.
I feel so ignored
that nothing is happening.
Slowly with rapid fire,
the volume in my head
increases and jams
but I can't hear a thing.
My frustration smothers me.
My madness cheers on:
"You stupid piece of fucking shit!
Why can't you complete this simple action?!"
My muscles tense.
My upper body stiffens.
My throat is narrowed.
I'm incapable of a normal reaction.
I smack the speaker.
Rip the chord from the wall.
Things on the counter fly and slide.
I want to destroy it all.
I pace and I pounce,
breathing deeply as I try to compose.
It happened again.
Look at the mess. I lost all control.
Now the speaker is silent.
The words and voices are jammed.
The volume in my head is frantic.
All that survives is the deafening aftermath.

Rose Petals

I HAVE A FEELING
STIRRING WITHIN ME...
A NEED TO BE LOVED
UNCONDITIONALLY,
TO BE ACCEPTED
DESPITE MY VULNERABILITIES,
TO BE FULLY SEEN
WHEN HE DOESN'T EVEN LOOK AT ME.
I WANT HIM TO UNDERSTAND
THAT I CAN'T BE UNDERSTOOD.
I WANT HIM TO BE A MAN
WHEN I'M SUFFERING AND CONFUSED.
I WANT HIM TO WEAR ARMOR
AND HUSH THE SCREAMING WHISPERS
SO HE CAN DEFLECT AND ABSORB
AND FREE ME FROM THE TWISTERS.
I NEED HIM TO DROP ROSE PETALS
AND LEAD ME TO REPOSE
WHEN I'M DEEP IN THE THROES
OF INTRUSIVE EPISODES.

<u>*NAILS*</u>

I'm scared and shamed.
I'm embarrassed to admit
that I am slightly maimed
and feeling quite unfit.
I worry about what family will say
and what friends will propose
if they ever witness my rage
amid my ugly episodes.
Will they think less of me
and distress about what comes next?
Will they shun and repulse me
and not know how to react?
Will they be judgmental and cruel
and ignore what I've accomplished?
Will they label me as a loon
and ignore my successes?
Or will they hold their arms high
and embrace me and show me love?
Will they look in my eyes
and remind me that I am strong enough?
Will they encourage and support me
and offer their assistance?
Will they want to understand me
and still be a part of my existence?

REGARDING ME, PLEASE

Don't tell me to calm down
when I'm in my rages.
Don't try to minimize the triggers
that put me in these stages.
Don't get angry with me.
Don't yell.
Don't ask what is wrong with me.
Don't rebel.
Don't try to finish what I was doing
just to prevent the escalations.
Don't stop me from screaming
nor from assuming fetal positions.
Just lower me down gently
if that is what is called for
and I'll maneuver my reactions
to recover from the storms.
You can walk away silently.
You can stand by my side.
You can pray and whisper to me
until the madness and voices subside.

Don't let me hurt myself.
Please just keep me safe.
Whatever I am holding,
please just take it before it breaks.
Please just grab and hold my hand.
Please just hug me with your strength
because I am mentally falling apart
and need to be physically contained.
Please just squeeze my pieces together
until I feel like one person again.
Because when I'm in these episodes,
I'm tumbling and crumbling with no net.
Don't try to figure this all out.
Just try to understand the sense.
This is a part of what makes me whole.
It's with me, until my very last breath.

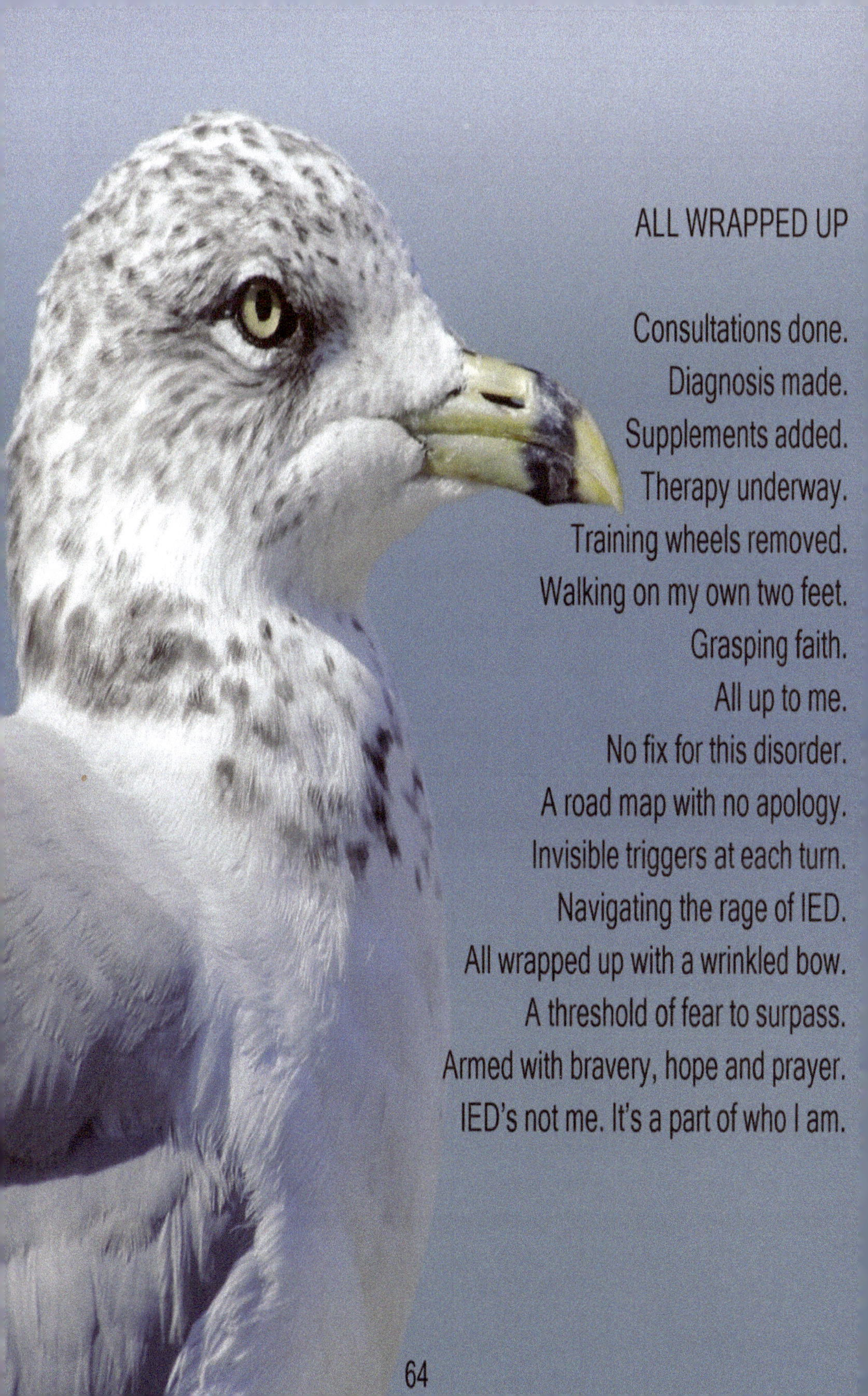

ALL WRAPPED UP

Consultations done.
Diagnosis made.
Supplements added.
Therapy underway.
Training wheels removed.
Walking on my own two feet.
Grasping faith.
All up to me.
No fix for this disorder.
A road map with no apology.
Invisible triggers at each turn.
Navigating the rage of IED.
All wrapped up with a wrinkled bow.
A threshold of fear to surpass.
Armed with bravery, hope and prayer.
IED's not me. It's a part of who I am.

Epilogue

In the midst of receiving my official diagnosis of Intermittent Explosive Disorder (IED) in August 2021, and writing the last poem for this book, All Wrapped Up, in October 2022, I embarked on a journey of healing, self- awareness and acceptance. My first steps were full of fear and angst, as if surrounded by hidden land mines. Feeling helpless, not knowing where and when the triggers would appear, I was scared. Simply put, I was mortified of having explosive reactions and felt doomed. Seeing no light, I felt sorry for myself. In the midst of the confusion and self-restriction, I prayed. I found comfort knowing that my disorder is His will. I continued to pray. He helped me acknowledge all of my accomplishments in spite of having this disorder. It's always been with me. I just now knew it and had a name for it. So, I gave myself permission to be me with IED, and to shower myself with a kindness that I have never shown myself. There was an awakening within me. Suddenly, I believed for the first time in my dreams and saw them within reach.

I wanted to write what was transpiring. Buying a beautiful 5 x 8 notebook, with a fuzzy soft, velvety blue cover, labeled with the word, Dreams, in a fancy font, I began to outline all of my dreams. I assigned dates by when to achieve each one and gave each one a section in the notebook. I've had it since September 2021. Did I write in it every day? Every week? Each month? No, but when I did, I wrote and dreamed as if I had no disorder. The book sat on my night table. It was the first thing I'd glance at in the morning, and the last thing I'd glance at before going to bed. I carried it with me on my bad days and my good days. Just looking at it reminded me constantly of my commitments to the new me with IED. I stayed focus, some days more than others.

I still have triggers and episodes. I always will. But I've learned how to prevent certain episodes by identifying their triggers and navigating around those that I can control. I learned to diminish them, and empower myself with kindness, forgiveness and self-love. In my awareness, I became brutally honest, got out of my own way and dumped the shame. I have accepted who I am: a beautiful, intelligent, passionate woman with strength and grace who has finally permitted herself to be okay, only after understanding herself.

There is nothing that IED can keep me from. By the way, this book is Dream #11. My initial goal was to have it done by Dec 2022. I did not meet that goal. So what? I scratched out that date and reset a new date: October 2023. Guess what? I did it!!! I have another goal: to control my episodes to only one major episode per year. Guess what? I've reset that date many, many times....and it's okay.

I'm okay.

I. Am. Okay.

About the author.....

Nancy E Reyes is a "Nuyorican", a first-line descendant of Puerto Rico, born in Manhattan and raised in Queens, both boroughs of New York. She spent her childhood perfecting the art of being a tomboy while playing street ball with her brother and his friends. She received her A.A.S degree in healthcare while still living in New York, and became an Xray Technologist, subsequently becoming registered and certified in Mammography. After leaving New York and for the past two decades, she has been employed as a Manager of Imaging Operations in a large healthcare organization. Intrinsic to her role is that of serving as an interpreter for the non-English speaking Hispanic community who require medical care. She thoroughly loves her job and feels blessed every day.

Nancy enjoys music, loves old classic black-n-white movies, sweet wine, drawing and antiquing. She enjoys reading and watching baseball. She also shoots...with a 9mm pistol and a 35mm camera. She has been writing poetry since she was a little girl. This is her first book. Her collection of poems, illustrated by her own photography, tell of her compelling struggle with a mental disorder brought on by a traumatic brain injury from when she was a child. Nancy writes candidly and honestly of her journey with the awareness and shame of having a mental disorder, acceptance and navigation of the inevitable, and ultimately, her recovery and endless coping.

Nancy has no major awards to list nor to brag about....well, other than the "Best Mom" award. She has two children in college who are her heart, and of whom she is extremely proud of and thanks God every day for His blessings. She also has a cat which is her buddy and comfort and loves laying across her arm as she types.

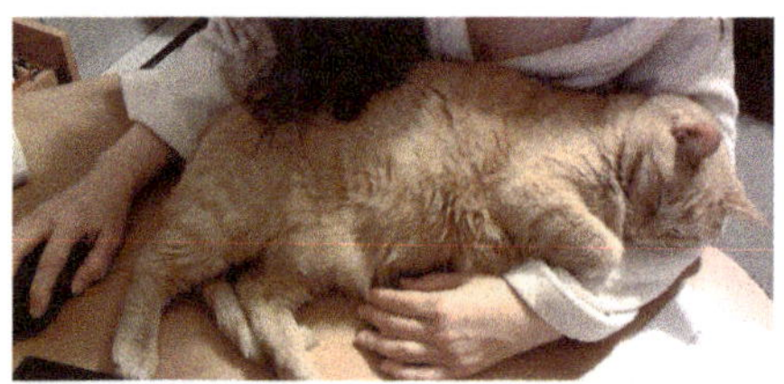

www.ingramcontent.com/pod-product-compliance
Lightning Source LLC
Chambersburg PA
CBHW040131150726
48005CB00015B/2454

P는 고개를 꼿꼿이 쳐들고 앞만 쳐다보면서도 속으로는, '저 여자가 지금 내 옆으로 다가와서 조그만 소리로 정답게 구애(求愛)를 한다면? 사뭇 들이안긴 다면……어쩔꼬?'

이런 생각을 하면서 히죽이 웃는데 여자는 벌써 지나쳐 버렸다.

'흥! 어쩌긴 무얼 어째? …이년아, 일없다는데 왜 이래! 하고 발길로 칵 차 내던지지.' 하고 P는 어깨를 으쓱하였다.

삼청동 꼭대기에 있는 집—집이 아니라 삭월세로 들은 행랑방—에 돌아왔다. 객지에 혼자 있으니 웬만하면 하숙에 있을 것이로되 밥값이 밀리고 그것에 졸릴 것이 무서워 P는 방을 얻어가지고 있던 것이다.

먹는 것이야 수중에 돈이 있는 때에 따라 호떡도 설렁탕도 백화점의 런치도, 그렇잖고 몇끼씩 굶기도 하여 대중이 없었다.

볕 구경을 잘 못해서 겨울에도 곰팡이 슬고 이불을 며칠씩 그대로 펴두는 방바닥에서는 먼지가 풀신풀신 올랐다.

하도 어설퍼 앉으려고도 아니하고 방 가운데 우두커니 서서 있노라니까 안방문 여닫는 소리가 들리며 주인노파가 나와서 캑 하고 기침을 한다. P는 또 방세 졸릴 일이 아득하였다.

그러나 노파는 방세보다도 우선 편지 한장을 들이밀어준다. 고향의 형에게서 온 것이다.

편지를 뜯어 읽고난 P는 말가웃(一斗半)이나 되게 한숨을 푸 내쉬었다. 그리고는 편지를 박박 찢어버렸다.

5

편지의 요건은 P의 아들에 관한 것이다.

P에게는 연전에 갈린 아내와의 사이에 생긴 창선이라는 아들이 있다. 금년에 아홉살이다.

아내와 갈릴 때에 저편에서 다만 어린애만이라도 주었으면 그것을 데리고 길러가는 재미로 혼자 사는 세상에 낙을 붙이겠다고 사정하였다. 그리고 적어도 중학까지는 마치게 하겠다는 것이었다.

그렇게 했으면 P도 한짐을 덜었을 것이다. 그러나 그는 듣지 아니하였다.

어릴적부터 소박데기 어미의 손에서 아비의 원망과 푸념을 들어가면서 자란 자식은 자란 뒤에 그 아비에게 호감을 가지지 못한다. P는 자식을 꼭 찾고 싶은 것은 아니나 아뭏든 장성하면 아비라고 찾아올 터인데 그때에 P는 이미 늙고 자식은 팔팔하게 젊은 놈이 제 어미를 소박한 아비래서 아니 꼽게 군다면 그것은 차마 못 당할 노릇이다.

이러한 생각으로 P는 창선이를 내주지 아니한 것이다. 그러나 빼앗아놓고보니 인제 겨우 너댓 살 박에 아니 먹은 것을 자기 손으로 어찌할 수가 없다. 그리하여 할 수 없이 어렵사리 지내는 그 형에 게 맡기어 놓고 다시 서울로 올라온 것이다. 보통학교에 다닐 나이가 되면 서울로 데려 오겠다고 해 두고.

P의 형은 작년에 조카를 보통학교에 입학시켰다. 그러나 극빈 축에 드는 집안인지라 몇 푼 아니되는 월사금과 학비를 대지 못하여 중도에 퇴학시켰다. 애초에 입학시킬 상의로 P에게 편지를 했을 때에 P는 공부 같은 것은 시켰자 소용이 없으니 차라리 뼈가 보드라운 때부터 생일[勞動]을 시키라고 하였다. P의 형은 그러나 백부(伯父)의 도리로나 집안의 체면으로나 창선이를 생일을 시킬 수가 없었다. 차라리 자기 손에 두어 헐벗기고 헐입히면서 공부도 시키지 못하느니 제 아비인 P더러 데려가라고 작년부터 편지를 하던 터이다.

금년도 입학시기가 당함에 P의 형은 P에게 누차 편지를 하였다. 금년에 입학을 시키지 못하면 명년에는 학령이 초과되어 들여주지 아니할 것이니 어서 데려다가 공부를 시키라는 것이다.

'그 어린것이 굶기를 먹듯 하고 재주는 있으면서 남의 집 아이들이 학교에 다니는 것을 부러워하는 꼴은 차마 애처러워 볼 수가 없다. 차라리 이꼴 저꼴 보지 아니하는 것이 속이나 편하겠다.'

이번 편지에는 이러한 구절이 있고 끝에 가서, '여비가 몇 원 변통되면 차를 태우고 전보를 칠 테니 정거장에 나와 데려가거라. 나도 웬만하면 객지에 혼자 있는 너에게 어린 자식을 떠맡기듯이 보내겠느냐마는 잘못하다가 그것을 굶겨 죽이겠기에 생각다 못하여 단행하는 것이다.'

이러한 말이 씌어 있었다.

P는 박박 찢은 편지를 돌돌 뭉쳐 방구석에 내던지고 한숨을 푸 내쉬었다.

인제는 자식을 데리고 있기가 피할 수 없이 되었는데 어떻게 했으면 좋을까 하는 것이다. 그는 형이 원망스럽고 아니꼬왔다.

굳이 제 아비를 따라보낸다는 것이 아니라 부둥부둥 공부를 시키라는 것 때문이다. 기왕 서울로 보내나 시골서 데리고 있으나 고생시키기는 일반이니 차라리 시골서 일찍부터 생일이나 시켰으면 P에게는 여러 가지로 좋은 것이었다.

'흥! 체면! 공부! 죽어도 인테리는 만들잖는다.'

P는 혼자 이렇게 두덜거렸다.

"집에서 온 편지유? 무슨 걱정이 생겼수."

말거리를 찾지 못하여 머뭇거리고 섰던 안방 노인이 동정이나 하는 듯이 이렇게 묻는다.

"아ㅡ니요."

P는 마지못해 코대답을 하였다.

"필경 무슨 걱정이 생긴 게구려!"

노인은 자기의 말거리를 만들려고 아니라는데도 이렇게 걱정을 내어놓는다.

"그게 모두 가난한 탓이지……저렇게 젊고 똑똑한 이가, 저게 모두 가난한 탓이야! 어디 구실[職業]자리 말한다더니 아직 아니 됐수?"

"네 아직……"

"거 큰일났구려! 어서 돼야 할 텐데……나두 꼭 죽겠수……이 늙은 것이……돈 좀 마련되잖았
수?……"

"네 아직 좀……"

"저걸 어쩌나! 오늘은 물값이야 전깃불값이야 사뭇 받으러 달려들 텐데!"

"며칠만 더 미루십시오. 설마하니 마나님이야 아니 드리겠습니까……"

"아무렴! 실수야 없을 줄 알지만 내가 하도 옹색하니깐 그러는 거지……"

P는 노인이 지껄이게 두어두고 혼자 생각하였다. 전에 아는 집에서 셋방을 얻어들었을 때에는
두 달이고 석 달이고 세가 밀려야 조르는 법이 없었다.

밀려도 조르지 아니하는 아는 집……이것이 P는 도리어 미안해서 이곳으로 옮겨온 것이다. 옮
겨 와 가지고 막상 졸림질을 당하니 미안해도 졸리지는 아니하던 옛집이 그리워지는 것이다.

노인이 문을 가로막고 서서 수다스런 소리로 더 지껄이려고 하는데 마침 P의 동무 M과 H가 찾
아왔다.

"어디 나가나?"

M이 그렇잖아도 벌씸한 코를 한번 더 벌씸 하고 사이 벌어진 앞니를 내어보이며 상긋 웃는다.

몸집은 M과 같이 퉁퉁하지만 키가 작아 M의 뒤에 섰던 H가 옆으로 나서며,

"안녕하시오."

하고 인사를 한다.

P는 싱긋이 웃었다. 이 M과 H는 같은 하숙에 있는데 두 사람은 곧잘 같이 돌아다닌다. 같이 가
는 것을 나란히 세워놓고 보면 하나는 키가 커서 우뚝하고 하나는 키가 작아서 납작 붙어가는
것 같다.

얼굴도 M은 우들부들한 게 정객 타입으로 생기었고— 잘못하면 뻑싱 링에 내세워도 좋겠고— H
는 안존한 게 사무원 타입이다.

일상의 언행을 보아도 H는 무슨 이야기가 자기 전문인 법률에 관한 것에 다다르면 육법전서의
조목을 따르르 외이면서 이렇고 저렇고 하다고 설명을 하고 M은 동경서 학생 ××에 제휴를 했
던 만큼 그리고 전문이 정경과인만큼 좌익 진영에서 쓰는 어투가 그대로 나온다.

"여전히 모두 동색(冬色)이 창연하군!"

P는 두 사람의 특특한 겨울양복을 보고 그리고 자기의 행색을 내려보며 웃었다.

M이 신을 벗고 들어와 먼지 앉은 책상 위에 걸터앉으며,

  "춘래불사춘일세."

하고 한마디 왼다. H도 따라 들어와 한편에 앉으며 한마디 한다.

 "아직 괜찮아……거리에서 보니까 동복 입은 사람이 많데……"

 "괜찮기는 무어 괜찮아…… 우리가 길로 돌아다니니까 사방에서 아이구야! 소리가 들리데."

 "왜?"

 "봄이 발 밑에서 짓밟히느라고."

 "하하하하."

세 사람은 소리를 내어 웃었다.

 "참 시험본 것 어떻게 되었소?"

P는 H가 일전에 총독부에서 본 고원 채용시험을 생각하고 물어 보았다.

 "말두 마시우…… 인제는 꼭 들어앉아 공부나 해가지고 변호사 시험이나 치겠소."

사람이 별로 변통성도 없고 그렇다고 여기저기 발련도 없어 취직이 여의하게 되지 못하는 것을 볼 때에 P는 가엾은 생각이 늘 들곤 하였다.

 "가만있게…… 어서 변호사 시험만 파스하게 . 그러면 인제 내가 백만원짜리 주식회사를 조직해 가지고 자네를 법률고문으로 모셔옴세."

이것은 M이 늘 농삼아 하는 농담이다. M도 일년 동안이나 취직운동을 하면서 지냈건만 그는 되려 배포가 유하다. 조금 더 재빠르게 했으면 M은 벌써 취직이 되었을는지도 모르나 그는 타고난 배포와 그리고 남에게 아유구용을 하기 싫어하는 성질로 말하자면 취직전선의 낙오자다.

별로 만나야 할 일도 없다. 그러나 제가끔 혼자 있으면 우울해지니까 이렇게 서로 찾으며 자주 만나게 된다.

만나 앉아서 이야기라도 지껄이면 그 동안만은 명랑하여진다. 지금 서울 안에 P니 M이니 H와 같이 매일 만나 하는 일 없이 돌아다니고 주머니 구석에 돈푼 있으면 서로 털어 선술잔이나 먹고 하 는 룸펜의 패가 수없이 많다.

무어나 일을 맡기었으면 불이 번쩍 일게 해낼 팔팔한 젊은 사람들이다. 그렇건만 그들은 몸을 비비꼬고 있다.

아무데도 용납치 못하는 사람들이다. ××적 ××에서 그들을 불러들이기에는 ××적 ××의 주관적 정세가 너무도 미약하다. 그것은 그들의 몇 부분이 동경서 학생으로 있을 시절에는 그 속에서 활발하게 ××을 계속하던 것이 조선에 나오면서 탈리되는 것으로 보아 그러한 해석을 내리지 아니 할 수가 없다.

그렇다고 부르죠아지의 기성 문화기관에 들어가자니 그곳에서는 수요를 찾지 아니한다. 레디메이드로 된 존재들이니 아무때라도 저편에서 필요해야만 몇씩 사들여간다.

M이 마꼬를 꺼내놓고 붙여문다. P는 포뎊 속에 들어 있는 해태를 차마 내놓기가 낯이 따가와 M의 마꼬를 집어당겼다.

……(日帝時 六行 削除: 編輯者 註)……

P는 설명을 시작한다. P 자신 그러한 장난 비슷한 공상을 하면서 일단 해보라고 하면 주저할 것이지만 어쨌거나 그랬으면 통쾌하리라는 것이다.

"먼첨 경무국에 들어가서 아주 까놓고 이야기를 한단 말이야. 우리가 지금 대상으로 하는 것은 총독부가 아니라 조선의 소위 민간 측 유지들이니까 간섭을 말아달라고."

　"그러면 관허(官許) 메ー데ー 로구만."

"그래 관허도 좋아…… 그래가지고는 기에다가는 무어라고 쓰느냐 하면 '우리에게 향학열을 고취 한 놈이 누구냐?'…… 어때?"

　"좋ー 지."

"인테리에게 직업을 내라…… 이렇게 노래를 지어 부르거든." ……(日帝時 一行 削除: 編輯者 註)……

"응 유지와 명사의 가면을 박탈시키라고ー 한 몇십 명이 그렇게 데모를 한단 말이야."

　"하하하하."

M은 이렇게 웃고 H는 시원찮은 핀잔을 준다.

"듣그럽소 여보…… 아, 글쎄 멀끔 멀끔한 양복쟁이들이 종로 네거리로 기를 받고 그렇게 다녀 봐! 애들이 와서 나 광고지 한장 주! 하잖나."

　"하하하하."

　"허허허허."

창밖에서 냉이 장수가 싸구려 소리를 웨치고 지나간다. M이 그에 응하여,

　"이크, 봄을 덤핑하는구나."

"흠, 경제학자라 다르군…… 참 우리 하숙에서는 채소를 좀 먹여 주어야지!"

　"밥값을 잘 내보지."

　"그도 그렇지만."

　"나는 석달치 밀렸네."

"나도 그렇게 될걸."

"그러니까 나처럼 이렇게 아—파트 생활을 해요."

이것은 P의 말이다. 아파—트라고 말해놓고 서글퍼서 허허 웃었다.

"조선식 아—파트! 그렇지만 우리가 아—파트 생활을 했다면 아마 두어 달 전에 굶어죽었을 걸."

"나는 돈을 보면 초면인사를 해야 되겠네……본 지가 하도 오라서 낯을 잊었어."
"여보게."

하고 M이 으젓하게 H를 달군다.

"돈 구경한 지 오래 됐다지?"

"응."

"존 수가 있네."

"뭣?"

"자네 책 좀 삼사(三四)구락부에 보내세."

"싫으이."

"자네 돈 구경하고…… 구경하고 나서 그놈으로 한잔 먹고……"
"한잔 말이 났으니 말이지 요즘같으면 술이나 실컷 먹고 주정이라도 했으면 속이 시원하겠네."

"그러니까 말이야…… 가세. 가서 다섯권 잽혀."

"일없다."

"내가 찾아주지."

"흥."

"정말이야."

"싫어."

6

그날밤―

P와 M은 H를 졸라 그의 법률책을 잡혀 돈 육원을 만들어 가지고 나섰다.

선술집에 가서 엔간히 취하도록 먹은 뒤에 C라는 카페에 가서 술 두 병을 놓고 자정이 되도록 노닥거렸다.

그곳에서 나올 때는 육원 돈이 이원 남았다. 이원의 처치를 생각하다 세 사람은 일제히 동관으로 가기로 하였다.

세 사람이 모두 다리가 비틀거렸다. 그 중에도 P는 더욱 취하였다.

닐닐이 가락으로 들어박힌 갈보집, 다 쓰러져가는 초가집을 세 사람이 아는 집 들어서듯 쑥쑥 들어서니,

"들어오십시오."

"어서 오십시오."

라고 머리 딴 계집애와 배가 북통같은 애밴 계집이 마루로 나선다.

P가 무심결에 해태곽을 꺼내어 붙여무니까 머리 딴 계집애가 P의 목을 얼싸안고 볼에다 입을 쪽 맞추더니,

"나도 하나."

하고 손을 벌린다. P는 기가 막혀 담배곽을 내미는데 H와 M은 박수를 하며,

"부라보……"

하고 굉장하게 큰 소리로 외친다.

건넌방에 들어가 앉으니 마루에서 따그락따그락 소리가 난다.

배부른 계집은 푸대접을 받고 머리 딴 계집애가 H와 M의 손으로 옮아 다니면서 주물린다. 깩깩 소리를 지르며 엄살을 한다. 말을 붙이고 대답을 주고받고 하는 것이 H와 M은 전에 한 번 와본 집인 듯하다.

술상이 들어왔다.

잔은 사발만한데 술주전자는 눈알만하다. 술을 부어놓으니 M이 척 받아놓고는 노래를 투정한다.

계집애는 그보다 더 약아서 제가 그 술을 쭉 들이마시고는 빈잔만 M의 입에 대어준다.

P는 개숫물같이 밍밍한 술을 두어잔 받아먹는 동안에 비위가 콱 거슬려서 진정하느라고 드러누웠다.

H가 계집애를 무릎에 올려놓고 신이 나게 노래를 부른다. 물론 고저도 장단도 맞지 아니하는 노래다.

M이 애밴 계집을 실컷 시달려 주다가 머리 딴 계집애를 빼앗아 가더니 귀에 대고 무어라고 속삭거린다. 그러면서 둘이서 연해 P를 건너다보며 싱긋벙긋 웃는다.

조금 있다가 계집애가 P에게로 오더니 귀에다 입을 대고 속삭인다.

"저이가 나더러 당신하고 오늘 저녁…… 응, 어때?"

"그래라"

P는 불쑥 성난 것처럼 대답했다.

"아이! 싱거워!"

계집애는 P를 한번 꼬집어 주고 다시 M에게로 달아났다.

M에게로 가서 또 무어라고 속삭거리더니 재차 와가지고는 귓속말을 한다.

"자고 가, 응."

"그래 글쎄."

"꼭."

"응."

"정말."

"응."

술은 네 주전자가 들어왔는데 세 사람 손님은 두서너 잔씩밖에 아니 먹었다. 그 나머지는 다 저희가 먹었다. 계집애가 술이 곤주가 되게 취해가지고 해롱해롱 까분다.

술값을 치르는 것을 보고 P도 따라 일어섰다. M이 몸뚱이로 슬쩍 밀어서 방안으로 들여보내고 뒤에서 계집애가 양복 뒷깃을 잡아당긴다.

"그래라, 자고 간다."

P는 방 가운데 벌떡 드러누웠다.

"너희 집이 어디냐?"

계집애가 옆에 와서 앉는 것을 보고 P가 물었다.

"××도 ××."

"언제 왔니?"

"작년에."

P는 몸을 일으켰다. 또 속이 왈칵 뒤집혀 좀더 진정하려고 하는 생각인데 계집애가 콱 밀어뜨린다.

"나이 몇 살이냐?"

"열 여덟."

"부모는?"

"부모가 있으면 여기서 이 짓을 해?"

"왜 이 짓이 나쁘냐?"

"흥…… 나도 사람이야."

"에꾸! 나는 네가 신선인 줄 알았더니 인제 보니까 사람이로구나!"
"듣그러!"

계집애는 눈을 쪽 흘기고는 갑자기 웃으면서 P의 목을 끌어안는다.

"자고 가, 응."

"우리 마누라한테 자볼기 맞고 쫓겨난다."

"그러면 내한테 와서 나하고 살지…… 여기 내 빚 팔십원만 물어주면……"
"팔십 원이냐?"

"응."

"가겠다."

P는 또 일어나려는 것을 계집이 껴안고 놓지 아니한다.

"자고 가…… 내가 반했어."

"아서라"

"정말!"

"놓아."

"아니야, 안 놓아. 자고 가요 응…… 자고…… 나 돈 좀 주어."
"돈? 내가 돈이 있어 보이니?"

"돈 소리가 절렁절렁 나는데?"

미상불 P의 포켓 속에는 아까부터 잔돈 소리가 가끔 잘랑거렸다.

"자고 나 돈 조……금 주고 가 응."

"얼마나?"

"암만도 좋아…… 오십 전도, 아니 이십 전도."

계집애의 말이 떨어지기도 전에 P는 불에 데인 것같이 벌떡 일어섰다. 일어서면서 그는 포켓 속에 손을 넣고 있는 대로 돈을 움켜쥐어 방바닥에 홱 내던졌다. 일원 짜리 지전 두 장과 백통전이 방바닥에 요란스럽게 흐트러진다.

"앗다, 돈!"

내던지고는 P는 뛰어나왔다. 그의 눈에는 눈물이 고였다.

7

P는 정조(貞操)적으로 순진한 사나이가 아니다.

열네살 때에 소꿉질 같은 장가를 갔고 그 뒤 동경 가서 있을 동안에 거기 여자와 살림도 하였다.

조선에 돌아와 직업을 가지고 있는 사이에 기생과 사귀어 한동안 죽을둥살둥 모르게 지내기도 하였다.

그밖에도 정두어 지낸 여자가 두엇 더 있다. 그러나 삼십이 되도록 지금까지 유곽을 가거나 은 근짜 집을 가거나 동관의 색주가 집에 가서 잠자리를 한 일은 없다.

그것은 P의 괴벽이다. 어떠한 여자를 물론하고 그가 정이 들지 아니한 여자이면 절대로 관계를 아니한다는 것이다.

그대신 한번 P의 눈에 들고 따라서 정이 들면 아무것도 돌아보지 아니하고 심각한 열정에 맡기어 완전히 그 여자를 움켜쥐어 버리며 또한 그 여자에게 전부를 내주어 버린다. 그리하여 그는 늘 all or nothing을 말한다.

이것이 처세상 퍽 이롭지 못한 것을 P도 잘 안다. 또 공연한 승벽이요 고집인 줄 알건만 그는 그것을 고치지 못한다.

이날 밤에도 그는 그 계집애를 조금도 어떻게 하겠다는 생각은 나지 아니하였다.

술취한 끝에 속이 괴로우니까 진정을 하자는 판인데 '오십전, 아니 이십 전도 좋아'하는 소리에 버쩍 흥분이 된 것이다.

너무도 인간이 단작스럽고 악착스러운 것 같았다. P가 노상 보고 듣는 세상이 돈을 중간에 놓고 악착스럽게 으르렁으르렁하는 것임을 모르는 바는 아니나 정조 댓가로 일금 이십 전을 요구하는 것 은 처음 보았다.

P는 그러한 여자가 정조를 파는 데 무신경한 것도 잘 알고 있으며 따라서 그것이 비도덕이니 어쩌니 하는 것도 아니다.

그의 관점과 해석은 그런 것보다 더 나아간 입장에 있었다.

그러나 '이십 전만 주어도……' 소리에는 이것저것 생각하고 헤아릴 나위도 없었다. 더럽고 얄미우면서 눈물이 고였다. 삼원쯤 되는 전재산을 털어 내던지고 정신없이 뛰어나온 것이다.

술취한 P를 혼자 남겨둔 H와 M은 골목에 가다리고 서서 있었다. P가 뛰어 나오는 것을 보고 그들은 우선 농을 건넨다.

"한턱 하오."

"장가간 턱 하게."

P는 고개를 흔들었다. 그리고 멍하니 서서 생각을 하였다.

다분의 가면 밑에서 꿈틀거리는 인도주의에 몹시 증오를 느끼는 P는 이날 밤 자기의 행동을 어떻게 해석할지 몰라 괴로와하였다.

내일을 굶어야 할 그 돈이지만 돈이 아까운 것이 아니다. 정조값으로 이십 전을 주어도 좋다는데 왜 정조는 퇴하고 돈만 있는 대로 다 털어 주었는가? 왜 눈에 눈물은 고였는가?

8

P는 머리가 띵하고 속이 뉘엿거리어 정신을 차릴 수가 없었다. 그는 두 친구에게 인사도 변변히 하지 아니하고 코를 베인 듯이 삼청동으로 올라왔다. 어서 바삐 좀 드러눕고만 싶었던 것이다.

아무리 방구들은 차고 지저분하게 늘어놓았어도 제 처소는 반가운 것이다. 더구나 몸이 괴로울 때는—

P는 누더기 양복이나마 벗으려고도 아니하고 그대로 펴 두었던 이부자리 속에 몸을 파묻었다. 드러누우니 취기가 새삼스레 더하여 영영 옷 벗을 생각도 잊어버리고 그대로 잠이 들었다.

얼마를 자고 났는지 괴로와 부대끼다 못하여 잠이 깨었을 때는 목이 타는 듯이 말랐다.

물은 없다. 물이 없어 못 먹느니라 생각하니 목은 더 말랐다.

밤은 어느때나 되었는지 짐작할 수가 없다. 전등은 그대로 켜져 있다. 밖에서는 사람 지나다니는 발자국소리도 들리지 아니한다. 전차 달리는 소리도 들리지 아니하고 가끔 가다가 자동차의 경적이 딴 세상의 소리같이 감감하게 들리어 온다.

밤이 깊지 아니했으면 잠긴 안대문을 두드려 주인 노인에게라도 물을 청하겠지만 이 깊은 밤에 그리하기도 미안하다. 그것도 방세나 여일하게 내었을 제 말이지 얼굴 대하기를 이편에서 피하는 판에 차마 못할 일이다.

물지게 장수의 삐득거리는 소리가 들리나 하고 귀를 기울였으나 감감히 소리가 없다.

목은 더욱더욱 말라 들어온다. 입술이 바싹 마르고 입안이 침기가 없고 목구멍이 바삭바삭 소리가 날 듯이 마르고 그리고는 창자 속까지 말라 내려가는 듯하다.

방금 미칠 듯하다.

눈앞에 용용하게 흘러가는 푸른 한강이 어릿어릿하고 쏴 쏟아지는 수통꼭지가 보이는 듯하다.

P는 배고픈 고비는 많이 겪어 보았으나 이대도록 목마른 참은 당하기 처음이다.

배는 고프면 기운이 없이 착 가라앉을 뿐이었지만 목이 극도로 마름에는 금시 미치고 후덕 후덕 날뛸 것 같다.

일어나서 삼청동 꼭대기로 올라가면 산골짜기의 물도 있고 또 우물도 있기는 하다. 그러나 이어 두운 밤에 어디가 어디인지 보이지 아니할 테고 또 우물에는 두레박도 없을 것이다.

겨우겨우 참아가며 몇 시간을 삐대었다. 실상 한시간도 못되는 동안이지만 P에게는 여러 시간 인 듯만 싶었다.

그런 뒤에 겨우 물지게 소리를 듣고 그는 수통 있는 곳을 찾아 뛰어나갔다.

사정 이야기도 변변히 하지 아니하고 쏟아지는 수통꼭지에 매어달리어 한 동이는 되리만치 냉수를 들이켰다. 물장수가 어이가 없어 물끄러미 치어다 보고만 있다가 P의 끔벅하고 돌아서는 등뒤에 다 혀를 끌끌 찬다.

P는 새삼스레 양복을 벗어 던지고 다시 자리에 파묻혔다. 인제는 잠이 십리나 달아나고 눈이 초 랑 초랑하여진다. 그러면서 어젯밤 일이 머리에 떠오른다.

그것은 마치 못 먹을 것을 먹은 것처럼 꺼림칙한 기억이다. 아무렇게나 씻어 넘겨버리재도 그러나 머리 한구석에 박혀 가지고 사라지려 하지 아니하는 어룽[斑點]과 같다. 어떻게 해서라도 시원스러운 해석을 내리고라야 마음이 놓일 것 같다.

정조 댓가(貞操代價)로 일금 이십 전을 부르는 여자…… 방금 세상에는 한번 정조를 빼앗긴 것으로 목숨을 버려 자살하는 여자도 있다. 그러는 한편 '이십 전도 좋소' 하는 여자가 있다.

여자의 정조가 그것을 잃었다고 자살을 하도록 그다지도 고귀한 것이라면 '이십 전에라도 팔겠소' 하는 여자가 눈을 멀끔 멀끔 뜨고 살아 있는 사실은 무엇으로 설명할 것인가? 또 정조를 '이십 전에도 팔겠소'하는 여자가 있도록 그것이 아무렇지도 아니한 것이라면 그것을 한 번 빼앗긴 때문에 생명을 내버리는 여자가 있는 것은 무엇으로 설명할 것인가? 이 두 여자가 모두 건전한 양심의 소유자라고 볼 수는 없다.

그러나 그 가운데 나무라기로 들면 차라리 정조를 빼앗긴 것으로 자살한 여자를 나무랄 것이지 '이십 전에 팔겠소' 하는 여자는 나무랄 수가 없다.

열여섯살부터 시작하여 이래 삼년이나 색주가 집으로 굴러다니는 여자다.

언제 누구에게 귀떨어진 도덕관념이나 정당한 인생관을 얻어들은 적이 없을 것이다.

술잔을 들고 앉아 한잔이라도 오는 손님에게 더 먹이어 한푼어치라도 주인의 수입을 도와주면 칭찬이 오니 그만이다.

"고년 어여쁘다. 나하고 ××."

하고 손님이 말하면 그에 좇아 비록 조발(早發)일지언정 생리적 만족을 얻는 한편 그야말로 단돈 이십 전이라도 벌면 그만이다.

옆에서 그것을 시키기는 할지언정 그것이 나쁘다고 가르쳐 주는 사람이 있을 턱이 없는 것이다.

사실 일반 매춘부가 정조적으로 양심을 가진 듯이 보인다는 것은 그 대부분이 되려 한 가식(假飾) 에 지나지 못하는 것이다.

그것은 그들에게 있어서 일종의 정당성을 가진 노동인 것이다. 그러니까 그것을 보고 불쌍하다고 여기고 동정을 하는 것은 의문의 패은이다.

지금 세상은 정당한 성도덕(性道德)이 서 있는 때도 아니다.

그것은 한 세대(世代)에 여러 가지의 시대 사조가 얼크러져 있는 때문이다. 그러니까 여자의 정조 에 대하여도 일률적으로 선악과 시비를 가릴 수는 없는 것이다.

하룻밤 몸값으로 '이십 전도 좋소' 하는 여자, 그에게는 다른 사람이 갖는 성도덕도 없고 따라서 자신을 타락이래서 슬퍼하지도 아니한다.

그 여자 자신을 나무랄 필요도 없는 것이요 동정할 여지도 없는 것이다. 그 여자 자신은 결코 불쌍한 사람이 아니다.

예수의 사랑(?)도 아무리 그 사랑이 크고 넓다 했을지언정 그것은 '불쌍한 사람' '죄지은 사람'

에 게 미칠 수 있는 것이다.

'불쌍하지 아니한' '죄짓지 아니한' 동관의 색주가 계집애에게는 누구의 동정이나 사랑도 일없는 것이다.

'뭣? 관념적이라고?'

그렇다. 관념적이라도 할 수 없다. 그러나 그것은 그 여자의 주관을 객관화한 것이다. ……(日帝時 二行 削除 : 編輯者 註)……

또 그 병적 현실에 메스를 대는 것은 집단의 역사적 문제이지만 룸펜 인테리의 결벽과 흥분쯤으로는 문제가 되지 아니한다.

다만 취객이 삼원 각수를 던져 주었으므로 해서 그 여자는 감격 없는 기쁨을 맛보았을 뿐일 것이 다.

'이게 웬 떡이냐…… 어젯저녁에 꿈이 괜찮더니 이런 땡을 잡을 양으루 그랬구나……웬 얼간 망둥이냐.'

그 계집애는 응당 그렇게 밖에는 더 생각되지 아니하였을 것이다. 그것이 결코 무리가 없는 당연한 일이다.

P는 여기까지 생각하고 입맛 쓴 고소를 띠었다.

'흥! 되지 못하게……장님이 눈병 앓는 사람더러 불쌍하다고 한 셈인가.'
 P는 돌아누우면서 혀를 끌끌 찼다.

9

일천 구백 삼십 사년의 이 세상에도 기적이 있다.

그것은 P가 굶어 죽지 아니한 것이다. 그는 최근 일주일 동안 돈이 생긴 데가 없다. 잡힐 것도 없었고 어디서 벌이한 적도 없다.

그렇다고 남의 집 문 앞에 가서 밥 한술 주시오 하고 구걸한 일도 없고 남의 것을 훔치지도 아니하였다.

그러나 그 동안 굶어 죽지 아니하였다. 야위기는 하였지만 그래도 멀쩡하게 살아 있다. P와 같은 인생이 이 세상에 하나도 없이 싹 치워진다면 근로하는 사람이 조금은 편해질는지도 모른다.

P가 소 부르죠아지 축에 끼이는 인테리가 아니요 노동자였더라면 그 동안 거지가 되었거나 비상 수단을 썼을 것이다. 그러나 그에게는 그러한 용기도 없다. 그러면서도 죽지 아니하고 살아 있다.

그렇지만 죽기보다도 더 귀찮은 일은 그를 잠시도 해방시켜 주지 아니한다.

그의 아들 창선이를 올려 보낸다고 어제 편지가 왔고 오늘은 내일 아침에 경성역에 당도한다는 전 보까지 왔다.

오정 때 전보를 받은 P는 갑자기 정신이 난 듯이 쩔쩔매고 돌아다니며 돈 마련을 하였다. 최소한 도 이십 원은……하고 돌아다닌 것이 석양 때 겨우 십오원이 변통되었다.

종로에서 풍로니 남비니 양재기니 숟갈이니 무어니 해서 살림 나부랑이를 간단하게 장만하여 가지 고 올라오는 길에 전에 잡지사에 있을 때 알은 ××인쇄소의 문선과장을 찾아갔다.

월급도 일없고 다만 일만 가르쳐 주면 그만이니 어린아이 하나를 써 달라고 졸라댔다.

A라는 그 문선과장은 요리조리 칭탈을 하던 끝에— 그는 P가 누구 친한 사람의 집 어린애를 천거하는 줄 알았던 것이다—

"보통학교나 마쳤나요?"

하고 물었다.

"아—니요."

P는 솔직하게 대답하였다.

"나이 몇인데?"

"아홉살."

"아홉 살?"

A는 놀래어 반문을 하는 것이다.

"기왕 일을 배울 테면 아주 어려서부터 배워야지요."
"그래도 너무 어려서 원, 뉘집 애요?"

"내 자식놈이랍니다."

P는 그래도 약간 얼굴이 붉어짐을 깨달았다. A는 이 말에 가장 놀라운 듯이 입만 벌리고 한참이나 P를 물끄러미 바라다본다.

"왜? 내 자식이라고 공장에 못 보내란 법 있답디까?"
"아니 정말 그래요?"

"정말 아니고?"

"괴—니 실없는 소리…… 자제라고 해야 들어줄 테니까 그러시지?"

"아니 그건 그렇잖어요. 내 자식놈야요."

"그럼 왜 공부를 시키잖구?"

"인쇄소 일 배우는 것도 공부지."

"그건 그렇지만 학교에 보내야지."

"학교에 보낼 처지가 못되고 또 보낸댔자 사람 구실도 못할 테니까……."

"거 참 모를 일이요. 우리 같은 놈은 이 짓을 해 가면서도 자식을 공부시키느라고 애를 쓰는 데 되려 공부시킬 줄 아는 양반이 보통학교도 아니 마친 자제를 공장엘 보내요?"

"내가 학교 공부를 해본 나머지 그게 못쓰겠으니까 자식은 딴 공부시키겠다는 것이지요."

"글쎄 정 그러시다면 내가 내 자식 진배없이 잘 데리고 있으면서 일이나 착실히 가르쳐 드리리다 마는 …… 원 너무 어린데 애처럽잖어요?"

"애처러운 거야 애비된 내가 더 하지요만 그것이 제게는 약이니까……."

P는 당부와 치하를 하고 인쇄소를 나왔다. 한짐 벗어 놓은 것같이 몸이 가뜬하고 마음이 느긋하였다.

그는 집으로 올라가는 길에 싸전에 쌀 한말을 부탁하고 호배추도 몇 통 사들었다. 그렁저렁 오 원을 썼다.

십 원 남은 중에 주인노인에게 육 원을 내어 주니 입이 귀밑까지 째어진다. 그 끝에 P가 사온 호배추를 내어 주며 김치를 담가 달라고 하니 선선히 응낙한다. 그리고 자식을 데리고 자취를 하겠다니까 깍두기야 간장이야 된장 같은 것을 아까운 줄 모르고 날라다 주고 한다.

10

이튿날 전에 없이 첫새벽에 일어난 P는 서투른 솜씨로 화롯밥을 지어 놓고 정거장으로 나갔다.

그의 형에게서 온 편지에 S라는 고향 사람이 서울 올라오는 길에 따라 보낸다고 했으니까 P는 창선이보다도 더 낯이 익은 S를 찾았다.

과연 차가 식식거리고 들어서매 인간을 뱉아 내놓는 찻간에서 S가 창선이를 데리고 두리번거리며 내려왔다.

어디서 생겼는지 새까만 고꾸라 양복을 입고 이화표 붙은 학생 모자를 쓰고 거기다가 보따리를 하 나 지고 무엇 꾸린 것을 손에 들고 차에서 내리는 어린아이…… 저게 내 자식이니라 생각하니 P는 어쩐지 속으로 얼굴이 붉어지며 한편 가엾기도 하였다.

S가 두 손에 짐을 가득 들고 두리번거리다가 가까이 온 P를 보고 반겨 소리를 지른다. 창선이가 모자를 벗고 학교식으로 경례를 한다. 얼굴은 너댓살 적에 보던 것보다 더한층 저의 외가를 닮았다.

P는 그것이 몹시 불만하였다.

"그새 재미나 좋았나?"

S의 하는 첫인사다.

"뭘 그저 그렇지…… 괜한 산 짐을 지고 오느라고 애썼네."
 P는 이렇게 인사 겸 치하를 하였다.

"원 천만에…… 그 애가 나이는 어려도 어떻게 속이 찼는지…… 너 늬 아버지 알아보겠니?"
 S는 창선이를 돌아보며 웃는다. 창선이는 고개를 숙이고 수줍은지 아무 대답도 아니한다.

P는 S와 창선이를 데리고 구름다리로 올라왔다.

"저의 외할머니가 저 양복이야 떡이야 모두 해가지고 자네 댁에까지 오셨더라네…… 오셔 서
 어제 떠나는 데 정거장까지 나오셨는데 여러 가지 신신 당부를 하시데…… 자네에게 전 하라고
·"
S는 P가 그다지 듣고 싶지도 아니한 이야기를 뒤따라오며 늘어놓는다. 그의 가슴에는 옛날의
반감이 솟쳐 올랐다.

"별걱정 다 하던 게로군…… 내 자식 내가 어련히 할까봐 쫓아다니면서 그래……"
"그래도 노인들이라 어디 그런가…… 객지에서 혼자 있는데 데리고 있기 정 불편하거든 당신께
로 도루 보내게 하라고 그러시데……"

"그 집에 내 자식이 무슨 상관이 있어서 보내라는 거야?……보낼 테면 그때 데려왔을라구 …
…"

P는 그것이 모두 그와 갈린 아내의 조종인 줄 알기 때문에 더구나 심정이 났다. 화가 나는 대로
하면 어린아이가 입고 온 양복도 벗겨 내던지고 싶었으나 꿀꺽 참았다.

11

일찍 맛보지 못한 새살림을 P는 시작하였다.

창선이가 도착한 날 밤.

창선이는 아랫목에서 색색 잠을 자고 있다. 외롭게 꿈을 꾸고 있으려니 생각하매 전에 없던 애
정 이 솟아오르는 듯하였다.

이튿날 아침 일찍 창선이를 데리고 ××인쇄소에 가서 A에게 맡기고 안 내키는 발길을 돌이켜
나오는 P는 혼자 중얼거렸다.

"레디메이드 인생이 비로소 겨우 임자를 만나 팔리었구나."

우리 마누라는 누가 보든지 뭐 이쁘다고는 안 할 것이다. 바로 계집에 환장된 놈이 있다면 모르거니와, 나도 일상 같이 지내긴 하나 아무리 잘 고쳐보아도 요만치도 이쁘지 않다. 하지만 계집이 낯짝이 이뻐 맛이냐. 제기할 황소 같은 아들만 줄대 잘 빠쳐놓으면 고만이지. 사실 우리 같은 놈은 늙어서 자식까지 없다면 꼭 굶어 죽을 밖에 별도리 없다. 가진 땅 없어, 몸 못써 일 못하여, 이걸 누가 열쳤다고 그냥 먹여줄 테냐. 하니까 내 말이 이왕 젊어서 되는대로 자꾸 자식이나 쌓아두자 하는 것이지.

그리고 에미가 낯짝 글렀다고 그 자식까지 더러운 법은 없으렷다. 아 바로 우리 똘똘이를 보아도 알겠지만 즈 에미년은 쥐었다 놓은 개떡 같아도 좀 똑똑하고 낄끗이 생겼느냐. 비록 먹고도 대구 또 달라고 불아귀처럼 덤비기는 할망정. 참 이놈이야말로 나에게는 아버지보담도 할아버지보담도 아주 말할 수 없이 끔찍한 보물이다.

년이 나에게 되지 않은 큰 체를 하게 된 것도 결국 이 자식을 낳았기 때문이다. 전에야 그 상판때길 가지고 어딜 끽소리나 제법 했으랴. 흔히 말하길 계집의 얼굴이란 눈이 안경이라 한다. 마는 제 아무리 물커진 눈깔이라도 이 얼굴만은 어째볼 도리 없을게다.

이마가 훌떡 까지고 양미간이 벌면 소견이 탁 틔었다지 않냐. 그럼 좋기는 하다마는 아기자기한 맛이 없고 이 조로 둥글넓적이 내려온 하관에 멋없이 쑥 내민 것이 입이다. 두툼은 하나 건순입술, 말 좀 하려면 그리 정하지 못한 운이가 분질없이 뻔찔 드러난다. 설혹 그렇다 치고 한복판에 달린 코나 좀 똑똑히 생겼다면 얼마 낫겠다. 첫때 눈에 띄는 것이 그 코인데, 이렇게 말하면 년의 숭을 보는 것 같지만, 썩 잘 보자 해도 먼 산 바라보는 도야지의 코가 자꾸만 생각이 난다.

꼴이 이러니까 밤이면 내 눈치만 스을슬 살피는 것이 아니냐. 오늘은 구박이나 안 할까, 하고 은근히 애를 태우는 맥이렷다. 이게 가여워서 피곤한 몸을 무릅쓰고 대개 내가 먼저 말을 걸게 된다. 온종일 뭘 했느냐는 둥, 싸리문을 좀 고쳐놓으라 했더니 어떻게 했느냐는 둥, 혹은 오늘 밤에는 웬일인지 코가 훨씬 좋아 보인다는 둥, 하고. 그러면 년이 금세 헤에 벌어지고 힝하게 내 곁에 와 앉아서는 어깨를 비겨대고 슬근슬근 비빈다. 그리고 코가 좋아 보인다니 정말 그러냐고 몸이 달아서 묻고 또 묻고 한다. 저로도 믿지 못할 그 사실을 한때의 위안이나마 또 한 번 들어보자는 심정이렷다. 그 속을 알고 짜정 콧날이 서나 보다고 하면 년의 대답이 뒷간엘 갈 적마다 잡아당기고 했더니 혹 나왔을지 모른다나, 그러고 아주 좋아한다.

그러나 어느 때에는 한나절 밭고랑에서 시달린 몸이 고만 축 늘어지는구나. 물론 말 한마디 붙일 새 없이 방바닥에 그대로 누워버리지. 허면 년이 제 얼굴 때문에 그런 줄 알고 한구석에 가 시무룩해서 앉았다. 얼굴을 모로 돌려 턱을 빼쭉 쳐들고 있는 걸 보면 필연 제깐엔 옆얼굴이나 한번 봐달라는 속이겠지. 경칠 년. 옆얼굴이라고 뭐 깨묵셍이나 좀 난 줄 알구 —.

이러던 년이 똘똘이를 내놓고는 갑자기 세도가 댕댕해졌다. 내가 들어가도 네놈 언제 봤난 듯이 좀체 들떠보는 법 없지. 눈을 스르르 내려깔고는 잠자코 아이에게 젖만 먹이겠다. 내가 좀 아이의 머리라도 쓰다듬으며

"이자식, 밤낮 잠만 자나?"

"가만둬, 왜 깨놓고 싶은감" 하고 사정없이 내 손등을 주먹으로 갈긴다. 나는 처음에 어떻게 되는 셈인지 몰라서 멀거니 천정만 한참 쳐다보았다. 내 자식 내가 만지는데 주먹으로 때리는 건 무슨 경우야. 허지만 잘 따져보니까 조금도 내가 억울할 것은 없다. 년이 나에게 큰 체를 해야 될 권리가 있는 것을 차차 알았다. 그래서 그때부터 내가 이년, 하면 저는 이놈, 하고 대들기로 무언중 계약되었지.

동리에서는 남의 속은 모르고 우리를 각다귀들이라고 별명을 지었다. 혹하면 서루 대들려고 노리고만 있으니까 말이지. 하긴 요즘에 하루라도 조용한 날이 있을까 봐서 만나기만 하면 이놈, 저년, 하고 먼저 대들기로 위주다. 다른 사람들은 밤에 만나면.

"마누라 밥 먹었수?"

"아니요, 당신 오면 같이 먹을랴구 —" 하고 일어나 반색을 하겠지만 우리는 안 그러기다. 누가 그렇게 괭이 소리로 달라붙느냐. 방에 떡 들어서는 길로 우선 넓적한 년의 궁둥이를 발길로 퍽 들이지른다.

"이년아! 일어나서 밥 차려 —"

"이놈이 왜 이래, 대릴 꺾어놀라." 하고 년이 고개를 겨우 돌리면

"나무 판 돈 뭐 했어, 또 술 처먹었지?"

이렇게 제법 탕탕 호령하였다. 사실이지 우리는 이래야 정이 보째 쏟아지고 또한 계집을 데리고 사는 멋이 있다. 손자새끼 낯을 해가지고 마누라 어쩌구 하고 어리광으로 덤비는 건 보기만 해도 눈허리가 시질 않겠니. 계집 좋다는 건 욕하고 치고 차고, 다 이러는 멋에 그렇게 치고 보면 혹 궁한 살림에 쪼들리어 악에 받친 놈의 말일지는 모른다. 마는 누구나 다 일반이겠지. 가다가 속이 맥맥하고 부하가 끓어오를 적이 있지 않냐. 농사는 지어도 남는 것이 없고 빚에는 몰리고, 게다가 집에 들어서면 자식놈 킹킹거려, 년

은 옷이 없으니 떨고 있어 이러한 때 그냥 배길 수야 있느냐. 트죽태죽 꼬집어가지고 년의 비녀쪽을 턱 잡고는 한바탕 홀 두들겨대는구나. 한참 그 지랄을 하고 나면 등줄기에 땀이 뺙 흐르고 한숨까지 후, 돈다면 웬만치 속이 가라앉을 때였다. 담에는 년을 도로 밀쳐버리고 담배 한 대만 피어 물면 된다.

이 멋에 계집이 고마운 물건이라 하는 것이고 내가 또 년을 못 잊어하는 까닭이 거기 있지 않냐. 그렇지 않다면야 저를 계집이라고 등을 뚜덕여주고 그 못난 코를 좋아 보인다고 가끔 추어줄 맛이 뭐야. 하지만 년이 홀쩍거리고 앉어서 우는 걸 보면 이건 좀 재미 적다. 제가 주먹심으로든 입심으로든 나에게 덤비려면 어림도 없다. 쌈의 시초는 누가 먼저 걸었던 간 언제든지 경을 팟다발 같이 치고 나앉는 것은 년의 차지렷다.

“이리와, 자빠져 자 —”

“곤두어. 너나 자빠져 자렴 —”

하고 년이 독이 올라서 돌아다도 안 보고 비쌘다. 마는 한 서너 번 내려오라고 권하면 나중에는 저절로 내 옆으로 스르르 기어들게 된다. 그리고 눈물 흐르는 장반을 벙긋이 흘겨 보이는 것이 아니냐. 하니까 년으로 보면 두들겨맞고 비쌔는 멋에 나하고 사는지도 모르지.

그러나 우리가 원수같이 늘 싸운다고 정이 없느냐 하면 그건 잘못이다. 말이 났으니 말이지 정분치고 우리 것만치 찰떡처럼 끈끈한 놈은 다시 없으리라. 미우면 미울수록 싸울수록 잠시를 떨어지기가 아깝도록 정이 착착 붙는다. 부부의 정이란 이런 겐지 모르나 하여튼 영문 모를 찰거머리 정이다. 나뿐 아니라 년도 매를 한참 뚜들겨맞고 나서 같이 자리에 누우면

“내 얼굴이 그래두 그렇게 숭업진 않지?”

하고 정말 잘난 듯이 바짝바짝 대든다. 그러면 나는 이때 뭐라고 대답해야 옳겠느냐. 하 기가 막혀서 천정을 쳐다보고 피익 내어버린다.

“이년아! 그게 얼굴이야?”

“얼굴 아니면 가주다닐까 —”

“내니깐 이년아! 데리구 살지 누가 근디리니 그 낯짝을?”

“뭐, 네 얼굴은 얼굴인 줄 아니? 불밤송이 같은 거, 참, 내니깐 데리구 살지.”

이러면 또 일어나서 땀을 한번 흘리고 다시 드러누울 수밖에 없다. 내 얼굴이 불밤송이 같다니 이래도 우리 어머니가 나를 낳고서 나중 땅마지기나 만져볼 놈이라고 좋아하던 이 얼굴인데. 하지만 다시 일어나고 손짓 발짓을 하고 하는 게 성이 가셔서 대개는 그대로 눙쳐둔다.

“그래, 내 너 이뻐할게 자식이나 대구 내놔라”

“먹이지도 못할 걸 자꾸 나 뭘 하게, 굶겨 죽일랴구?”

“아 이년아! 꿰다 먹이진 못하니?” 하고 소리는 빽 지르나 딴은 뒤가 켕
긴다. 더끔더끔 모아두었다가 먹이지나 못하면 그걸 어떻게 하냐. 꿰다 버
리지도 못하고 죽이지도 못하고 떼송장이 난다면 연히 이런 걸 보면 년이
나보담 훨씬 소견이 된 것을 알 수 있겠다. 물론 십 리만큼 벌어진 양미간
을 보아도 나와는 턱이 다르지만.

우리가 요즘 먹는 것은 내가 나무장사를 해서 벌어들인다. 여름 같으면 품
이나 판다 하지만 눈이 척척 쌓였으니 얼음을 꺼먹느냐. 하기야 산골에서
어느 놈 치고 별수 있겠냐마는 하루는 산에 가서 나무를 해들이고 그담 날
엔 읍에 갖다가 판다. 나니깐 참 쌍지게질도 할 근력이 되겠지만. 잔뜩 나
무 두 지게를 혼자서 번차례로 이놈 져다놓고 쉬고 저놈 져다놓고 쉬고 이
렇게 해서 장찬 삼십 리 길을 한나절에 들어가는구나. 그렇지 않으면 언제
한 지게 한 지게씩 팔아서 목구녕을 축일 수 있겠느냐. 잘 받으면 두 지게
에 팔십 전 운이 나쁘면 육십 전 육십오 전 그걸로 좁쌀, 콩, 떡, 무엇 사
들고 찾아오겠다. 죽을 쑤었으면 좀 느루가겠지만 우리는 더럽게 그런 짓은
안 한다. 먹다 못 먹어서 뱃가죽을 움켜쥐고 나설지언정 으레 밥이지. 똘똘
이는 네 살짜리 어린애니깐 한 보시기. 나는 저의 아버지니까 한 사발에다
또 반 사발을 더 먹고 그런데 년은 유독 두 사발을 처먹지 않나. 그러고도
나보다 먼저 홀딱 집어세고는 내 사발의 밥을 한 귀퉁이 더 떠먹는 버릇이
있다. 계집이 좋다 했더니 이게 밥버러지가 아닌가 하고 한때는 가슴이 선
듯할 만치 겁이 났다. 없는 놈이 양이나 좀 적어야지 이렇게 대구 처먹으면
너 웬 밥을 이렇게 처먹니 하고 눈을 크게 뜨니까 년의 대답이 애 난 배가
그렇지 그럼, 저도 앨 나보지 하고 샐쭉이 토라진다. 아따 그래, 대구 처먹
어라. 낭종 밥값은 그 배때기에 다 게 있고 게 있는 거니까. 어떤 때에는
내가 좀 덜 먹고라도 그대로 내주고 말겠다. 경을 칠 년, 하지만 참 너무
처먹는다.

그러나 년이 떡국이 농간을 해서 나보담 한결 의뭉스럽다. 이깐 농사를 지
어 뭘 하느냐. 우리 들병이로 나가자, 고. 딴은 내 주변으로 생각도 못했던
일이지만 참 훌륭한 생각이다. 밑지는 농사보다는 이밥에, 고기에, 옷 마음
대로 입고 좀 호강이냐. 마는 년의 얼굴을 이윽히 뜯어보다간 고만 풀이 죽
는구나. 들병이에게 술 먹으러 오는 건 계집의 얼굴 보자 하는걸 어떤 밸
없는 놈이 저 낯짝엔 몸살 날 것 같지 않다. 알고 보니 참 분하다. 년이 좀
만 똑똑히 나왔더면 수가 나는걸. 멀뚱이 쳐다보고 쓴 입맛난 다시니까 년

이 그 눈치를 채었는지

"들병이가 얼굴만 이뻐서 되는 게 아니라던데, 얼굴은 박색이라도 수단이 있어야지 —"

"그래 너는 그거 할 수단 있겠니?"

"그럼 하면 하지 못할 게 뭐야."

년이 이렇게 아주 번죽 좋게 장담을 하는 것이 아니냐. 들병이로 나가서 식성대로 밥 좀 한바탕 먹어보자는 속이겠지. 몇 번 다져 물어도 제가 꼭 될 수 있다니까 아따 그러면 한번 해보자꾸나 밑천이 뭐 드는 것도 아니고 소리나 몇 마디 반반히 가르쳐서 데리고 나서면 고만이니까.

내가 밤에 집에 돌아오면 년을 앞에 앉히고 소리를 가르치겠다. 우선 내가 무릎장단을 치며 아리랑 타령을 한번 부르는구나. 아리랑 아리랑 아라리요, 춘천아 봉의산아 잘 있거라, 신연강 배 타면 하직이라. 산골의 계집이면 강원도 아리랑쯤은 곧잘 하련만 년은 그것도 못 배웠다. 그러니 쉬운 아리랑부터 시작할 밖에. 그러면 년은 도사리고 앉아서 두 손으로 엉덩이를 치며 흉내를 낸다. 목구멍에서 질그릇 물러앉는 소리가 나니까 나중에 목이 트이면 노래는 잘 할 게다마는 가락이 딱딱 들어맞어야 할 텐데 이게 세상에 돼먹어야지. 나는 노래를 가르치는데 이 망할 년은 소설책을 읽고 앉았으니 어떡허냐. 이걸 데리고 앉으면 흔히 닭이 울고 때로는 날도 밝는다. 년이 하도 못하니까 본보기로 나만 하고 또 하고 또 하고 그러니 저를 들병이를 아르친다는 게 결국 내가 배우는 폭이 되지 않나. 망할 년 저도 손으로 가리고 하품을 줄대 하며 졸려 죽겠지. 하지만 내가 먼저 자자 하기 전에는 제가 참아 졸리다진 못할라. 애초에 들병이로 나가자, 말을 낸 것이 누군데 그래. 이렇게 생각하면 울화가 불컥 올라서 주먹이 가끔 들어간다.

"이년아? 정신을 좀 채려, 나만 밤낮 하래니?"

"이놈이 — 팔때길 꺾어놀라."

"이거 잘 배면 너 잘되지 이년아! 날 주는 거냐 큰 체게?"

이번엔 손가락으로 이마빼기를 꾹 찍어서 뒤로 떠넘긴다. 여느 때 같으면 년이 독살이 나서 저리로 내뺄 게다. 제가 한 죄가 있으니까 다시 일어나서 소리 아르쳐주기만 기다리는 게 아니냐. 하니 딱한 일이다. 될지 안 될지도 의문이거니와 서로 하품은 뻗질 터지고 이왕 내친걸음이니 그렇다고 안 할 수도 없고 예라 빌어먹을 거, 너나 내나 얼른 팔자를 고쳐야지 늘 이러다 말 테냐. 이렇게 기를 한번 쓰는구나. 그리고 밤의 산천이 울리도록 소리를 뻑뻑 질러가며 년하고 또다시 흥타령을 부르겠다.

그래도 하나 기특한 것은 년이 성의는 있단 말이지. 하기는 그나마도 없다면이야 들병이커녕 깨묵도 그르지만. 날이라도 틈만 있으면 저 혼자서 노래를 연습하는구나. 빨래를 할 적이면 빨래방추로 가락을 맞추어 가며 이팔청춘을 부른다. 혹은 방 한구석에 죽치고 앉아서 어깻짓으로 버선을 꿰매며 노랫가락도 부른다. 노래 한 장단에 바늘 한 뀌엄씩이니 버선 한 짝 기우려면 열 나절은 걸리지. 하지만 아따 버선으로 먹고 사느냐, 노래만 잘 배워라. 년도 나만치나 이밥에 고기가 얼뜬 먹고 싶어서 몸살도 나는지 어떤 때에는 바깥 밭둑을 지나려면 뒷간 속에서 콧노래가 흥이거릴 적도 있겠다. 그러나 인제 노랫가락에 흥타령쯤 겨우 배웠으니 그담 건 어느 하가에 배우느냐, 망할 년두 참.

게다가 년이 시큰둥해서 날더러 신식 창가를 아르쳐달라구. 들병이는 구식 소리도 잘 해야 하겠지만 첫때 시체 창가를 알아야 불려먹는다, 한다. 말은 그럴 법하나 내가 어디 시체 창가를 알 수 있나, 땅이나 파먹던 놈이. 나는 그런 거 모른다, 하고 좀 무색했더니 며칠 후에는 년이 시체 창가 하나를 배가주왔다. 화로를 끼고 앉아서 그 전을 두드려대며 네 보란 듯이 자랑스럽게 하는 것이 아닌가. 피었네 피었네 연꽃이 피었네 피었다구 하였더니 볼 동안에 옴쳤네. 대체 이걸 어서 배웠을까. 애 이년 참 나보담 수단이 좋구나, 하고 나는 퍽 감탄하였다. 그랬더니 나중 알고보니까 년이 어느 틈에 야학에 가서 배우질 않았겠니. 야학이란 요산 뒤에 있는 조고만 움인데 농군 아이에게 한겨울 동안 국문을 가르친다. 창가를 할 때쯤 해서 년이 추운 줄도 모르고 거길 찾아간다. 아이를 업고 문밖에 서서 귀를 기울이고 엿듣다가 저도 가만가만히 흥내를 내보고 내보고 하는 것이다. 그래가지고 집에 와서는 희짜를 뽑고 야단이지. 신식 창가는 며칠만 좀더 배우면 아주 능통하겠다나.

그러나 아무리 생각해봐도 년의 낯짝만은 걱정이다. 소리는 차차 어지간히 되어 들어가는데 이놈의 얼굴이 암만 봐도, 봐도 영 글렀구나. 경칠 년, 좀만 얌전히 나왔다면 이 판에 돈 한몫 크게 잡는걸. 간혹 가다 제물에 화가 뻗치면 아무 소리 않고 년의 뱃기를 한 두어 번 안 줴박을 수 없다. 웬 영문인지 몰라서 년도 눈깔을 크게 굴리고 벙벙히 쳐다보지. 땀을 낼 년. 그 낯짝을 하고 나한테로 시집을 온담 뻔뻔하게. 하나 년도 말은 안하지만 제 얼굴 때문에 가끔 성화인지 쪽 떨어진 손거울을 들고 앉아서 이리 뜯어보고 저리 뜯어보고 하지만 눈깔이야 일반이겠지 저라고 나아 뵐 리가 있겠니. 하니까 오장 썩는 한숨이 연방 터지고 한풀 죽는구나. 그러나 요행히 내가 방에 있으면 돌아다보고

"이봐! 내 얼굴이 요즘 좀 나아가지 않아?"

"그래, 좀 난 것 같다"

"아니 정말 해봐 —" 하고 이년이 팔때기를 꼬집고 바싹바싹 들어덤빈다. 년이 능글차서 나쯤은 좋도록 대답해주려니, 하고 아주 탁 믿고 묻는 게렸다. 정말 본 대로 말할 사람이면 제가 겁이 나서 감히 묻지도 못한다. 짐짓 이뻐졌다, 하고 나도 능청을 좀 부리면 년이 좋아서 요새 분때를 자주 밀었으니까 좀 나아졌다지. 하고 들병이는 뭐 그렇게까지 이쁘지 않아도 된다고 또 구구히 설명을 늘어놓는다. 경을 칠 년. 계집은 얼굴 밉다는 말이 칼로 찌르는 것보다도 더 무서운 모양 같다. 별 욕을 다 하고 개잡듯 막 뚜드려도 조금 뒤에는 헤, 하고 앞으로 기어드는 이년이다. 마는 어쩌나. 제 얼굴의 흉이나 좀 본다면 사흘이고 나흘이고 년이 나를 스을슬 피하며 은근히 골리려고 든다. 망할 년. 밉다는게 그렇게 진저리가 나면 아주 면사포를 쓰고 다니지그래. 년이 능청스러워서 조금만 이뻤더라면 나는 얼렁얼렁해 내버리고 돈있는 놈 군서방 해갔으렸다. 계집이 얼굴이 이쁘면 제값 다 하니까. 그렇게 생각하면 년의 낯짝 더러운 것이 나에게는 불행 중 다행이라 안 할 수 없으리라.

계집은 아마 남편을 속여먹는 맛에 깨가 쏟아지나 보다. 년이 들병이 노릇을 할 수단이 있다고 괜히 장담한 것도 저의 이 행실을 믿고 그랬는지도 모른다. 새벽 일찍이 뒤를 보려니까 어디서 창가를 부른다. 거적 틈으로 내다보니 년이 밥을 끓이면서 연습을 하지 않나. 눈보라는 생생 소리를 치는데 보강지에 쪼그리고 앉아서 부지깽이로 솥뚜껑을 톡톡 두드리겠다. 그리고 거기 맞추어 신식 창가를 청승맞게 부르는구나. 그러나 밥이 우르르 끓으니까 뙤를 빗겨놓고 다시 시작한다. 젊어서도 할미꽃 늙어서도 할미꽃 아하하하 우습다 꼬부라진 할미꽃. 망할 년. 창가는 경치게도 좋아하지. 방아타령 좀 부지런히 공부해 두라니까 그건 안하구. 아따 아무 거라두 많이 하니 좋다. 마는 이번엔 저고리 섶이 들먹들먹하더니 아 웬 곰방대가 나오지 않나. 사방을 흘끔흘끔 다시 살피다 아무도 없으니까 보강지에다 들이대고 한 먹음 뿌욱 빠는구나. 그리고 냅다 재채기를 줄대 뽑고 코를 풀고 이 지랄이다. 그저께도 들켜서 경을 쳤더니 년이 또 내 담배를 훔쳐가지고 나온 것이다. 돈 안 드는 소리나 배웠겠지 망할 년 아까운 담배를. 곧 뛰어나가려다 뒤도 급하거니와 요즘 똘똘이가 감기로 앓는다. 년이 밤낮 들쳐업고 야학으로 돌아치더니 그예 그 꼴을 만들었다. 오랄질 년, 남의 아들을 중한 줄을 모르고. 들병이 하다가 이것 행실 버리겠다. 망할 년이 하는 소리가 들병이가 되려면 소리도 소리려니와 담배도 먹을 줄 알고 술도 마실 줄 알고 사람도 주무를 줄 알고 이래야 쓴다나. 이게 다 요전에 동리에 들어왔던 들병이에게 들은 풍월이렷다. 그래서 저도 연습 겸 골고루 다 한 번씩 해보고 싶어서 아주 안달이 났다. 방아타령 하나 변변히 못하는 년이 소리는 고걸로 될 듯싶은지!

 이런 기맥을 알고 년을 농락해먹은 놈이 요 아래 사는 뭉태놈이다. 놈도 더러운 놈이다. 우리 마누라의 이 낯짝에 몸이 달았다면 그만함 다 알짜지. 어디 계집이 없어서 그걸 손을 대구. 망할 자식두. 놈이 와서 섣달 대목이니 술 얻어먹으러 가자고 년을 꼬였구나. 조금 있으면 내가 올 테니까 안 된다 해도 오기 전에 잠깐만, 하고 손을 내끌었다. 들병이로 나가려면 우선 술 파는 경험도 해봐야 하니까, 하는 바람에 년이 솔깃해서 덜렁덜렁 따라섰겠지. 집안을 망할 년. 남편이 나무를 팔러 갔다 늦으면 밥 먹일 준비를 하고 기다려야 옳지 아느냐. 남은 밤길을 삼십 리나 허덕지덕 걸어오는데. 눈이 푹푹 쌓여서 발모가지는 떨어져나가는 듯이 저리고. 마을에 들어왔을 때에는 짜정 곧 쓰러질듯이 허기가 졌다. 얼른 가서 밥 한 그릇 때려뉘고 년을 데리고 앉아서 또 소리를 아르쳐야지. 이런 생각을 하고 술집 옆을 지나다가 뜻밖에 깜짝 놀란 것은 그 밖 앞방에서 년의 너털웃음이 들린다. 얼른 다가서서 문틈으로 들여다보니까 아 이 망할 년이 뭉태하고 술을 먹는구나

 입때까지는 하도 우스워서 꼴들만 보고 있었지만 더는 못 참는다. 지게를 벗어던지고 방문을 홱 열어젖히자 우선 놈부터 방바닥에 메다꼰잤다. 물론 술상은 발길로 찼으니까 벽에 가 부서졌지. 담에는 년의 비녀쪽을 지르르 끌고 밖으로 나왔다. 술 취할 년은 정신이 번쩍 들도록 홈빡 경을 쳐줘야 할 터이니까 눈에다 틀어박았다. 그리고 깔고 올라앉아서 망할 년 등줄기를 주먹으로 대구 우렸다. 때리면 때릴수록 점점 눈 속으로 들어갈 뿐, 발악을 치기에는 너무 취했다. 때리는 것도 년이 대들어야 멋이 있지 이러면 아주 숭겁다. 년은 그대로 내버리고 방으로 들어가서 놈을 찾으니까 이 빌어먹을 자식이 생쥐새끼처럼 어디로 벌써 내빼지 않았나. 참말이지 이런 자식 때문에 우리 동리는 망한다. 남의 계집을 보았으면 마땅히 남편 앞에 나와서 대강이가 깨져야 옳지 그래 달아난담. 못생긴 자식도 다 많지. 할 수 없이 척 늘어진 이년을 등에다 업고 비척비척 집으로 올라오자니까 죽겠구나. 날은 몹시 차지, 배는 쑤시도록 고프지, 좀 노할래야 더 노할 근력이 없다. 게다 우리 집 앞 언덕을 올라가다 엎어져서 무르팍을 크게 깠지. 그리고 집엘 들어가니까 빈 방에는 똘똘이가 혼자 에미를 부르고 울고 된통 법석이다. 망할 잡년두. 남의 자식을 그래 이렇게 길러주면 어떡할 작정이람. 년의 꼴 봐하니 행실은 예전에 글렀다. 이년하고 들병이로 나갔다가는 넉넉히 나는

한옆에 재워놓고 딴서방 차고 달아날 년이냐. 너는 들병이로 돈 벌 생각도 말고 그저 집안에 가만히 앉았는 것이 옳겠다. 구구루 주는 밥이나 얻어먹고 몸 성히 있다가 연해 자식이나 쏟아라. 뭐 많이도 말고 굴 때 같은 아들로만 한 열다섯이면 족하지. 가만있자, 한 놈이 일년에 벼 열 섬씩만 번다면 열다섯 섬이니까 일백오십 섬. 한 섬에 더도 말고 십 원 한 장씩만 받는다면 죄다 일천오백 원이지. 일천오백 원, 일천오백 원, 사실 일천오백 원이면 어이구 이건 참 너무 많구나. 그런 줄 몰랐더니 이년이 뱃속에 일천오백 원을 지니고 있으니까 아무렇게 따져도 나보담은 났지 않은가.

신채호
<꿈하늘>

1

 때는 단군 기원 4240년(서기 1907년) 몇 해 어느 달, 어느 날이던가, 땅은 서울이던가, 해외 어디던가, 도무지 기억할 수 없는데, 이 몸은 어디로 해서 왔는지 듣지도 보지도 못하던 크나큰 무궁화 몇만 길 되는 가지 위 넓기가 큰 방만한 꽃송이에 앉았더라.
 별안간 하늘 한복판이 딱 갈라지며 그 속에서 불그레한 광선이 뻗쳐 나오더니 하늘에 테를 지어 두르고 그 위에 뭉글뭉글한 고운 구름으로 갓을 쓰고 그 광선보다 더 고운 빛으로 두루마기를 지어 입은 한 천관(天官)이 앉아 오른손으로 번개 칼을 휘두르며 우레 같은 소리로 말하여 가로되,
 "인간에게는 싸움뿐이니라. 싸움에 이기면 살고 지면 죽나니 신의 명령이 이러하니라."
 그 소리가 딱 그치며, 광선도 천관도 다 간 곳이 없고 햇살이 탁 퍼지며 온 바닥이 반듯하더니 이제는 사람 소리가 시작된다. 동편으로 닷 동달이 갖춘 빛에 둥근 테를 두른 오원기(五員旗)가 뜨며 그 기 밑에 사람이 덮여 오는데 머리에 쓴 것과 몸에 장속(裝束)한 것이 모두 이상하나 말소리를 들으니 분명한 우리나라 사람이요, 다만 신체의 장건(壯健)과 위풍의 늠름함이 전에 보지 못한 이들이다.
 또 서편으로 좌룡우봉(左龍右鳳) 그린 그 밑에 수백만 군사가 몰려 오는데 뿔 돋친 놈, 꼬리 돋친 놈, 목 없는 놈, 팔 없는 몸, 처음 보는 괴상한 물건들이 달려들고 그 뒤에는 찬바람이 탁탁 치더라.
 이때에 한놈이 송구한 마음이 없지 않으나 뜨는 호기심이 버럭 나이 몸이 곧 무궁화 가지 아래로 내려가 구경코자 했더니, 꽃송이가 빙글빙글 웃으며,
 "너는 여기 앉았거라. 이곳을 떠나면 천지가 캄캄하여 아무것도 안보이리라."
하거늘 들던 궁둥이를 다시 붙이고 앉으니, 난데없는 구름장이 어디서 떠 들어와 햇빛을 가리우며, 소낙비가 놀란 듯 퍼부어 평지가 바다가 되었는데, 한편으로 으르르 꽝꽝 소리가 나며 거의 '모질' 다는 두 자로만 형용하기 어려운 큰 바람이 일어, 나무를 치면 나무가 꺾어지고 돌을 치면 돌이 날고, 집이나 산이나 닥치는 대로 부수는 그 기세로 바다를 건드리니, 바람도 크지만 바다도 큰 물이라. 서로 지지 않으려고 바람이 물을 치면 물도 바람을 쳐 바람과 물이 반 공중에서 접견할새 용이 우는 듯 고래가 뛰는 듯 천병만마(千兵萬馬)가 달리는 듯, 바람이 클수록 물결이 높아 온 지구가 들먹들먹하더라.

91

"바람이 불거나 물결이 치거나 우리는 우리대로 싸워 보자."

하는 소리가 들리더니 아까 보던 동편의 오원기와 서편의 용봉기 밑에 있는 장졸들이 눈들을 부릅뜨고 서로 죽이려 달려드니 바다에는 바람과 물의 싸움이요, 물 위에는 두 편 장졸들의 싸움이다.

그러나 이 싸움은 동양 역사나 서양 역사에서나 보던 싸움은 아니더라. 싸우는 사람들이 손에는 아무 연장도 가지지 않고 오직 입을 딱딱 벌리며 목구멍에서 불도 나오며, 물도 나오며, 칼도 나오며 화살도 나와 칼과 칼이 싸우며 활이 활과 싸우며 불과 불이 서로 치다가 나중에는 사람을 맞히니, 이 맞은 사람은 목이 떨어지면 팔로 싸우며 팔이 떨어지면 또 다리로 싸우다가 끝끝내 살이 다 떨어지고 뼈가 하나도 없이 부서져야 그만두는 싸움이라. 몇 시 몇 분이 못 되어 주검이 천리나 덮이고 비린내 땅에 코를 돌릴 수 없으며, 피를 하도 뿌려 하늘까지 빨갛게 물들였도다. 한놈이 이를 보고 우주가 이같이 참혹한 마당일까 하여 차마 보지 못해 눈을 감으니, 꽃송이가 다시 빙글빙글 웃으며,

"한놈아, 눈을 떠라! 네 이다지 약하냐? 이것이 우주의 진면목이니라. 네가 안 왔으면 하릴없지만 이미 온 바에는 싸움에 참가하여야 하나니 그렇지 않으면 도리어 너의 책임만 방기함이니라 한놈아, 눈을 빨리 떠라."

하거늘 한놈이 하릴없이 두 손으로 눈물을 닦고 눈을 들어 살피니 그 사이에 벌써 싸움이 끝났는지 천지가 괴괴하게 풍우도 또한 멀리 간지라, 해는 발끈 들어 온 바닥이 따뜻한데 깊은 구름을 헤치고 신선의 풍류 소리가 내려오니 이제부터 참혹한 소리는 물러가고 평화의 소리가 대신함인가 보더라.

이 소리 밑에 나오는 사람들은 곧 별사람들이 아니라 아까 오원기를 받들고 동편 진에 섰던 장졸들이니, 대개 서편 진을 깨쳐 수백만 적병을 씨 없이 죽이고 전승고를 울리며 돌아옴이라.

일원대장(一員大將)이 앞장에서 인도하는데 금화절풍건(金花折風巾)을 쓰고 어깨엔 어린장(魚鱗章)이며 몸엔 조의를 입었더라. 그 얼굴이 맑은 듯 위엄 있고 매운 듯 인자하여, 얼른 보면 부처 같고 일변으로는 범 같아 보기에 사랑도 스럽고 무섭기도 하더라.

그가 한놈이 앉은 무궁화나무로 향하여 오더니 문득 꽃을 보고 눈물을 흘리며,

"허허, 무궁화가 피었구나."

하더니 장렬한 음조로 노래를 한 장(章)한다.

이 꽃이 무슨 꽃이냐.
희어스름한 백두산의 얼이요
불그스름한 고운 조선의 빛이로다.

이 꽃을 북돋우려면
비도 맞고 바람도 맞고 핏물만 뿌려 주면
그 꽃이 잘 자라리.
옛날 우리 전성한 때에
이 꽃을 구경하니 꽃송이 크기도 하더라.
한 잎은 황해 발해를 건너 대륙을 덮고
또 한 잎은 만주를 지나 우수리에 늘어졌더니
어이해 오늘날은
이 꽃이 이다지 야위었느냐.
이 몸도 일찍 당시의 살수 평양 모든 싸움에
팔뚝으로 빗장삼고 가슴이 방패 되어
꽃밭에 울타리 노릇 해
서방의 더러운 물이
조선의 봄빛에 물들지 못하도록
젖 먹은 힘까지 들였도다.
이 꽃이 어이해
오늘은 이 꼴이 되었느냐.

한 장 노래를 다 마치지 못한 모양이나 목이 메어 더 하지 못하고 눈물에 젖으니 무궁화 송이도 그 노래에 무슨 느낌이 있었던지 같이 눈물을 흘리며 맑은 노래로 화답하는데,

봄비슴의 고운 치마 임이 내게 주시도다.
임의 은덕 갚으려 하여
내 얼굴을 쓰다듬고 비바람과 싸우면서
조선의 아름다움 쉬임없이 자랑하려고 나도 이리 파리하다.
영웅의 시원한 눈물
열사의 매운 핏물
사발로 바가지로 동이로 가져오너라.
내 너무 목마르다.

그 소리 더욱 아프고 저리어 완악한 돌이나 나무들도 모두 일어나 슬픔으로 서로 화답하는 듯하더라. 꽃송이 위에 앉았던 한놈은 두 노래 끝에 크게 느끼어 땅에 엎드려져 울며 일어나지 못하니 꽃송이가 또 가만히,

"한놈아."
부르며 꾸짖되,
"울음을 썩 그쳐라. 세상 일은 슬퍼한다고 잊는 것이 아니니라."
하거늘 한놈이 고개를 들어 좌우를 살피니 아까 노래하던 대장이 곧 앞에 섰더라. 그 얼굴은 자세히 뜯어보니 마치 언제 뵈온 어른 같다. 한참 서성이다가,
"아, 이제야 생각나는구나. 눈매와 이맛살과 채수염이며, 또 단장한 것을 두루 본즉 일찍 평안도 안주 남문 밖 비석에 새겨 있는 조각상과 같으니 내가 꿈에라도 한번 보면 하던 을지문덕이신저."
하고 곧 일어나 절하며 무슨 말을 물으려 하나 무엇이라고 칭호할는지 몰라 다시 서성이니 이상하다. 을지문덕 그이는 단군 2000년(서기전 333년)경의 어른이요, 한놈은 단군 4241년(서기 1908년)에 난 아기라 그 어간이 이천 년이나 되는데 이천 년 전의 어른으로 이천 년 뒤의 아기를 만나 자애스런 품이 마치 친구나 집안 같다. 그이가 곧 한놈을 향하여 웃으시며,
"그대가 나의 칭호에 서성이느냐. 곧 선배라 부름이 가하니라. 대개 단군이 태백산에 내리어 삼신오제(三神五帝)를 위해 삼경오부(三京五部)를 베풀고 이를 만세 자손으로 하여금 지키게 하려 하실새 삼부오계(三部五戒)로 윤리를 세우시며 삼랑오가(三郞五加)로 교육을 맡게 하시니 이것이 우리나라 종교적 무사혼(武士魂)이 발생한 처음이니라. 이 혼이 삼국시대에 와서는 드디어 꽃 피듯 불 붙는 듯하여 사람마다 무사를 높이어 절하고 서로 아름다운 이름을 지어 자랑할새 신라는 소년의 무사를 사랑하여 도령이라 아름하니, 『삼국사기』에 적힌 선랑(仙郞)이 그 뜻 번역이요, 백제는 장년의 무사를 사랑하여 수두라 이름하니, 삼국사기에 적힌 바 소도(蘇塗)가 그 음 번역이요, 고구려는 군자스러운 무사를 사랑하여 선배라 이름하니, 『삼국사기』에 적힌 바 선인이 그 음과 뜻을 아울러 한 번역이라. 이제 나는 고구려의 사람이니 그대가 나를 선배라 부르면 가하리라."
한놈이 이에 다시 고구려의 절로 한 무릎은 세우고 한 무릎은 꿇어 공손히 절한 뒤에,
"선배님이시여, 아까 동편 서편에 갈라서서 싸우던 두 진이 다 어느 나라의 진입니까?"
물은데 선배님이 대답하되,
"동편은 우리 고구려의 진이요, 서편은 수나라의 진이니라."
한놈이 놀라며 의심스런 빛으로 앞에 나아가 가로되,
"한놈은 듣자오니 사람이 죽으면 착한 이의 넋은 천당으로 가며 진 이의 넋은 지옥으로 간다더니 이제 그 말이 다 거짓말입니까? 그러면 영계(靈界)는 육계(肉界)와 같아 항상 칼로 찌르며 총으로 서로 죽이는 참상이 있습니까?"

선배님이 허허 탄식하여 하시는 말이,

"그러하니라. 영계는 육계의 영상이니 육계에 싸움이 그치지 않는 날에는 영계의 싸움도 그치지 않느니라. 대저 종교가의 시조인 석가나 예수가 천당이니 지옥이니 한 말은 별도로 유의한 뜻이 있거늘 어리석은 사람들이 그 말을 집어먹고 소화가 못 되어 망국 멸족 모든 병을 앓는도다. 그대는 부디 내 말을 새겨들을 지어다. 소가 개를 낳지 못하고 복숭아나무에 오얏열매가 맺지 못하니 육계의 싸움이 어찌 영계의 평화를 낳으리요? 그러므로 육계의 아이는 영계에 가서도 아이요, 육계의 어른은 영계에 가셔도 어른이요, 육계의 상전은 영계에 가서도 상전이요, 육계의 종은 영계에 가서도 종이니, 영계에서 높다, 낮다, 슬프다, 즐겁다 하는 도깨비들이 모두 육계에서 받던 꼴과 한가지다. 나로 말하더라도 일찍 살수싸움의 승리자이므로 오늘 영계에서도 항상 승리자의 자리를 차지하고 저 수주(隨主) 양광(楊廣)은 그때에 전패자이므로 오늘도 이같이 패하여 군사를 이백만이나 죽이고 슬피 돌아감이어늘 이제 망한 나라의 종자로서 혹 부처에게 빌며 상제께 기도하며 죽은 뒤에 천당을 구하려 하니 어찌 눈을 감고 해를 보려 함과 다르리요."

을지 선배의 이 말이 그치자마자 하늘에 붉은 구름이 일어나 스스로 글씨가 되어 씌었으되, '옳다, 옳다, 을지문덕의 말이 참 옳다. 육계나 영계나 모두 승리자의 판이니 천당이란 것은 오직 주먹 큰 자가 차지하는 집이요, 주먹이 약하면 지옥으로 쫓기어 가느니라' 하였었더라.

2

1) 왼몸이 오른몸과 싸우다.
2) 살수싸움의 정형이 이러하다.
3) 을지문덕도 암살당을 조직하였더라.
4) 사법명이 그름을 타고 지나가다.

한놈이 일찍 내 나라 역사에 눈이 뜨자 을지문덕을 숭배하는 마음이 간절하나 그에 대한 전기를 짓고 싶은 마음이 바빠 미처 모든 글월에 고구(考究)하지 못하고 다만 『동사강목(東史綱目)』에 적힌 바에 의거하여 필경 전기도 아니요, 논문도 아닌 『사천년 제일대위인 을지문덕(四千年 弟一大偉人 乙支文德)』이라 한 조그마한 책자를 지어 세상에 발표한 일이 있었더라.

한놈은 대개 처음 이 누리에 내려올 때에 정과 한의 뭉텅이를 가지고 온 놈이라 나면 갈 곳이 없으며, 들면 잘 곳이 없고, 울면 믿을 만한 이가 없으며, 굴면 사랑할 만한 이가 없어 한놈으로 와, 한놈으로 가는 한놈이라. 사람이 고되면 근본을 생각한다더니 한놈도 그러함인지 하도 의지할 곳이 없으며 생각나는 것은 조상의 일뿐이더라. 동명성왕의 귀가 얼마나 길던가, 진흥대왕의 눈이 얼마나 크던가, 낙화암에 떨어지던 미인이 몇이던가, 수양제를 쏘던 장사가 누구던가, 동명성왕의 임유각의 높이가 백 길이 못 되던가, 진평왕의 성제대(聖帝帶)가 열 발이 더 되던가. 동묘[東牟]의 높은 산에 대조영 내조의 자취를 조상하며, 웅진(熊津)의 가는 물에 계백 장군의 대움을 눈물하고, 소나무를 보면 술거의 그림을 본 듯하며, 새 소리를 들으면 옥보고의 노래를 듣는 듯하여 몇 치 못 되는 골이 기나긴 오천 년 시간 속으로 오락가락하여 꿈에라도 우리 조상의 큰 사람을 만나고자 그리던 마음으로 이제 크나큰 을지문덕을 만난 판이니, 묻고 싶은 말이며 하고 싶은 말이 어찌 하나 둘뿐이리요마는 이상하다. 그의 영계에 대한 이야기를 들으며 골이 펼떡펼떡하고 가슴이 어근버근하여 아무 말도 물을 경황이 없고 의심과 무서움이 오월 하늘에 구름 모이듯 하더니 드디어 심신에 이상한 작용이 인다.

오른손이 저릿저릿하더니 차차 커져 어디까지 뻗쳤는지 그 끝을 볼 수 없고 손가락 다섯이 모두 손 하나씩 되어 길길이 길어지며 그 손 끝에 다시 손가락이 나며, 그 손가락 끝에 다시 손이 되며 아들이 손자를 낳고, 손자가 증손을 낳으니 한 손이 몇만 손이 되고, 왼손도 여봐란 듯이 오른손대로 되어 도 몇만 손이 되더니, 오른손에 달린 손들이 낱낱이 푸른 기를 들고 왼손에 딸린 손들은 낱낱이 검은 기를 들고 두 편을 갈라 싸움을 시작하는데 푸른 기 밑에 모인 손들이 일제히 범이 되며 아가리를 딱딱 벌리며 달려드니, 붉은 기 밑에 보인 손들은 노루가 되어 달아나더라.

달아나다가 큰 물이 앞에 꽉 막히어 하릴없는 지경이 되니 노루가 일제히 고기가 되어 물 속으로 들어간다. 범들이 뱀이 되어 쫓으니 고기들은 껄껄 푸드득 꿩이 되어 물 밖으로 향하여 날더라.

뱀들이 다시 매가 되어 쫓은즉 꿩들이 넓은 들에 가 내려앉아 큰 매가 되니 뱀들이 아예 불덩이가 되어 매에 대고 탁 튀어, 매는 쪼각쪼각 부서지고 온 바닥이 불빛이더라. 부서진 매조각이 하늘로 날아가며 구름이 되어 비를 퍽퍽 주니 불은 꺼지고 바람이 일어 구름을 헤치려고 천지를 뒤집는다. 이 싸움이 한놈의 손 끝에서 난 싸움이지만 한놈의 손 끝으로 말릴 도리는 아주 없다. 구경이나 하자고 눈을 비비더니 앉은 밑의 무궁화 송이가 혀를 치며 하는 말이,

"애닯다! 무슨 일이냐 쇠가 쇠를 먹고 살이 살을 먹는단 말이냐?"

한놈이 그 말씀에 소름이 몸에 꽉 끼치며 입이 벙벙하니 앉았다가,

"무슨 말씀입니까? 언제는 싸우라 하시더니 이제는 싸우지 말라 하십니까?"

하며 돌려 물으니 꽃송이가 예쁜 소리로 대답하되,
 "싸우거든 내가 남하고 싸워야 싸움이지, 내가 나하고 싸우면 이는 자살이요 싸움이 아니니라."
 한놈이 바싹 달려들며 묻되,
 "내란 말은 무엇을 가르치시는 말입니까? 눈을 크게 뜨면 우주가 모두 내 몸이요, 적게 뜨면 오른팔이 왼팔더러 남이라 말하지 않습니까?"
 꽃송이가 날카롭게 깨우쳐 가로되,
 "나란 범위는 시대를 따라 줄고 느나니 가족주의의 시대에는 가족이 '나' 요 국가주의의 시대에는 국가가 '나' 라, 만일 시대를 앞서 가다가는 발이 찢어지고 시대를 뒤져 오다가는 머리가 부러지나니 네가 오늘 무슨 시대인지 아느냐? 희랍은 지방열로 강국의 자격을 잃고 인도는 부락사상으로 망국의 화를 얻으니라."
 한놈이 이 말에 크게 느끼어 감사한 눈물을 뿌리고 인해 왼손으로 오른손을 만지니 다시 전날의 오른손이요, 오른손으로 왼손을 만지니 또한 전날의 왼손이더라. 곁에는 을지문덕이 햇빛을 안고 앉다.

　우리나라는 저울과 같다.
　부소(扶蘇) 서울은 저울 몸이요,
　백아(百牙) 서울은 저울 머리요,
　오덕(五德) 서울은 저울추로다.
　모든 대적을 하루에 깨쳐 세 곳에
　나누어 서울을 하니,
　기울임 없이 나라 되리니,
　셋에 하나도 잃지 말아라.

를 외우더니 한놈을 돌아보며 가로되,
 "그대가 이 글을 아는가?"
 한놈이,
 "정인지(鄭麟趾)가 지은 『고려사』 속에서 보았나이다."
하니 을지문덕이 가로되,
 "그러하니라. 옛적에 단군이 모든 적국을 깨치고 그 땅을 나누어 세 서울을, 세울새, 첫 서울은 태백산 동남 조선땅에 두니 가로되 '부소' 요, 다음 서울은 태백산 동북 만주 밑 연해주땅에 두니 가로되 '오덕' 이라.
 이 세 서울을 하나만 잃으면 후세자손이 쇠약하리라고 하사 그 예언을 적어 신지에게 주신 바이어늘 오늘에 그 서울들이 어디인지 아는 이가 없을뿐더러 이 글까지 잊었도다. 정인지가 『고려사』에 이를 쓰기는 하였으나 술사(術士)의 말로 들렸으니 그 잘못함이 하나요, 고려의 지리지를 좇아 단군의 삼경(三京)도 모두 대동강 이내로 말하였으니 그 잘못함이 둘이라.”

한놈이,

“이 세 서울을 잃은 원인은 어디에 있습니까?”

물으니 을지문덕이 가로되,

“아까 권력이 천당으로 가는 사다리란 말을 잊지 안하였는가? 우리 조선 사람들은 이 뜻을 아는 이 적은 고로 중국 이십일 대사 가운데 대(代)마다 조선 열전이 있으며 조선 열전 가운데마다 조선인의 천성이 인후하다 하였으니, 이 ‘仁厚’ 두 자가 우리를 쇠하게 한 원인이라. 동족에 대한 인후는 흥하는 원인도 되거니와 적국에 대한 인후는 망하게 하는 원인이 될 뿐이니라……”

3

……(원문 탈락) 한참 재미있게 을지문덕은 이야기하매 한놈은 듣는 판에 벌건 동편 하늘이 딱 갈라지며 그 속에서 불칼, 불활, 불들, 불총, 불대포, 불화로, 불솥, 불범, 불사자, 불개, 불고양이떼 들이 쏟아져 나오니 을지문덕이 깜짝 놀라며,

“저것이 웬일이냐?”

하더니 무지개를 타고 빨리 그 속으로 향하여 가더라.

4

가는 선배님을 붙들지도 못하며 내 몸으로 쫓아가려고 해도 쫓지 못하여 먹먹하게 앉은 한놈이,

“나는 어데로 가리요?”

한데, 주인으로 있는 꽃송이가 고운 목소리로,

“네가 모르느냐? 신과 마(魔)의 싸움이 일어 을지 선배님이 가시는 길이다.”

한놈이 깜짝 기꺼하며,

“나도 가게 하시옵소서.”

한데, 꽃송이가,

“암, 그럼 가야지, 우리나라 사람이 다 가는 싸움이다.”

물은데, 꽃송이가,

“날개를 주마.”
하므로 한놈이 겨드랑이 밑을 만져 보니 문득 날개 둘이 달렸더라. 꽃송이가 또,
“친구와 함께 가거라.”
하거늘, 울어도 홀로 울고 웃어도 홀로 웃어 사십 평생에 친구 하나 없이 자라난
한놈이 이 말을 들으매 스스로 눈에 눈물이 펑 돈다.
“친구가 어디 있습니까?”
한데,
“네 하늘에 향하여 한놈을 부르라.”
하거늘, 한놈이 힘을 다하여 머리를 들고 한놈을 부르니 하늘에서
“간다.”
대답하고 한놈 같은 한놈이 내려오더라. 또,
“네가 땅에 향하여 한놈을 부르라.”
하거늘 한놈이 또 힘을 다하여 머리를 숙이고 한놈을 부르니 땅 속에서,
“간다.”
대답하고 한놈 같은 한놈이 솟아나더라. 꽃송이 시키는 대로 동편에 불러 한놈을
얻고 서편에 불러 한놈을 얻고 남편, 북편에서도 각기 다 한놈을 얻은지라 세어
본즉 원래 있던 한놈이 와 불려 나온 여섯 놈이니 합이 일곱 한놈이더라.
 낯도 같고 꼴도 같고 목적도 같지만 이름이 같으면 서로 분간할 수 없을까 하여
차례로 이름을 지어 한놈, 둣놈, 셋놈, 넷놈, 닷째놈, 엿째놈, 일곱째놈이라 하
다.
“싸움터가 어데냐?”
외치니,
“이리 오너라.”
하고 동편에서 소리가 나거늘,
“앞으로 갓!”
한마디에 그곳으로 향하더니 꽃송이가 ‘칼부림’ 이란 노래를 한다.

내가 나니 저도 나고
저가 나니 나의 대적이다
내가 살면 대적이 죽고
대적이 살면 내가 죽나니
그러기에 내 올 때에 칼 들고 왔다
대적아 대적아
네 칼이 세던가 내 칼이 센가 싸워를 보자

앓다 죽은 넋은 땅 속으로 들어가고
싸우다 죽은 넋은 하늘로 올라간다
하늘이 멀다 마라
이 길로 가면 한 뼘뿐이니라
하늘이 가깝다 마라
땅 길로 가면 만만 리가 된다
아가 아가 한놈 듯놈 우리 아가 우리 대적이 저기 있다
해 늦었다 눕지 말며
밤 늦었다 자지 마라
이 칼이 성공하기 전에는
우리 너희 쉴 짬이 없다

그 소리 비장강개하여 울 만도 하며 뛸 만도 하더라.
한놈은 일곱 사람의 대표로 '내 친구'란 노래로 대답하였는데 윗머리는 다 잊
어 이 책에 쓸 수 없고 오직 첫 마디의,
"내가 나자 칼이 나고 칼이 나니 내 친구다."
단 한 구절만 생각난다.
답가를 마치고 일곱 사람이 서로 손목을 잡고 동편을 바라보고 가니 날도 좋고
곳곳이 꽃 향기, 새 소리로 우리를 위로하더라.
몇 걸음 못 나아가 하늘이 캄캄하고 찬 비가 쏟아진다. 일곱 사람이 한결같이,
"찬 비가 오거나 더운 비가 오거나 우리는 간다."
하고 앞길만 찾더니 또 바람이 모질게 불어 흙과 모래가 섞이어 나니 눈을 뜰 수
없다.
"눈을 뜰 수 없어도 가자."
하고 자꾸 가니 몇 걸음 못 나가서 가시밭이 있거늘,
"오냐, 가시밭길이라도 우리가 가면 길 된다."
하고 눌러 걷더니 또 걸음 못 나가서 땅에다 시퍼런 칼 같은 것을 모로 세워 밟
는 대로 발이 찢어져 피 발이 된다.
"피 발이 되어도 간다."
하고 서로 붙들고 가더니 무엇이 머리를 꽉 눌러 허리도 펼 수 없고 한 발씩이
나 되는 주둥이가 살을 꽉꽉 물어 떼여 아프고 가려워 견딜 수 없고 머리털 타는
듯 고추 타는 듯한 냄새가 나 코를 들 수 없고 앞뒤로 불덩이가 날아와 살이 모
두 데이니 일곱째놈이 딱 자빠지며,
"애고, 나는 못 가겠다."

한놈과 및 다섯 친구들이 억지로 끌어 일으키나 아니 들으며,
"여기 누우니 아픈 데가 없다."
하거늘 한놈이,
"싸움에 가는 놈이 편함을 구하느냐?"
꾸짖고 할 수 없이 일곱 친구에 하나를 버리나 여섯 사람뿐이다.
"우리는 적과 못 견디지 말자."
하고 서로 권면하나 길이 어둡고 몸이 저려 기다, 걷다, 구르다, 뛰다 온갖 짓을
다 하며 나가는데 웬 할미가 앞에 지나가거늘 일제히 소리를 쳐,
"할멈, 싸움터를 어디로 가오?"
하니 지팡이를 들어,
"이리 가라."
하고 가리키는데 지팡이 끝에 환한 광선이 비치더라,
"이곳이 어데요?"
물은데,
"고됨 벌이라."
하더라.
 광선을 따라 나아가니 눈앞이 환하고 갈 길이 탁 트인다. 일변으로는 반갑기도
하지만 일변으로는 눈물이 주르르 쏟아진다.
"살거든 같이 살고 죽거든 같이 죽자고 옷고름 맺고 맹세하며 같이 오던 일곱
사람에 일곱째놈 하나만 버리고 우리 여섯은 다 오는구나.
 일곱째놈아, 네 조금만 견디었으면 우리같이 이 구경을 할 걸 네 너무도 참지
못하여 우리는 오고 너는 갔고나. 그러므로 마지막 씨름에 잘 하여야 한단 말도
있고 최후 오 분간을 잘 지내란 말도 있는 것이다. 그러나 쓸데 있나, 이 뒤에
우리 여섯이나 조심하자."
하고 받고 차며 이야기하며 가더니 이것이 어디기에 이다지 좋은가, 나무 그늘
가득한 곳에 금잔디는 땅에 깔리고 꽃은 피어 뒤덮였는데 새들은 제 세상인 듯이
쩍쩍이고 범이 오락가락하나 사람 보고 물지 않고 온갖 풀이 모두 향내를 피우며
길은 옥으로 깔렸는데 얼른얼른하여 그 속에 한놈의 무리 여섯이 비치어 있고 금
강산의 만물상같이 이름 짓는 대로 보이는 것도 많으며 평양 모란봉처럼 우뚝 솟
아 그린 듯한 빼어난 뫼며, 남한산의 꽃버들이며, 북한산의 단풍이며, 경주의 삼
기팔괴(三奇八怪)며, 원산의 명사십리 해당화며, 호호 탕탕 한강물에 뛰노는 잉
어며, 천안 삼거리 늘어진 버들이며, 송도 박연에 구슬 뿜듯 헤치는 폭포며, 순
창 옷과 대발이며, 온갖 풍경이 갖추어 있어 한놈의 친구 여섯 사람으로 하여금
'아픈 벌'에서 받던 고통은 씻은 듯 간 데 없다. 몸이 거뜬하고 시원함을 이기

지 못하여 서로 돌아보며,

"이곳이 어데인가? 님의 나라인가? 님의 나라야 싸움터도 지나지 않았는데 어느새 왔을 수 있나?"

하며 올 것이 가는 판이러니 별안간 사람의 눈을 부시게 빛이 찬란한 산이 멀리 보이는데 그 위에 붉은 글씨로 '황금산'이라 새기었더라. 앞에 다다라 보니 순금으로 쌓은 몇만 길 되는 산이요, 한 쌍 옥동자가 그 산이마에 앉아 노래를 한다.

난 사람이 그 누구냐
내 이 산을 내어 주리라
이 산만 가지면
옷도 있고 밥도 있고
고대광실 높은 집에
한평생을 잘살리라
이 산만 가지면
맏아들은 황제 되고
둘째 아들은 제후 되고
셋째 아들은 파초선 받고
넷째 아들은 쌍가마 타고
네 앞에 절하리라
이 산을 가지려거든
단군을 버리고 나를 할아비 하며
진단(震檀)을 던지고 내 집에서 네 살림 하여라
이 산만 차지하면
금강석으로 네 갓 하고
진주 구슬로 네 목도리 하고
홍보석으로 네 옷 말아주마
난 사람이 그 누구냐
너희들도 어리석다
싸움에 다다르면 네 목은 칼밥이요
네 눈은 활 과녁이요
네 몸은 탄알밥이라
인생이 얼마라고 호강을 싫다 하고
아픈 길로 드느냐?

어리석다 불쌍하다 너희들……

노래 소리 맑고 고와 듣는 사람의 귀를 콕 찌르니 엿째놈이 그 앞에 턱 엎드러지며,
"애고, 나는 못 가겠소. 형들이나 가시오."
한놈의 친구가 또 하나 없어진다. 기가 막혀 꼬이고 꾸짖으며, 때리며 끌며 하나 엿째놈이 그 산에 딱 들어붙어 이어나지 않더라.
하릴없이 한놈이 인제 네 친구만 데리고 가더니 큰 냇물이 앞에 나서거늘 한놈이 친구들을 돌아보며,
"이 내가 무슨 내인가?"
하며 그 이름을 몰라 갑갑한 말을 한즉 냇물에서 무엇이 대답하되,
"내 이름은 새암이라."
"새암이란 무슨 말이냐?"
한데,
생암은 재주 없는 놈이 재주 있는 놈을 미워하며, 공 없는 놈이 공 있는 놈을 싫어하여 죽이려 함이 새암이니라."
"그러며 네 이름이 새암이니 남의 집과 남의 나라도 많이 망쳤겠구나."
"암, 그럼. 단군 때에는 비록 마음이 있었으나 도덕의 아래라 감히 행세치 못하다가 부여의 말년부터 내 이름이 비로소 나타날새, 금와(金蛙)의 아들들이 내 맛을 보고는 동명왕을 죽이려 했고, 비류(比流)란 사람이 내 맛을 보고는 온조왕과 갈라지고, 수성왕(遂成王)이 내 맛을 보고는 국조(國祖)으 부자(父子)를 죽이며, 봉상왕(烽上王)이 내 맛을 보고는 달가(達賈) 같은 공신을 베고, 백제의 신하인 백가(苩加)가 동성왕을 죽이며 패업(霸業)을 꺾음도 나의 꾀임이며, 좌가려(左可慮)가 고국천왕(故國川王)을 싫어하며 연나(椽那)에 반(叛)함도 나의 홀림이라 나의 물결이 가는 곳이면 반드시 화한(禍患)을 내어 삼국의 강성이 더 늘지 못함이 내 솜씨에 말미암음이라고도 할지나 그러나 이때는 오히려 정도(正道)가 세고 내가 약하여 크게 횡행치 못하더니 세강속 말하여 삼국의 말엽이 되매 내가 간 곳마다 성공하며, 백제에 들매 의지왕의 군신이 서로 새암하여 성충(成忠)이며, 홍수(興首)며, 계백(階伯)이 같은 현상맹장(賢相猛將)을 멀리하여 망함에 이르며, 고구려에 들매 남생(男生)의 형제가 서로 새암하여 평양이며, 국내성이며, 개모성 같은 명성을 적국에 바쳐 비운에 빠지고 복신(福信)은 만고의 명장으로 풍왕(豊王)의 새암에 장심(掌心) 꾀이는 악형을 받아 중흥의 사업이 꿈결로 돌아가고 검모잠(劍牟岑)은 개세의 열장부로 안승왕(安勝王)의 새암에 흉참(凶慘)한 주검이 되어 다물(多勿)의 장지(壯志)가 이슬같이 사라지고 이 뒤부터는 더욱 내

판이라.

 고려 왕씨조나 조선 이씨조는 모두 내 손에 공기 노는 듯하여 군신이 의심하며, 상하가 미워하며, 문무가 싸우며, 사색(四色)이 서로 잡아먹으며, 이백만 홍건적을 쳐몰린 정세운(鄭世雲)도 죽이며, 수십년 해륙전에 드날리던 최영(崔瑩)도 베며, 팔 년 왜란에 바다를 진정하여 해왕의 웅명(雄名)을 가지던 이순신(李舜臣)도 가두며, 일개 서생으로 왜장 청정(淸正)을 부수고 함경도를 찾던 정문부(鄭文孚)도 죽이어 드디어 금수강산이 비린내가 나도록 하였노라.”
 한놈이 그 말을 듣고는 몸에 소름이 끼쳐 친구를 돌아보며,
 “이 물이야 건널 수 있느냐?”
하니 넷놈 닷놈이 웃으며,
 “그것이 무슨 말이요, 백이숙제(伯夷叔齊)가 탐천물을 마시면 그 마음이 흐릴까요.”
하더니 벗고 들어서거늘 한놈, 둣놈, 셋놈, 세 사람도 용기를 내어 뒤에 따라 서며 도통사 최영이 지은,

　까마귀 눈비 맞아 희난 듯 검노매라
　야광명월(夜光明月)이 밤인들 어둘소냐
　임 향한 일편단심 가실 줄이 있으랴

한 시조를 읊으며 건너니라.
 저편 언덕에 다다라서는 서로서로 냇물을 돌아보며,
 “요만 물에 어찌 장부의 마음을 변할쏘냐? 우리가 아무리 어리다 해도 국사에 힘써 화랑의 교훈을 받은 이도 있으며 혹 한학에 소양이 있어 공자, 맹자의 도덕에 젖은 이도 있으며, 혹 불교를 연구하여 석가의 도를 들은 이도 있으며, 혹 예배당에 출입하여 양부자(洋夫子)의 신약도 공부한 이 있나니 어찌 접싯물에 빠져 형제가 새로 새암하리요.”
하고 더욱 씩씩한 꼴을 보이며 길에 오르니라.
 싸움터가 가까워 온다. 임나라가 가까워 온다. 깃발이 보인다. 북소리가 들린다. 어서 가자 재촉할새 가장 날래게 앞서 뛰는 놈은 셋놈이더라.
 넷놈이 따르려 하여도 따르지 못하여 허덕허덕하며 매우 좋지 못한 낯을 갖더니,
 “저기 적진이 보인다.”
하고 실탄 박은 총으로 쏜다는 것이 적진을 쏘지 않고 셋놈을 쏘았더라.
 어화 일곱 사람이 오던 길에 한 사람은 고통에 못 이기어 떨어지고 또 한 사람

은 황금에 마음이 바뀌어 떨어졌으나 오늘같이 서로 죽이기는 처음이구나!
 새암의 화가 참말 독하다.
 죽은 놈은 할 수 없거니와 죽인 놈도 그저 둘 수 없다 하여 곧 넷 놈을 잡아 태워 죽이고, 한놈, 둣놈, 닷놈 무릇 세 사람이 동행하니라.
 인간에서 알기는 도깨비가 임에게 대하여 만나면 으레 항복하고 싸우면 으레 진다 하더니 싸움터에 와보니 이렇게 쉽게는 말할 수 없더라.
 임의 키가 열 길이 되더니 도깨비의 키도 열 길이 되고, 임의 손이 다섯 발이 되더니 도깨비의 손도 다섯 발이 되고, 임의 눈에 번개가 치면 도깨비의 눈에도 번개가 치고, 임의 입에 우뢰가 울며 임이 날면 도깨비도 날며, 임이 뛰면 도깨비도 뛰며, 임의 군사가 구구는 팔십일만 명(九九＝八十一萬名)인데 도깨비의 군사도 꼭 그 수효이더라.
 『고구려사』에 보면 동천왕이 위장(魏將) 모구검(母丘儉)을 처음에 이기고 웃어 가로되,
 "이같이 썩은 대적을 치는 데 어찌 큰 군사를 쓰리요."
하고 정병은 다 뒤에 앉아 있게 하고 다만 오천 명으로써 적의 수만 명과 결전하다가 도리어 큰 위험을 겪은 일이 있더니 임나라에소도 이런 짓이 있도다.
 싸움이 시작되자 임이 영(令)을 내리시되,
 "오늘은 전군이 다 나갈 것 없이 다만 9분의 1 곧 1999만 명만 나서며 또 연장은 가지지 말고 맨손으로 싸워 도깨비의 무리가 우리 재주에 놀라 다시 덤비지 못하게 하여라."
하니 좌우는 안 될 것이라고 간하나 임이 안 들으신다.
 진이 사괴매 임의 군사가 비록 날쌔나 어찌 연장 가진 군사와 겨루리요. 칼이며, 총이며, 불이며, 물이며, 온갖 것을 다하여 임의 군사를 치는데 슬프다.
 임의 군사는 빈 주먹이 칼에 부서지고, 흰 가슴이 총에 꿰뚫리며, 뛰다가 불에 타며, 기다가 물에 빠져 살 길이 아득하다. 입으로는,
 "우리는 정의의 아들이다. 악이 아무리 강한들 어찌 우리를 이기리요."
하고 부르짖으나 강적 밑에서야 정의의 할아비인들 쓸데 있느냐? 죽는 이 임의 군사요. 엎치는 이 임의 군사더라.
 넓고 넓은 큰 벌판에 정의의 주검이 널리었으나 강적의 칼은 그치지 않는다.
 한놈의 동행인 닷놈이 고개를 숙이고 탄식하되,
 "이제는 임의 나라가 고만이로구나, 나는 어디로 가노?"
하더니 청산 백운 간에 사슴의 친구나 찾아간다고 봇짐을 싸며, 셋놈은 왈칵 나서며,
 "장부가 어찌 이렇게 적막히 살 수야 있나, 종살이라도 하며 세상에서 어정거

림이 옳다."
하고 적진으로 향하니라.

이때 한놈은 어찌할까 한놈은 한놈의 짐을 지고 왔으며 너희들은 각기 저희들의 짐을 지고 왔나니 짐 벗어 던지고 달아나는 너희들을 따라가는 한놈이 아니요, 가는 놈들은 가거라, 나는 나대로 하리라 함이 정당한 일인 듯하나, 그러나 너는 내 손목을 잡고 나는 네 손목을 잡아, 죽으나 사나 같이 가자 하던 일곱 사람에 단 셋이 남아 나밖에는 네 형이 없고 너밖에는 내 아우 없다 하던 너희들을 또 버리고 나 홀로 돌아섬도 또한 한놈이 아니도다.

한놈이 이에 오도가도 못 하고 길 곁에 주저앉아 홀로,

"세상이 원래 이런 세상인가? 한놈이 친구를 못 얻음인가? 말짱하게 맹세하고 오던 놈들이 고되다고 달아난 놈도 있고, 할 수 없다고 달아난 놈도 있어 일곱 놈에 나 한놈만 남았구나."

탄식하니 해는 서산에 너울너울 넘어가 사람의 사정을 돌보지 않더라. 이러나저러나 갈 판이라고 두 주먹을 부르쥐고 달리더니 난데없는 구름이 모여들어 하늘이 캄캄해지며 범과 이리와 사자와 온갖 짐승이 꽉 가로막아 뒤로 물러갈 길은 보이지만 앞으로 나아갈 길은 없더라.

할 수 없이 다시 오던 길을 찾아 뒤로 몇 걸음 물러서다가,

"뺀 칼을 다시 박으랴!"

소리를 지르고 앞을 헤치고 나아가니 임의 형상은 보이지 않으나 임의 발소리가 귀에 들린다.

"네 오느냐? 너 홀로 오느냐?"

하시거늘 한놈이 고되고 외로워 어찌할 줄 모르던 차에 인자하신 말씀에 느낌을 받아 눈에 눈물이 핑 돌며 목이 탁 메여 겨우 대답하되

"예, 홀로 옵니다."

"오냐, 슬퍼 말라. 옳은 사람은 매양 무척 고생을 받고야 동무를 얻나니라."

하시더니 칼을 하나 던지시며,

"이 칼은 3925년(서기 1592년) 임진왜란에 의병 대장 정기룡(鄭起龍)이 쓰던 삼인검(三寅劍)이다. 네 이것을 가지고 적진을 쳐라!"

하시더라. 한놈이 칼을 받아 들고 나서니 하늘이 개며 해도 다시 나와 범과 사자들은 모두 달아나 앞길이 탁 트이더라.

몸에 임의 명령을 띠고 손에 임이 주신 칼을 들었으니 무엇이 무서우리요. 적진이 여우 고개에 있단 소문을 듣고 그리로 향하여 가는데 칼이 번쩍번쩍하더니 찬 바람 치며 비린애가 코를 찌르거늘,

'애쿠, 적진이 당도하였구나."

하고 칼을 저으며 들어가니 수십만 적병이 물결 갈라지듯 하는지라. 그 사이를 뚫고 들어간즉 어떤 얼굴 괴악한 적장이 궤에 기대어 임진 전사를 보는데 한놈의 손에 든 칼이 부르르 떨어 그 적장을 가리키며 소리치되,
 "저놈이 곧 임진왜란 때에 조선을 더럽히려던 일본 관백(關白) 풍신수길(豊臣秀吉)이라."
하거늘 원수를 외나무 다리에서 만난 한놈이 어찌 용서가 있으리요. 두 눈에 쌍심지가 오르며 분기가 정수리를 쿡 찔러 곧 한칼에 이놈을 고깃장을 만들리라 하여 힘껏 겨누며 치려 한즉 풍신수길이 썩 쳐다보며 빙그레 웃더니 그 괴악한 얼굴은 어디 가고 일대 미인이 되어 앉았는데 꽃 본 나비인 듯, 물 찬 제비인 듯, 솟아오르는 반월인 듯…….
 한놈이 그것을 보고 팔이 찌르르해지며 차마 치지 못하고 칼이 땅에 덜렁 내려지거늘 한놈이 칼을 집으려 하여 몸을 굽힌 새 벌써 그 미인이 변하여 개가 되어 컹컹 짖으며 물려고 드나 한놈이 칼을 잡지 못하여 맨손으로 어쩔 수 없어 삼십육계의 상책을 찾으려다가 발이 쭉 미끄러지며,
 "아차!"
한마디에 어디로 떨어져 내려가는지 한참 만에 평지를 얻은지라. 골이 깨어지지나 않았는가 하고 손으로 만져 보니 깨어지지는 않았으나 무엇이 쇠뭉치로 뒤통수를 딱딱 때려 아파 견딜 수 없고 또 쇠사슬이 어디서 오더니 두 손을 꽉 묶으며 온몸을 굴신할 수 없게 얽어 매고 불침, 불칼이 머리부터 시작하여 발끝까지 쑤시는도다.
 한놈이 깜짝 놀라,
 "아이고, 내가 지옥에 들어왔구나. 그러나 내가 무슨 죄로 여기를 왔나?"
하고 땅에 떨어진 날부터 오늘까지 아는 대로 무릇 삼십여 년 사이의 일을 세어 보나 무슨 죄인지 모르겠더라. 좌우를 돌아보니 한놈과 같이 형구를 가지고 앉은 이가 몇몇 있거늘,
 "내가 무슨 왔느냐?"
물은즉 잘 모른다 하며,
 "너희들은 무슨 죄로 왔느냐?"
하여도 모른다 하더라.
 한놈이 소리를 지르며,
 "사람이 어찌 아무 죄로 왔는지도 모르고 이 속에 갇혔으리요?"
하니. 대답하되,
 "얼마 안 되어 순옥사자(巡獄使者)가 오신다니 그에게 물어보라."
하더라.

5

아픔도 아픔이어니와 가장 갑갑한 것은 내가 무슨 죄로 이 속에 왔는지를 모름이다.

"순옥사자가 오시면 안다 하니 언제나 오나."

하며 빠지는 눈을 억지로 참고 며칠을 기다리더니 하루는 삼백예순다섯 가지 풍류 소리가 나며,

"신임 순옥사자 고려 문하시랑 동문장사 강감찬(高麗門下侍郎同文章事姜邯贊)이 듭신다."

하더니 온 옥중이 괴괴한데, 한놈이 좌우의 낯을 살펴보니 어떤 사람은,

"나야 무슨 죄가 있나, 설마 순옥사자께서 곧 놓아 보내겠지."

하는 뜻이 있어 기꺼운 낯을 가지며, 어떤 사람은,

"내 죄는 이보다 더 참혹한 지옥에 갇힐 터인데 순옥사자가 오시면 어찌하나."

하는 뜻이 있어 아무렇지도 않은 듯한 낯을 가지며, 어떤 사람은,

"아이고, 이제는 큰일났구나. 내 죄야 있는지 없는지 모르겠다만 순옥사자가 아마 덮어놓고 죽이실걸."

하는 뜻이 있어 잿빛 같은 낯을 가지며, 지옥이 무엇인지 천당이 무엇인지 순옥사자가 가는지 오는지도 모르고 앉아 있는 사람도 있으며,

"오냐, 지옥에 가두어라. 가두면 장 가두겠느냐, 나가는 날에는 또 도적질이나 하자."

하는 사람도 있으며,

"우리 어머니가 내 일을 알면 오죽 울겠느냐? 순옥사자시여! 제발 놓아 주옵소서."

하는 사람도 있으며,

"옥이고 깻묵이고 밥이나 좀 먹었으면."

하는 사람도 있으며,

"순옥사자가 오기만 오너라. 내 죽자사자 해보겠다. 인간에서 하던 고생도 많은데 또……내가 돈이 백만 냥이 있으니 순옥사자의 옆구리만 쿡 지르면 되지."

하는 사람도 있으며,

"나는 계집인데 순옥사자가 밉지 않은 나야 설마 죽이겠니."

하는 사람도 있어, 빛도 각각이요. 말도 각각이더라.

옥중에 서기가 돌며 순옥사자 강감찬이 드시는데 키가 불과 오 척이요, 꼴도 매

우 왜루하지만 두 눈에는 정기가 어리고 머리 위에는 어사화(御賜花)가 펄펄 난다.

이때에 당하여 사방을 돌아보니 억센 놈도 어디 가고, 다리 긴 놈도 어디 가고, 겁 많은 놈도 어디 가고, 돈 많은 놈도 어디 가고, 얼굴 좋은 아가씨도 어디 가시고, 온 옥중에 있는 사나이나 계집이나 모두 오래 젖에 주린 아이가 어미 몸을 보는 듯하여 콱 엎드리자 흑흑 느끼어 가며 운다.

강감찬이 보시더니 불쌍히 여기사 물으시되,

"왜 처음에 지옥이 무서운 줄 몰랐더냐? 죄를 왜 지었느냐?"

하니 옥중이 묵묵하여 아무 대답이 없거늘 한놈이 나서며 여짜오되,

"우리가 나가고 싶단 말도 없었는데 임이 우리를 인간에 내시고 우리가 오겠다고 원하지도 않았는데 임이 우리를 지옥에 넣으시니 우리들이 임의 일이 답답하여 우나이다."

강감찬이 웃으시며,

"임이 너희들을 내셨다더냐? 또 지옥에 올 때도 임이 가라고 하시더냐?"

"그러면 누가 내시고 누가 이리 오게 하셨습니까?"

강감찬이 크게 소리를 질러,

"네가 네 일을 모르고 누구에게 묻느냐?"

하고 꾸짖으니 온 옥중이 모두 한놈과 함께 황송하여 일제히 그 앞에 엎드리며,

"미련한 것들이 알지 못하오니 사자님은 크게 사랑하사 미혹을 열어 주소서."

강감찬이 지팡이를 거꾸로 받드시더니 모든 옥수에게 말씀하시되,

"너희들이 짓지 않으면 지옥이란 이름이 없으리니 그러므로 지옥은 임이 지은 것이 아니라 곧 너희들이 지은 지옥이니라."

한놈이 일어서 아뢰되,

"우리가 지은 지옥이면 깨기도 우리 힘으로 깰 수 있습니까?"

강감찬이 가라사대,

"작은 죄는 자기 손으로 개고 나아갈지나 큰 죄는 제 손은 그만두고 님이 깨어 주려 하여도 깰 수 없나니 천겁 만겁을 지옥에서 썩을 뿐이니라."

한놈이 묻되,

"어떤 죄가 큰 죄오니까?"

강감찬이 가라사대,

"처음에 단군이 오계를 세우시니,

1) 나라에 충성하며,

2) 집에서 효도하며 우애하며,

3) 벗을 미덥게 사귀며,

4) 싸움에서 뒷걸음질 말며,

5) 생물을 죽이매 골라 죽임이라.

옛적에는 오계에 하나만 범하여도 큰 죄라 하여 지옥에 내리더니 이제 와서는 나라일이 급하여 다른 죄를 이루 다 다스릴 수 없어 오직 나라에 대한 죄만 큰 죄라 하여 지옥에 내리느니라.”

한놈이,

“나라에 대한 큰 죄가 몇입니까?”

물으매 강감찬이,

“네가 앉아 들어라!”

하시더니 하나씩 세신다.

첫째는 국적을 두는 지옥이 일곱이니,

(ㄱ) 국민의 부탁을 맡아 임금이 되자거나 대신이 되어 나라의 흥망을 어깨에 메인 사람으로 금전이나 사리사욕만 알다가 적국에게 이용된 바가 되어 나라를 들어 남에게 내어 주어 조상의 역사를 더럽히고 동포의 생명을 끊나니 백제의 임자(任子)며, 고구려의 남생(男生)이며, 발해의 말제(末帝) 인찬(諲譔)이며, 대한말(大韓末)의 민영휘(閔泳徽), 이완용(李完用) 같은 무리가 이것이다. 이 무리들은 살릴 수 없고 죽이기도 아까우므로 혀를 빼며 눈을 까고 쇠비로 그 살을 썰어 뼈만 남거든 또 살리고 또 이렇게 죽이되 하루 열두 번을 이대로 죽이고 열두 번을 이대로 살리어 죽으면 살리고 살면 죽이나니 이는 곧 매국 역적을 처지하는 ‘겹겹지옥’이니라.

(ㄴ) 백성의 피를 빨아 제 몸과 처자를 살찌우던 놈이니 이놈들은 독 속에 넣고 빈대와 뱀 같은 벌레로 그 피를 빨게 하나니 이는 ‘줄줄지옥’이니라.

(ㄷ) 혓바닥이나 붓끝으로 적국의 정책을 노래하고 어리석은 백성을 몰아 그물 속에 들도록 한 연설쟁이나 신문기자들은 혀를 빼고 개의 혀를 주어 날마다 ‘컹컹’ 짖게 하나니 이는 ‘강아지지옥’이니라.

(ㄹ) 목구멍이 포도청이라고 해먹을 것 없으니 정탐질이나 하리라 하여 뜻있는 사람을 잡아 적국에게 주는 놈은 돼지껍질을 씌워 ‘꿀꿀’ 소리나 하게 하나니 이는 ‘돼지지옥’이니라.

(ㅁ) 겉으로 지사인 체하고 속으로 적 심부름하던 놈은 그 소위가 더욱 밉다. 이는 머리에 박쥐감투를 씌우고 똥집을 빼어 소리개를 주나니 이는 ‘야릇지옥’이니라.

(ㅂ) 딸각딸각 나막신을 끌고 걸음걸음 적국놈의 본을 뜨며 옷 입고 밥 먹는 것도 모두 닮으려 하며 자식이 나거든 내 말을 버리고 적국말을 가르치는 놈은 목

을 잘라 불에 넣으며 다리를 끊어 물에 던지고 가운데 토막은 주물러 나나리를
만드나니 이는 '나나리지옥'이니라.
(ㅅ) 적국놈에게 시집 가는 년들이며 적국의 년에게 장가 가는 놈들을 불칼로
그 반신을 끊나니 이는 '반신지옥'이니라.

둘째는 망국노를 두는 지옥이니,
(ㄱ) 나라야 망하였든 말았든 예수나 잘 믿으면 천당에 간다 하며, 공자의 글이
나 잘 읽고 산림에서 독선기신(獨善其身)한다 하여 조상의 역사가 결딴남도 모르
며 부모나 처자가 모두 남의 종이 된지는 생각도 않고 오히려 선과 천당을 찾는
놈들은 똥물에 튀하여 쇠가죽을 씌우나니 이는 '똥물지옥'이니라.
(ㄴ) 정견을 가진 당파는 있어야 하지만 오직 지방으로 가르며, 종교로 가르며,
사감(私感)으로 가르며, 한 나라를 열 쪽에 내어 서로 해외로 다니며 싸우고 이
것을 일로 아는 놈들은 맷돌에 가라아 없애야 새싹이 날지니 이는 '맷돌지옥'
이니라.
(ㄷ) 말도 남의 말만 알고 풍속도 남의 풍속만 쫓고 종교나 학문이나 역사 같은
것도 남의 것을 제 것으로 알아 러시아에 가면 러시아인이 되고 미국에 가면 미
국인 되는 놈들은 밸을 빼어 게같이 만드나니 이는 '엉금지옥'이니라.
(ㄹ) 동양의 아무 나라가 잘되어야 우리의 독립을 찾으리라 하며, 서양의 아무
나라가 우리 일을 보아 주어야 무엇을 하여 볼 수 있다 하여, 외교를 의뢰하여
국민의 사상을 약하게 하는 놈들은 그 몸을 주물러 댕댕이를 만들어, 큰 나무에
감아 두나니 이는 '댕댕이지옥'이니라.
(ㅁ) 의병도 아니요, 암살도 아니요, 오직 할 일은 교육이나 실업 같은 것으로
차차 백성을 깨우자 하여 점점 더운 피를 차게 하고 산 넋을 죽게 하나니 이놈들
의 갈 곳은 '어둥지옥'이니라.
(ㅂ) 황금이나 여색 같은 데에 빠져, 있던 뜻을 버리는 놈은 그 갈 곳이 '단지
지옥'이니라.
(ㅅ) 지식이 없어도 아는 체하고 열성이 없어도 있는 체하며, 죽기는 싫으나 명
예는 차지하려 하여 거짓말로 남 속이고 다니는 놈들은 불로 지져 뜨거움을 보여
야 하나니 이는 '지짐지옥'이니라.
(ㅇ) 머리 앓고 피 토하여 가며, 나라일을 연구하지 않고, 오직 남의 입내만 내
어 마치니의 『소년 이태리』를 본떠 회(會)의 규칙을 만들며 손일선(孫逸仙)의
『군정부 약법(約法)』을 번역하여 자가(自家)의 주의를 삼아 특유한 국성(國性)
이 없이 인판(印板)으로 사업하려는 놈들이 갈 지옥은 '잔나비지옥'이니라.
(ㅈ) 잔꾀만 가득하여 일 없는 때는 칼등에서 춤이라도 출 듯이 나서다가 일 있

을 때는 싹 돌아서 누울 곳을 보는 놈은 그 기름을 빼어야 될지라. 고로 가마에 넣고 삶나니 이는 '가마지옥' 이니라.

(ㅊ) 아무래도 쓸데없다. 왼손으로 총을 막으며 빈 입으로 군함 깰까 망한 판이니 망한 대로 놀자 하는 놈은 무쇠두멍을 씌워 다시 하늘을 못 보게 하나니 이는 '쇠솥지옥' 이니라.

(ㅋ) 돈 한푼만 있는 학생이면 요릿집에 데리고 가며 어수룩한 사람이면 영웅으로 추켜세워 저의 이용물을 만들고 이를 수단이라 하여 도덕 없는 사회를 만드는 놈의 갈 곳은 '아귀지옥' 이니라.

(ㅌ) 공자가 어떠하다, 예수가 어떠하다, 나폴레옹이 어떠하다, 워싱턴이 어떠하다, 하며 내 나라의 성현 영웅을 하나도 모르는 놈은 글을 다시 배워야 하나니 이놈들의 갈 곳은 '종아리지옥' 이니라.

이 밖에도 지옥이 몇몇이 더 되나 너희들이 알아둘 지옥은 이만하여도 넉넉하니라.

온 옥수(獄囚)가 악머구리 울 듯 하며,

"사자님은 크게 어진 마음으로 죄를 용서하시고 이곳을 떠나게 하소서."

강감찬이,

"공은 공대로 가며 죄는 죄대로 간다."

하고 부채로 썩 가리우니 모든 옥수가 어디에 있는지 보지는 못하나 마음에 그 참형당할 일이 애달파 강감찬의 앞에 나아가 매국적 같은 큰 죄는 할 수 없거니와 그 나머지는 다 놓아 보냄을 청하니 강감찬이 한놈의 등을 만지며,

"그대가 이런 마음으로 임나라에 갈 만하지만 다만 두 사랑이 있으므로 이곳까지 음이로다."

하거늘 한놈이 그제야 미인의 홀림으로 풍신수길을 놓치던 일을 생각하고 묻자와 가로되,

"나라 사랑하는 사람은 미인을 사랑하지 못하옵니까?"

강감찬이 땅 위에 놓인 칼을 가리키며,

"이 칼 놓은 자리에 다른 것도 또 놓을 수 있느냐?"

"안 될 말입니다. 한 물건이 한 시에 한 자리를 차지할 수가 있습니까?"

강감찬이 이에 손을 치며,

"그러하니라. 한 물건이 한 시에 한 자리를 못 차지할지며 한 사상이 한 시에 한 머릿속에 같이 있지 못하나니 이 줄로 미루어 보아라. 한 사람이 한 평생 두 사랑을 가지면 두 사랑이 하나도 이루기 어려운 고로 이야기에도 있으되 '두 절개가 되지 말라' 하니 그 부정함을 나무람이니라."

한놈이 또 묻되,

"그 줄이 있습니까?"

강감찬이 대답하되,

"소경은 귀가 밝고 귀머거리는 눈이 밝다 함은 한 길로 가는 까닭이라. 그러기에 석가여래가 아내와 아들을 다 버리고 보리수 밑에서 아홉 해를 지내심이니라."

"애국자의 일도 종교가와 같으오리까?"

"하나는 출세자(出世者)의 일이요, 하나는 입세자(入世者)의 일이니 일은 다르지만 종교가가 신앙밖에 다른 사랑이 있으면 종교가가 아니며, 애국자가 나라밖에 다른 사랑이 있어도 애국자가 아니다. 그러므로 사람마다. 몸은 안 아끼는 이 없지만 충신이 일에 당하면 열두 번 죽어도 사양치 않으며 누가 처지를 안 어여삐하리요만 열사가 나라를 위함에는 가족까지 희생하나니 이와 같이 나라밖에는 딴 사랑이 없어야 애국이어늘 이제 나라도 사랑하며 술도 사랑하면 술로 나라 잊을 적이 있을지며, 나라도 사랑하며 미인도 사랑하면 미인으로 나라 잊을 때가 있을지니라."

한놈이 절하며 그 고마운 뜻을 올리고 그러나 지옥에서 나가게 하여 달라 하니 강감찬이 가로되,

"누가 못 나가게 하느냐?"

"못 나가게 하는 사람은 없사오나 몸이 쇠사슬에 묶이어 나갈 수 없습니다."

강감찬이 웃으시며,

"누가 너를 묶더냐?"

하니 한놈이 이 말에 대철대오하여 본래 묶이지 않은 몸을 어디에 풀 것이 있으리요 하고 몸을 떨치니 쇠사슬도 없고 옥도 없고 한놈의 한 몸만 우뚝하게 섰더라.

6

천국은 하늘 위에 있고 지옥은 땅 밑에 있어 그 상거가 천 리나 만 리인 줄 아는 것은 인간의 생각이라 실제는 그렇지 않아서 땅도 한 땅이요, 때도 한 때인데 제치면 임나라고 엎치면 지옥이요, 세로 뛰면 임나라고 가로 뛰면 지옥이요, 날면 임나라며 기면 지옥이요, 잡으면 임나라며 놓치면 지옥이니, 임나라와 지옥의 상거가 요것뿐이더라.

지옥이 이미 부서지매 한놈이 눈을 드니 금으로 지은 집에 옥으로 쌓은 담이 어른어른하고 땅에 깔린 것은 모두 진주와 금강석이요, 맑고 향내나는 공기가 코를

찔러 밥 안 먹고도 배부르며, 나무마다 꽃이 피어 봄빛을 자랑하며 새는 앵무, 공작, 금계, 백학, 꾀꼬리같이 듣고 보기가 좋은 새들이며 짐승은 사람을 물지 않는 문호(文虎), 문표(文豹) 같은 짐승들이요, 거리마다 신라의 만불산(萬佛山)을 벌여 놓고 집집에 고구려의 수모욕을 깔았으며 입은 것은 부여의 문수(紋繡)와 진한의 겸포며 두른 것은 발해의 명주와 신라의 용초며 들리는 것은 변한의 가야금이며 신라의 만만파 쉬는 저며 백제의 공후도 있고 고려의 국악도 있더라. 한놈이 기쁨을 이기지 못하여,

"이제는 내가 임나라에 다다랐구나."
하고 기꺼워 나서니 임나라의 모든 물건도 모두 한놈을 보고 반기는 듯하더라. 임을 보이려 하나 하늘같이 높으시고 바다같이 넓으시고 해같이 밝으시고 달같이 둥그시고 봄같이 따뜻하고 가을같이 매우사 한놈의 좁은 눈으론 볼 수가 없다.
  그 좌우에 모셔 앉으신 이는 신앙에 굳으신 동명성제(東明聖帝), 명림답부(明臨答夫), 치제(治劑)에 밝으신 백제의 초고대왕(肖古大王), 발해 선왕(宣王), 이상이 높으신 진흥대왕(眞興大王), 설원랑(薛原郎), 역사에 익으신 신지선인(神誌先人) 이문진(李文眞), 고흥(高興), 정지상(鄭知常), 국문에 힘쓰신 세종대왕, 설총, 주시경, 육군에 능하신 발해 태조, 연개소문, 을지문덕, 해군에 용하신 사법명(沙法名), 정지(鄭地), 이순신, 강토를 개척하신 광개토왕(廣開土王), 동성대제(東聖大帝), 윤곽(尹瓘), 김종서(金宗瑞), 법전을 편찬할 을파소(乙巴素), 거칠부(居柒夫), 망국 말엽에 쌍수로 하늘을 받들던 백제 부여의 복신(福信), 고구려의 검모잠(劍牟岑), 판탕시대에 한칼로 외적을 물리치고 나라를 편히 하던 고려의 최영, 강감찬, 이조의 임경업, 외지에 식민한 서언왕(徐偃王), 엄국시조(奄國始祖), 고죽시조(孤竹始朝), 타국에 가서 왕이 된 고운(高雲), 이정기(李正己), 김준(金俊), 사후에 용이 되어 일본을 도륙(屠戮)하려던 신라 문무대왕(文武大王), 계림의 개 되어도 일본의 신인은 아니 된다던 박제상(朴堤上), 홍건적 이백만을 토평(討平)하고 간계에 죽던 정세운(鄭世雲), 본국 팔성(八聖)을 제 지내고 금나라를 치려던 묘청(妙淸), 중국 홍수에 오행치수의 줄로 하우(夏禹)를 가르친 부루태자(夫婁太子), 일위(一葦)로 대해를 건너 도국 만종(島國蠻種)을 개화시킨 혜자 선사(慧慈禪師), 왕인(王仁) 박사, 안시성에서 당태종 이세민(李世民)의 눈을 뺀 양만춘(楊萬春), 용인읍에서 철례탑(撤禮塔)의 가슴을 맞추던 김윤후(金允侯), 교육계의 종주 되어 서양을 쓸리게 하던 영랑(永郎), 남랑(南郎), 국수(國粹)의 무너짐을 놀라 화랑을 중흥하려던 이지백(李知白), 동족에 대한 의분으로 발해를 구원하려던 곽원(郭元), 왕가도(王可道), 왕실을 다물(多勿)하려 하여 피 흘리던 이색(李穡), 정몽주(鄭夢周), 두문동(杜門洞) 칠사현(七士賢), 강자를 제재함에는 암살을 유일 신성으로 깨달은 밀우(密友), 유유(紐由),

황창(黃昌), 안중근(安重根), 넘어지는 대하(大廈)를 붙들려고 의기(義旗)를 잡은 이강년(李康年), 허위(許蔿), 전해산(全海山), 채응언 (蔡應彦), 조촐한 진단의 여자몸으로 어찌 도적에게 더럽혀지리요 하던 낙화암의 기빈(妃嬪)들, 임진년의 논개(論介), 계월향, 출세한 사람으로 나라일이야 잊을쏘냐 하던 고구려의 칠불(七佛), 고려의 현린 선사(玄麟禪師), 이조의 서산대사(西山大師), 사명당(四溟堂), 국학에서 비록 도움이 없지만 일방의 교문에 통달하여 조선의 빛을 보탠 불학의 원효(元曉), 의상(義湘), 유학의 회제(晦齊), 퇴계(退溪), 세상에 상관없는 물외한인(物外閑人)이지만 청풍고절(淸風苦節)의 한유한 (韓惟翰), 이자현(李資玄), 연진수도(鍊偵修道)의 참시(旵始), 정염(鄭碟)건축으로 거룩한 임류각(臨流閣), 황룡사(皇龍寺) 등의 건축자, 미술로 신통한 만불산 홍구유 (紅瞿兪)의 제조자, 산술로 부도(夫道), 그림으로 솔거(率居), 음률로 우륵(于勒), 옥보고 (玉寶高), 칼을 잘 만드는 가락의 공장(工匠), 맹호를 맨손으로 때려잡는 발해의 장사, 성력(星曆)에 오윤부(伍允孚), 이술(異術)에 전우치(田禹治), 귀귀래래시 (歸歸來來詩)로 물질 불멸의 원리를 말한 화담 (花潭) 서경덕(徐敬德), 폭국은 베어도 가하다 하여 충신불사이군(忠臣不事二君)의 노설(奴說)을 반대한 죽도(竹島) 정여립(鄭汝立), 철주자(鐵鑄字) 발명한 바치, 비행기 시조 정평구(鄭平九), 이 밖에도 눈 큰 이, 입 큰 이, 팔 긴 이, 몸 굵은 이, 어느 때 외국과 싸워 이긴 이, 어느 곳에서 백성에게 큰 공덕을 끼친 이, 철학에 밝은 이, 도덕에 높은 이, 물리에 사무친 이, 문학에 잘한 이, 한놈이 듣지도 보지도 못하던 선민들도 많으며 또 한놈이 그 자리에서 보고 이제 기억하지도 못할 이도 많이 이 책에 올리지 못하거니와 대개 이때 한놈의 마음은 임나라에 온 것이 기쁠 뿐만 아니라 여러 선왕, 선성, 선민 들을 뵈옴이 고맙더라.

임나라에는 이렇게 모여서 무슨 일을 하시는가 하고 한놈이 눈을 들어 본즉 이상도 하고 기질도 하다. 다른 것 하는 것은 아무것도 없고 오직 낱낱이 비를 만들더니 긴 막대기에 꿰어 드니 그 길이가 몇천 길 몇만 길인지 모를러라. 그 비를 일제히 들더니 곧 하늘에 대고 썩썩 쓴다. 한놈이 놀라 일어나며,

"하늘을 왜 씁니까? 땅에는 먼지나 있다고 쓸지만 하늘이야 왜 씁니까?"
모두 대답하시되,

"하늘을 못 보느냐? 오늘 우리 하늘은 땅보다도 먼지가 더 묻었다." 하시거늘 한놈이 하늘을 두루 살펴보니 온 하늘에 먼지가 보얗게 덮이었더라. 몇천 몇만 비들을 들이대고 부리나케 쓸지만 이리 쓸면 저쪽이 보얗게 되고 저리 쓸면 이쪽이 보얗게 되어 파란 하늘은 어디 갔는지 옛책에서나 옛이야기에나 듣지도 못하던 흰 하늘이 머리 위에 덮이었더라.

"하늘도 보얀 하늘이 있습니까?"

한놈이 소리를 질러 물으니 누구이신지 누런 옷 입고 붉은 띠 띤 어른이 대답하신다.

"나도 처음 보는 하늘이다. 임 나신 지 삼천오백 년경부터 하늘이 날마다 푸른 날고 보얀 빛이 시작하더니 한 해 지나 두 해 지난 사천이백사십여 년 오늘에 와서는 푸른 빛은 거의 없어지고 소경눈같이 보얗게 되었다. 그런즉 대개 칠백 년 동안에 난 변이요, 이 앞서는 이런 변이 없었나니라."

하더니 그만 목을 놓고 우는데 울음 소리가 장단에 맞아 노래가 되더라.

하늘이 제 빛을 잃으니 그 나머지야 말할쏘냐
태백산이 높이야 줄어 석 자도 못 되고
압록강이 터를 떠나 오백 리나 이사 갔구나,
아가 아가 우리 아가
네 아무리 어려워도 잠 좀 깨어라
무궁화꽃 핀 가지에 찬바람이 후려친다.

그이가 노래를 마치더니,

"한놈아!"

하고 부르더니 서편을 가리키거늘 한놈이 쳐다보니, 해와 같이 나란히 떠오르는데 테두리가 다 네모가 나고 빛은 다 새까맣거늘 보는 한놈이 더욱 놀라,

"하늘이 뽀얗고 해와 달이 네모지며, 또 새까마니 이것이 임나라의 인간과 다른 특색입니까?"

한데, 그이가 깜짝 뛰며,

"그게 무근 말이냐? 하늘이 푸르고 해와 달이 둥글며 힘은 임나라나 인간이 다 한가지인데 지금 이렇게 된 것은 큰 변이니라."

한놈이,

"임의 힘으로 이를 어찌하지 못합니까?"

그이가 눈물을 흘리더니 가라사대,

"임나라에야 무슨 변이 나겠느냐? 때로는 모두 봄이요, 땅은 모두 금이요, 짐승도 사람같이 착하니 무슨 변이 나겠느냐? 다만 이천만 인간이 지은 얼로 하늘을 더럽히고 해와 달도 빛이 없게 만들었나니 아무리 임의 힘인들 이를 어찌하리요."

한놈이,

"인간에서 얼만 안 지으면 해도 옛 해가 되고 달도 옛 달이 되고 하늘도 옛 하늘이 되겠습니까?"

그이가 가라사대,

"암, 그 이를 말이냐? 대개 고려 말세부터 별별 하늘이 우리 진단에 들어오는
데, 공자 석가는 더 말할 것 없고 심지어 보살의 하늘이며, 제군(帝君)의 하늘이
며, 관우(關羽)의 하늘이며, 도사의 하늘까지 들어와 님의 하늘을 가리워 이천만
사람의 눈이 한쪽으로 뒤집혀서 보고하는 일이 모두 딴전이 되어 국전(國典)과
국보(國寶)가 턱턱 무너지기 시작할새 역사의 제1장에 우리 임 단군을 빼고……
부여를 제껴놓고 한 나라 반역자 위만으로 정통을 가지게 하며, 고구려의 혈통인
발해를 물리어 북맥(北貊)이라 하며, 백제의 용무(勇武)를 싫어하여 이를 무도지
국(無道之國)이라 하며, 우리의 윤리를 버리고 외국의 문교로 대신하고, 만일 국
수(國粹)를 보존하려 하는 이 있으면 도리어 악형에 죽을새 죽도 선생 정여립이
구월산에 들어가 단군에게 제 지내고 세대의 악착한 풍기를 고치려 하여 '충신
불사이군' 이 성인의 말이 아니라고 외쳤나니, 이는 사자후(獅子吼)이어늘 진안
(鎭安) 죽도사(竹島寺)에서 무모한 칼에 육장(肉漿)이 되고 그나마 현상(賢相)이
며, 명장이며, 위인이며, 재자며, 협객이 이 뿐얀 하늘 밑에서 몹쓸 죽음한 이가
얼마인지 알 수 없나니, 이제라도 인간에서 지난 일의 잘못됨을 뉘우쳐 하고 같
이 비를 쓸어 주면 이 하늘과 이 해와 이 달이 제대로 되기 어렵지 않으리라."
하며 눈물이 비 오듯 하거늘 한놈이 크게 느끼어 '그러면 한놈부터 내 책임을
다하리라' 하고 곧 비를 줍소서 하여 하늘에 대고 죽을 판 살 판 쓸새 무릇 삼
칠은 이십일 일을 지나니, 손이 부풀어 이리저리 터지고, 발이 아파 비를 들 수
없었고, 두 눈이 며칠 굶은 사람처럼 쑥 들어가 힘을 다시 더 쓸 수 없는데, 하
늘을 쳐다본즉 여전히 뽀얗더라. 한놈이 이어,

"내 힘은 더 쓸 수 없으나 또 내 뒤를 이어 이대로 힘쓰는 이 있으면 설마 하
늘이 푸르러질 날이 있겠지."
하고 이 뜻으로 가갸 풀이를 지었는데,

가갸 거겨 가자 가자, 하늘 쓸러 걸음 걸은 나아가자
고교 구규 고되기는 고되지만, 굳은 마음은 풀릴쏘냐
그기 가 그믐 밤에 달이 나고, 기운 해 다시 뜨도록
나냐 너녀 나 죽거든 네가 하고, 너 죽거든 나 또 하여
노뇨 누뉴 놀지 않고, 하고 보면 누구라서 막을쏘냐
느니 나 늦은 길을 늦다 말고 , 이 악물고 주먹 쥐자
다댜 더뎌 다 닳은들 칼 아니랴, 더 갈수록 매운 마음
도됴 두듀 도령님의 넋을 받아 두려운 놈 바이 없다
라랴 러려 나팔 불고 북도 쳤다, 너나 말고 칼을 빼자

로료 루류 로동하고 싸움하여 루만 명에 첫째 되면
르리 라 르르릉 아라, 르릉 아리아 자기 아들 같이
마먀 머며 마마님도, 구경 가오 먼동 곳에 봄이 왔소
모묘 무뮤 모든 사람, 모두 몰아 무쇠 팔뚝 내두르며
므미 마 먼 데든지 가깝든지, 밀어치며 나아갈 뿐
사샤 서셔 사람마다 옳고 보면, 서슬 있어 푸르리라
소쇼 수슈 소름 찢는 도깨비도, 수컷에야 어이하리
스시 사 스승님의 뜻을 받아, 세로 가로 뛰고 지고
아야 어여 아무런들, 내 아들이 어미 없이 컸다 마라
오요 우유 오죽이나 오랜 나라 우리 박달 우리 겨레
으이 아 응응 우는 아기라도, 이 정신은 차리리라

자쟈 저져를 읽으려 하는데 뽀얀 하늘 한가운데에서 새파란 하늘 한쪽이 내다보
이며 그 속에서 소리가 난다.
"한놈아, 네 아무리 성력(誠力) 깊지만 한갓 성력으로는 공을 이루기 어려우리
니 그리 말고 임의 설시한 '도령군'을 가서 구경하여라."
한놈이,
"도령군이 무엇입니까?"
물은데,
"아! 도령군을 모르느냐? 역사 본 사람으로⋯⋯,"
하거늘 한놈이 눈을 감고 앉아 역사를 생각하니,
'대개 도령은 신라의 화랑을 말함이라, 『삼국사기』 악지(樂志)에 설원랑이
지었다는 도령(徒領) 노래가 곧 화랑의 노래니, 도령은 도령의 음 번역이요, 화
랑은 그 뜻 번역인데, 화랑의 처음은 신라 때에 된 것이 아니라, 곧 단군 시조가
태백산에 내려올 때 삼랑과 삼천 도를 거느림이 화랑의 비롯이요, 천왕당 해모수
가 도자(徒者) 수백 명을 거느리고 웅심산에 모임도 또한 화랑의 놀음이요, 고구
려의 선인은 곧 화랑의 별명인데, 동맹은 선인의 천제(天祭)이며, 백제의 소도는
화랑의 별명인데, 천군은 또 소도제(蘇塗祭)의 신명(神名)이라 명호(名號)는 시
대를 따라 변하였으나 정신은 한가지로 전하여 모험이며, 상무(尙武)며, 가무며,
학식이며, 애정이며, 단결이며, 열성이며, 용감으로 서로 인도하여 고대에 이로
써 종교적 상무정신을 이루어, 지키면 이기고, 싸우면 물리쳐, 크게 국광을 발휘
한 것이 다 신라의 진흥대왕이 더 큰 이상과 넓은 배포로 폐(弊)될 것을 덜고 미
와 굳셈을 더 보태어 화랑사의 신기원을 연 고로 영랑, 남랑의 교육이 사해에 퍼
지고, 사다함(斯多含), 김흠춘(金欽春) 등 소년의 피꽃이 역사에 빛내었나니, 비

록 배화노의 김부식으로도 화랑 이백의 방명미사(芳名美事)를 찬탄함이라. 그 뒤에 문헌이 잔결(殘缺)되므로 어떻게 쇠하고 어떻게 없어짐을 자세히 알 수 없으나, 『고려사』에 보매 현종(顯宗) 때 거란이 수십만 대병으로 우리에게 덤비매 이지백이 생각하되 화랑을 막을 정신이 있으리라 하며, 예종이 조서(詔書)로 남랑, 영랑 등 모든 화랑의 자취를 보존하라 하며, 의종도 팔관회에 화랑을 뽑아 고풍을 떨칠 뜻을 가졌었나니, 이때까지도 도령군 곧 화랑의 도가국 중에 한 자리 가졌던 일을 볼지나 이 뒤로 어떻게 되었느냐?'
 외우며 생각하고 생각하며 외우더니, 하늘이 다시 소리하기를,
 "내가 역사 속에 있는 어려이 생각한다마는 다만 한 가지 또 있다.
 『고려사』「최영」전에 최영이 명태조 주원장(朱元璋)과 싸우려 할새, 고구려가 승군 삼만으로 당병 백만을 깨쳤으나, 이제도 승군을 뽑으리라 하였는데, 그 이른바 고구려 승군은 곧 선인군이니, 마치 신라의 화랑도 같은 것이라 그 혼인을 멀리하고, 가사를 돌보지 않음이 승과 같은 고로 고대에도 혹 그 이름을 승군이라고도 하며, 최영은 더욱 선인이나 화랑의 제도를 회복할 수 없어 승으로 대신하려 하여 참말로 승가의 승을 뽑음이나 만일 최영이 죽지 않고 고려가 망치 않았다면, 임의 세우신 화랑의 도가 오백 년 전에 벌써 중흥하였으리라."
하시거늘, 한놈이 고마운 마음을 이기지 못하여 땅에 엎드려 절하고,
 "한놈이 도령군 곧 화랑이 우리 역사의 뼈요, 나라의 꽃인 줄을 안 지 오래오며, 또 이를 발휘할 마음도 간절하오나, 다만 『신지시사(神誌詩史)』나 거칠부의 『선사(仙史)』나 김대문의 『화랑세기』 같은 책이 없어지므로, 그 원류를 알 수 없어 짝없는 유한을 삼았더니, 이제 임이 도령군을 구경하라 하시니, 마음에 감사할 이 대일 곳 없사오니 원컨대 바삐 길을 인도하사 평생에 보고 지고 하던 도령군을 보게 하옵소서."
하며 어린아기 어미 찾듯 자꾸 임을 부르더니, 하늘에서 홍등 한 개가 내려오며, 앞을 인도하여 오색 내를 지나 옥뫼를 넘어 한곳에 다다르니, 돌문이 있는데 금글씨로 새겼으되 '도령군 놀음 곳'이라 하였더라.
 문 앞에 한 장수가 서서 지키는데 한놈이,
 "임나라 서울로부터 구경하러 왔으니 들어가게 하여 주소서."
한즉,
 "네가 바칠 것이 있어야 들어가리라."
하거늘,
 "바칠 것이 무엇입니까? 돈입니까? 쌀입니까? 무슨 보배입니까?"
 "그것이 무슨 말이냐? 돈이든지 쌀이든지 보배이든지 인간에서 귀한 것이요, 임나라에서는 천한 것이니라."

“그러면 무엇을 바랍니까?”

“다른 것 아니라 대개 정이 많고 고통이 깊은 사람이라야 우리의 놀음을 보고 깨닫는 바 있으리니, 네가 인간 삼십여 년에 눈물을 몇 줄이나 흘렸느냐? 눈물 많은 이는 정과 고통이 많은 이며, 이 놀음에 참여하여 상등 손님이 될 것이요, 그 나머지는 중등 손님, 하등 손님이 될 것이요, 아주 적은 이는 들어가지 못하나니라.”

“어려서 젖 달라고 울던 눈물도 눈물입니까?”

“아니라. 그 눈물은 못쓰나니라.”

“열하나 열둘 먹던 때 남과 싸우다가 분하여 운 눈물도 눈물입니까?”

“아니다. 그 눈물도 값없나니라.”

“그러면 오직 나라 사랑이며, 동포 사랑이며, 대적에 대한 의분의 눈물만 듭니까?”

“그러니라. 그 눈물에도 진가를 고르느니라.”

이렇게 받고 차기로 말하다가 좌우를 돌아보니, 한놈의 평일 친구들도 어데로부터 왔는지 문 앞에 그득하더라. 이제 눈물의 정구가 되는데 한놈의 생각에는 내가 가장 끝이 되리로다. 나는 원래 무정하여 나의 인간에 대하여 뿌린 눈물은 몇 방울인가……(이하 원문 탈락)

(『단재신채호전집』, 단재 신채호 선생 기념사업회, 1975)

지하련
〈가을〉

　서쪽으로 티인 창엔 두꺼운 카 ― 텐을 내려첫는 데도 어느 틈으론지 쨍쨍한 가을 볕살이 테불 우이로 작다구니를 긋고는 바둘바둘 사물거린다.
　분명 가을인 게, 손을 마조 잡고 부벼 봐도, 얼굴을 쓰담아 봐도, 어째 보스송하고 매낀한 것이 제법 상글한 기분이고, 또 남쪽 창가스으로 가서 밖앞을 내다 볼나치면, 전후좌우로 높이 고여올린 삘딩 우마다 푸르게 아삼거리는 하눌이 무척 높고 해사하다.
　오후 여섯 시다.
　사내에서 일 잘하기로 유명한 강군이 참다 못해 손가방을 챙긴다.
　「뒤에 나오시겠서요?」
　「먼저 갑시다.」
　뒤를 이어 김군도 따라 일어섰다. 마지막으로 여사원 은히가 나간후 실내는 한충 더 호젔하다.
　석재는 이제 막 강군의「난 먼저 갑니다. ―」해야 할 말을
　「뒤에 나오겠오?」하고 묻든 것이 역시 속으로 우수웠으나, 이 정당하고도 남는 ―「먼저 가겠다」는 말을 항상 똑똑이 못하는 강군의 성격에도 그는 전처럼 고지식이 우서지지가 않었다.
　담배를 부처 문 채 테불 우에 펠처 있는 원고들을 정돈하고 있으려니 아츰나절 정예에게서 온 편지의 내용이 다시금 머리에 떠오른다.
　역시 그리 유쾌치 못한 사실이다.
　그러나 단순이 불쾌한 것이 아니라 불쾌한 감정 그 뒤에 오는 쩨 맹랑하고도 해괴한 ― 야릇한 감정을 그는 어떻게 처리해야 할지 종내 망사리지 않을 수가 없다.
　사실은 오늘 종일 그는 이것과 싱갱이를 했는지도 모른다.
　정예라면 물론 안해와 제일 친하든 동무다. 뿐만 아니라 안해 생전에 이상한 처신으로 안해를 골란케 한 사람이고 또 석재 자신을 두고 말해도 이 여자로 해서 대단 난처한 경우는 겪었을망정 참 한 번도 이 여자의 행동을 즐겨 받어드린 적은 없다고 생각는다. 그리고 더욱 유감된 것은 이 여자의 그 후 행방이다.
　듣는 바에 의하면 여자는 그 후 결혼을 했으나 곧 이혼을 했다는 것이고 이혼한 후엔 그 소위 「연애 관게」가 무척 번거러워서 그의 아는 사람도 여기 관게 된 몇 사람이 있다고 한다. 이리되면 이건 그로서 도저히 이해할 수도 없으려니와, 불쾌하다니 그 정도를 넘고도 남는다. 또 사람의 기억이

121

란 꽤 야속하게 되어서 사랑하는 안해와의 모든 것도 삼 년이 지난 오늘엔 때로 구름을 바라보듯 묘연하거든 항차 정예란 여자와의 지난날이 지금껏 그의 머리스속에 자리를 잡고 남어 있을 턱이 없다.

이러한 오늘에 다시 편지를 보내고 만나자니 — 만나 소용없단 것을 이 편 보다도 저 편이 더 잘 알면서 만나자니 — 이제 그에게「여자」란 대상이 다시금 알 수 없어지는 것도 또 이 여자가 가지는 바 그 풍속(風俗)이 더욱 오리무중(五里霧中)인 것도 사실은 무리가 아닐지 모른다.

담배를 든 채 손이 따거워오도록 여전이 그는 망사리고 있었다.

마진 편에 걸린 시게가 어느새 일곱 시를 가르친다. 지금 곧 일어서 간다고 해도 삼십 분은 걸릴 것……. 그는 일종 초조한 것도 같고 헛전한 것도 같은 우수운 심사를 경험하는 것이였으나 여전 쉽사리 일어서려군 않는다.

점점 실내가 강감우레 해오고 뿜어내는 연기가 아삼아삼 가라앉는 것 같다.

그는 끝내 일어섰다. 그러나 이렇다고 뭘 이제서야 정예를 만나려가는 것은 아니다.

거리에 나서도 역시 황혼이고 가을이다. 아직 낙엽이 아니건만 가로수(街路樹)는 낙엽처럼 소군대고 행인들의 그림자도 어째 어설푼 것만 같다.

문득 죽은 안해가 생각힌다. — 순간 그는 정말 안타가운 고독과 슬픔을 자기에게서도 안해에게서도 아닌 먼 — 곳에서 느끼며 총독부 앞 큰길을 그냥 걸었다.

바로 집으로 가자면 광화문통에서 효자정으로 가는 전차를 타야 했으나 그는 어쩐지 걷고 싶었다.

바람이 불되 오월의 바람처럼 변덕스럽지도 않고, 또 겨울 바람처럼 광폭하지 않어서 좋았다기보다 얼굴에 다어 조금도 차지 않으나 그러나 추억처럼 싸늘한 가을바람은 또한 추억처럼 다정하기도 해서 그는 정다웠다.

조금 후 그는 경복궁 끼고 올러 걷고 있었다. 물론 이 길로 작구 가노라면 오늘 정예가 약속한 장소가 나오는 것을 그는 모르는 배 아니나, 거진 한 시간 반이나 넘은 지금까지 여자가 기대리고 있으리라고는 — 더욱 자기로서 이것을 기대하고 이 길을 잡은 것은 결코 아니다. 거저 무료해서 지향없는 발낄이었고, 또 소란한 길보다 호젓한 길을 취한 것뿐이다.

그는 되도록 담 밑으로 닥아 효자정으로 넘어가는 돌칭대를 밟으면서 다시금 자기 마음을 의심해 본다. 생각하면 이제 이대도록 지향없는 마음의 소치가 기실 정예에게 있는지도 모르기 때문이다.

하기야 정예가 안해와 가장 친했든 동무란 점에서 혹 정예로 인해 안해를 생각게 될 수도 있을 게고, 또 전에라도 그는 이렇게 안해를 생각게 되면 곳잘 지향 없어지는 것이 버릇이었지만 이렇다고 한대도 이제 정예로 인해 안해를 생각게 된 것이 정말이라면 어쩐지 그는 죄스럽다. 설사 이곳에 아무리 꺼림 없는 대답이 있다 친대도 그는 웬일인지 이것으로 맘이 무사해지지가 않는다.

생각이 이렇게 기울수록 그는 맘속으로 막연한 가책까지 느끼는 것이었으나, 그러나 알 수 없는 것은 이와 동시에 거이 무책임하리만큼 자꾸 어두어지려는 자기 마음이다.

마침내 그는 달리듯 칭대를 밟기 시작했다.

그러나 길이 차차 말숙한 신작노로 변해 왔을 때 역시 그의 눈은 자기도 모르는 사이에 경무대(景武臺) 쪽 솔밭 길을 더듬었다.

물론 정예가 있을 리 없다.

그는 처음부터도 그러했고 또 솔밭 쪽으로 눈을 가저갈 순간에도 그곳에 정예가 있으리라고는 아여 생각지 않았으나 순간 이상하게도 일종 열없은 정이 이제 막 칭대를 급히 달린 피곤을 한꺼번에 몰아 온 것처럼 그는 끝내 제법 잡초가 욱어진 솔밭에로 가 자리를 잡고 말었다.

이상한 피곤과 함께 일종 자조적(自嘲的)인 허망한 심사를 겪으면서 그는 담배를 꺼내 불을 붙쳤다.

벌서 사 년 전 일이다.

어느 날 그는 모유(母乳)가 부족한대 돼지 발이 좋다는 말을 어떤 친구에게서 들었는지라 사엘 나오는 길로 곧 태평통을 들러 이것을 찾어봤으나 마츰 있지 않었다. 그래서 돼지 발도 돼지고길 바에야 살렘인들 어떻게냐고 살고기 두 근을 사서 들고는 바른 길로 집으로 왔다. 그랬는데 ─ 마츰 안방에 손님이 온 모양 같어서 고기는 신부름하는 아이에게 준 후, 자기 방으로 들어오고 말었다.

곧 안해가 건너와서 그는 지금 온 손님이 바로 정예라는 여자인줄을 알었다.

그는 이 여자와 전부터 안면이 있는 건 아니다. 단지 평소 안해가 입버릇처럼 뭐고 칭찬을 많이 했고 또 흔히 부부간 말다툼이라도 있든지 혹은 뭐가 맞갓지가 않어서 짜징이라도 날 땐 곳잘

「나도 정예처럼 공부나 헐 걸.」

하고 애매한 말을 해서 정말 그의 골을 올여준 적이 한두 번이 아니었기에 그는 정예가 뉘집 딸인데 무슨 학교를 다니는 것까지 또 그 얼굴이 검고 힌

것까지 키가 적고 큰 것까지 적어도 안해가 전하는 바 그대로는 제법 살피 살피 다 알고 있는 터이다.

그는 자기 방에서 혼자 저녁을 치른 후 신문을 들치고 있으려니 무슨 영문인지 제법 번거러운 우슴을 터놓으면서 안해가 문을 열었다.

웨들 야단이냐고 그가 무러 볼 나위도 없이 —

「손님 오신대요.」

하고, 안해가 들어선다. 뒤를 따라 정예도 들어섰다. 그는 하도 안해가 자랑한 끝이라 어째 좀 당황하기도 했으나 또 달리는 하도 많이 칭찬을 했기에 더 침착하게 일어 맞인 셈이다.

과연 처음 보아 안해가 말한 그대로 별로 틀림이 없었다. 살빛은 그리 힌 폭이 아니었으나 무척 결이 고았고 더욱 눈이 이상한 광채를 뿜는 것처럼 몹시 총명한 느낌까지 주었다. 단지 그가 상상한 바와 다소 어긋난 점이 있었다면 — 그는 막연하게 정예란 여자도 자기 안해처럼 섬약하고 천진해서 그저 귀여운 여자일 게라고 생각했든 것이 정예는 안해보다 훨씬 그늘이 있는, 뭔지 꽤 맹열한 일면이 있을 것 같은 것이 첫재 달렀고 또 조금도 천진하지 못한 느낌이었다.

그가 처음 받은 인상이 이러했고 또 이래서 그도 제법 옷깃을 염위어 정색하고 대한 때문인지는 몰라도 아무튼 두 사람은 터놓고 무슨 이얘기를 난우지는 않았다. 그저 몸이 편찮어서 귀향했다는 안해 말에 —

「그 안됐습니다 — 빨리 치료를 하셔야 지요 —」

하고 그가 말을 받었을 정도였다.

이날 정예가 돌아간 후 안해는 그의 별미 적은 곳을 나무랐다.

「웨 그렇게 재미가 없대요. 그 애가 남의 남자하고 인사나 하는 줄 아우, 남 기껏 소갤 해 놓으니까 이얘기 한마디 없이 옆에서 딱하다니 난 첨 봤어, 이제 걔 우리 집에 다신 안 올 테니 난 몰루.」

하고는 거반 화를 내다싶이 했다.

처음 만난 사람하고 무슨 이얘기가 그렇게 많어야 하느냐고 암만 말을 해도 안해는 영 듣지를 않었다. 이래서 — 결국은 별 대단치도 않은 동무 가지고 웨 야단이냐고, 짐짓 핀잔을 주게 되었고 이리되자니 안해는 뭐가 더 억울한 것처럼 더욱 자랑을 느러놓은 셈이다.

본시 여자란 이얘기를 내놓기 시작하면 나중엔 흔히 제 바람에 넘어 가기가 쉬운 것인지 안해도 처음엔 얌전하다느니 재주가 있다느니 또 몹시 다정한 사람이라는 둥, 그야말로 순전한 자랑만이든 것이 차차 왼만한 남자는 바로 보지도 않는다는 둥 가령 누구를 사랑할 경우라도 무사한 편보다는 까

다로운 편을 택하는 성격이라는 둥 아무튼 본인을 위해 하지 않아도 좋을
말까지 삼갈 줄을 몰랐다. 이래서 그도 제법 코대답으로 듣긴 했으나 끝내,
「그 대단한 여자로군 ―」
하고 피식이 웃기까지 했다.
 이 모양으로 기껏 안해의 자랑으로부터 새로히 얻은 지식이란 불행히 그에
게 별 보람이 없어서 결국 그리 유쾌치 못한 취미를 가진 위태로운 여자로
밖엔 별로 남을 게 없었다.
 이런 일이 있은 후에도 안해는 이따금 그에게 탓을 했기에 나중엔 그도 ―
 (정말 안 오나 부다 ―)
하고는 일종 우습게 섭섭한 것 같은 혹은 미안한 것 같은 생각을 가지기도
했으나 안해의 예상한 바와는 달리 그 후 메칠이 못 가 정예는 다시 왔든
상 싶다.
 차차 신록이 짙어오고 꽃이 피고 할 때쯤 해선 그도 두 사람 틈에 끼여 제
법 어깨를 나란이 하고 거리를 돌아다닌 적이 한두 번은 없지도 않으나 그
는 역시 무심하려 했다.
 정예는 처음 받은 인상과 같이 비교적 과묵한 편이었다. 조금도 명랑하지
않을 뿐더러 몸이 성찮어 그런지는 몰라도 이따금 이상하게 허망스런 얼굴
을 가지기도해서 이것이 그의 일종 퇴폐적인 애착을 끌기도 했으나, 그러나
어쩐지 이러한 한까풀 밑엔 짙은 원색(原色)과도 같은 꽤 섬쩍한 무엇이 꼭
있을 것만 같았다. 그가 우정 저편의 존재를 무시한 때가 정예에게서 이러
한 것을 본 때이기도 하지만 아무튼 그는 이 분명히 무슨 허방이 있을 것
같은 근역엔 역부러 가까워지기를 꺼려했다고 지금도 생각는다.
 어느 날 안해는 저녁을 치르자 ―
 「요번 일요일엔 영화구경 갑시다 ―」
하고 그에게 말을 했다.
 그는 안해의 이 말에서 안해가 또 정예와 같이 가자는 게라고 생각을 하면
서,
 「무슨 일로 줄창 거치 다녀야만 해.」
하고는 제법 안해 말에 퇴박을 주려니까 안해는 이 날도 뭔지 불평을 품은
채,
 「그 거치 좀 다니면 무슨 지체가 떠러지우? 관두시구려 우리끼리 갈테
니.」
하고 끝내 뽀르통했다. 이래서 안해는 우정 정예에게 엽서를 내는 모양이었
으나 당아 온 일요일날 정예는 웬일인지 오지 않았다. 「애가 웬일일까?」

하고 기두리는 안해 말에「그 잘됐군.」
 하고 놀려 주면서 그도 이 날은 종일 집에서 해를 보낸 셈이다.
 이튿날 그가 사엘 나가니 웬 낫선 글씨의 편지 한 장이 다른 편지들과 섞여 있었다. 다시 한번 살펴봤으나 역시 잘 모를 편지었다.
 그는 우정 맨 나종으로 편지를 뜯었지만 편지는 그가 처음 막연이 예감한 바 그대로 정예에게서 온 것이 분명했다. 그러나 내용은 별 게 아니어서 잠간 상의할 말이 있어 만나고 싶단 것과 몸이 불편해 찾어가지 못한다는 것을 말한 후 만날 장소와 시간을 알린 극히 간단한 편지였다.
 처음 그는 대뜸 그리 유쾌치 못했다. 그러나 뭘 불쾌히 생각기엔 너무 수헐하게 말한 기탄 없는 편지었기에 차라리 까다롭게 생각하려는 자기 마음이 되려 쑥스러운 것 같어서 나종엔 자기도 여게 되도록 평범하려 했다.
 이 날 집에 돌아와서도 그는 아무렇지 않은 양,
「당신 동무헌테서 편지 왔읍디다 —」
하고 편질 내놓으면서 마치 안해에게 온 편지나 전하듯 무심하려 했다.
 안해는 자기에게 온 것이 아닌 줄 알자, 좀 의아한 듯이,
「무슨 일일까, 신병에 대한 이얘긴가?」
하고 의심쩍어 하는 것을 그가 우정,
「병에 대한 거라면 의사가 있지.」
하고 말을 받으려니까,
「아무튼 어째서 편질 했든지 그애로서 헐만해서 했을 테니까 가보시구려
—」
하고 안해는 역시 동무의 편역을 드렀다.
 이래서 그는 맘속으로 안해는 아직 한 사람의 여자로선 너무 어리다는 것을 느꼈고 또 이처럼 어린 안해의 순탄하고 단순한 맘씨를 이제 자기로 앉어 이대로 받어서 옳으냐 글르냐는 것은 둘째 문제로 아무튼 이날 그는 이렇게 되여서 정예를 만나려 간 것만은 사실이다.
 그가 전차를 내려서 정예가 기다리고 있을 본정통 어느 차ㅅ집엘 들어섰을 땐 거진 여덜 시가 가까워서다.
 정예는 들어가는 초옆 왼편에 자리를 잡고 앉어 있엇기에 쉽사리 알어볼 수가 있엇으나 어쩐지 — 처음 그래봐서 그런지는 몰라도 — 편지와는 좀 달러서 정예는 약간 당황한 듯이 인사를 했다.
 그도 별 말없이 인사를 받었으나 기왕 왔을 바에야 설사 저편이야 어떤 태도로 나오든 자기만은 되도록 그야말로 기탄 업시 대해야 하겠다고 생각하면서 그는 먼저 몸의 형편을 물은 후 안해도 몹시 염여한다는 것과 그래서

오늘 같이 나오려다 못 왔다는 이얘기를 제법 무관하게 늘어놓은 셈이다.

이랬는데도 정예는 웬일인지 이러한 이얘기엔 별 흥미가 없다는 것처럼 그저 허트로 네 — 네 — 하고 대답할 뿐 무슨 이렇다는 이얘기를 먼저 끄내진 않았다. 이리되면 누가 만나자고 한 사람인지 알 수가 없어진다.

그가 차차 말을 잃고 거반 싸늘히 식은 차ㅅ잔에 다시 손을 가저 갈 무렵해서 여자는

「나가실까요?」

하고 별안간 말을 건넜다.

그는 얼결에

「네 —」

하고 대답을 했으나 본정통 입구를 돌아 나오면서 그는 다시금 의아하지 않을 수 없었다.

그러나 이렇다고 뭘 내색할 수도 없었으므로 그저 지망을 잃은 채 덤덤이 여자를 따라 거렀다.

두 사람이 남대문통으로 해서 부청 앞 넓은 길을 잡고는 다시 광화문통을 바라보고 걷기 시작했을 때 그는 끝내,

「내게 무슨 애기가 있었어요?」

하고 물어볼 수밖엔 없었다.

정예는 잠간 주저했으나 인차 —

「애기 없었어요 —」

하고 비교적 똑똑하게 대답을 했다.

두 사람은 다시 잠잣코 걷기 시작했다.

그는 속으로 다시금 이상한 여자라고 생각했다. 그러나 — 이러한 때 느껴지는 이상한 여자란 분명이 존경할 수 없었음에도 불구하고 이 「이상한 여자」는 끝내 그의 이상한 호기심을 이르켰든 것이고, 또 이 호기심은 지금까지 가저온 그 마음의 어느 까다로운 일부분을 허러 버린 것처럼 그는 다시 말을 이었다.

「허실 말슴이 있다고 편질 내시고서….」

하고 짐짓 건너다보려니까,

「거짓말이에요.」

하고 대답하면서 여자는 태연했다. 이리되면 다음으로 무를 말은 「웨 거짓말을 했느냐.」는 것이겠으나 그는 어쩐지 이 말을 얼른 무를 수가 없었다.

광화문통을 지나 거진 총독부 앞까지 왔을 때 전차를 타느냐? 고, 그가 무르니까 정예는 그냥 걸어가겠다고 대답했다. 효자정에 집을 둔 그는 가회정

으로 가야 할 정예를 앞에 두고 잠깐 망서리지 않을 수 없었다. 이것을 정예도 알았든지,
「전 산으로 해서 가겠는데 별일 없으시면 거치 산으로 해 가시지요 ―」
하고 말을 했다. 역시 전날 편지로 말할 때처럼 예사로운 투다.
그는 조금 전부터도 그러했지만 이 여자의 어떠한 태도에든 자기도 되도록 예사로우려고 하면서,
「그래도 좋습니다 ―」
하고는 쉽사리 대답했다.
경복궁 긴 ― 담을 끼고 삼천동을 들어 가회정으로 넘어가는 넓다란 길을 걸으면서도 두 사람은 별루 말이 없었다. 그는 이따금 우습게 역해오는 감정을 느끼기도 했으나, 그저 하는 대로 두고 볼 작정이었다.
길이 변해서 가회정 쪽으로 기우러질 때쯤 해서,
「이젠 혼자 가도 괜찮읍니다 ―」
하고 정예가 돌아섰다.
그도 그저 그러냐 ― 는 것처럼 따라 거름을 멈췄으나 한순간 이상하게 어색한 분위기를 느끼며 그냥 서 있으려니까,
「꽤니 고집을 부려서 미안합니다 ―」
하고 정예는 그 약간 허망한 투로 말을 했다.
그는 잠잣코 있을까 하다가 이러한 경우에 「고집」이라니 생각할수록 하도 용하고 재미있는 말이어서
「웨 그런 고집을 부렸소?」
하고 우정 무러본다. 그랬드니 ―
「이상허세요?」
하고 정예가 다시 물었다.
그는 정예에게 배워서 자기도 일견 솔직한 체 ―
「네 ―」
하고 대답해 본다. 그러나 의외에도 이 말에 정예는
「나뻐요.」
하면서 거반 쏘아보듯 그를 처다봤다. 그는 이 애매한 말에서 히한하게도 지금 정예가 자기를 나뿐 사람이라고 비난한단 것을 곧 알어챘으나 얼결에 자기도 모를 말을 ―
「글세올시다 ―」
하고는 능치지 않을 수가 없었다.
지금 생각해도 이때 정예에게 당한 꾸지람은 참 억울한 것이다 ―.

그는 이날 밤 돌아와 자리에 누어서도 정예와 주고받은 말이 좀체 사라지지 않었다. 아무튼 이상한 여자인 게 제 말을 비처서 본다면 결국 석재로 인해서 정예 자신이 어떤 박해를 당코 화를 입고 말 것이라는 것인데 — 이처럼 모든 것을 미리 잘 알 바에야 뭣허러 이런 방식으로 구지 제 손으로 함정을 팔 게 없다. 얼른 생각해서 무슨 성격이 이런 성격이 있을 것 같지도 않고, 또 작난이라면 이건 너무 정도를 넘어 고약하다.

(두고 보리라 —)

그는 결국 이렇게 생각한 후 이런 형태로 내달은 여자라면 응당 머지않어 다시 말이 있으리라 짐작했다.

그러나 그후 정예에게선 웬일인지 일체 소식이 없었다. 한 주일이 지나고 한 달이 지나고 해도 전연 소식이 없었다.

그는 이상하게 궁금해지는 심사를 격지 않는 바도 않었으나 역시 두고 볼 일이었다.

일 년이 지나갔다.

그 동안 두 부부는 정예가 결혼을 하고 다시 이혼을 했다는 소식을 들었으나 그런 일이 있은 댐부터는 그도 안해도 정예 이애기를 꺼내진 않었다.

그랬든 것이 단 한 번 안해가 죽기 전 어느 비오는 날 밤에 안해는 별안간,

「정예 못 봤어요?」

하고 무른 적이 있다. 이 때 그는 어쩐지 맘이 몹시 언짢었다.

여지껏 한 번도 그에게 묻지 않은 것을 봐서 안해에겐 제일 묻고 싶었든 말인지도 모르고 또 그처럼 끄리는 말을 이제 하게 되는 것이 어째 불길한 증조 같기도 해서 그는 우정 안해 옆으로 가까히 가,

「보다니 어데서 봐?」

하고 뒵데 무러보면서

「봤으면 내 애기 않었을라구 —」

하고는 우서 보였다.

「혹 길거리에서라도 못 봤나 해서 —」

하고 안해도 따라 우섰으나, 이 때 그는 뭔지 안해에게 몹시 잘못한 것 같은 생각이 앞을 서서,

「그깐 이애기를 — 무슨 그따위를…」

하고는 자기도 몰을 말을 중얼거렸다. 그리고는 창 옆으로 가 담배를 집었다. — 밤은 옷칠한 듯 검고 비는 쉴새없이 나리고… 이따금 동병실로 가는 간호부들의 바쁜 거름이 더 기맥히게 싫은 밤이었다.

안해는 그가 뭐라고하든, 정예와 커난 여러 가지 그리운 기억을 혼자 속삭이듯 도란도란 이애기하면서,

「그래도 개 착한 데 있다우 — 다음 만나건 다정이 허세요 —」
하고 말을 해서 그는 끝내 화를 내고 말았다.

거진 땅거미가 잽힐 때쯤 해서 그는 풀밭을 일어섰다.

어떤 일본인 노인이 손자뻘이나 되는 어린애를 앞세우고 제바람에 꼬리를 물고 달리는 점백이 삽살개를 놀리며 저리로 가는 게 보인다.

그는 어린아이의 뒷모양에서 지금쯤 라디오 가개 앞에서나 우체통 앞에서 할머니를 따라 놀고 있을 — 아들 영이를 생각하면서 그대로 걷기 시작했다.

그러나 이 날 따라 영이는 라디오 가개 앞에도 우체통 앞에도 놀고 있지 않었다.

그가 새로히 아버지다운 불안을 안은 채 총총이 집엘 드러서려니 의외에도 어머니가

「애 손님 오셨다 —」
하고 마조 나왔다.

뒤를 따라 정예가 영이를 안은 채

「이제 오세요?」
하고 인사를 한다.

그는 한동안 어이없은 채, 그저 보구만 있었으나, 옆에 어머니 역시 어리둥절해 있는 것을 느끼자

「여길 오셨군요 — 언제 오셨서요?」
하고 그도 인사를 한 셈이다.

두 사람은 어머니와 영이를 사이에 두고 가치 저녁을 먹고 이슥도록 놀았으나 정예가 어머니와 안해의 이애기를 했을 뿐 별로 말을 난우진 않었다.

마츰내 어머니가 영이를 재우겠다고 안방으로 건너가신 후 방안은 더욱 거북한 분위기에서 그는 뭐고 말을 난우고도 싶었으나 대체나 할 말이 없었다.

정예 역시 이러했든지 결국 이야긴 그가 먼저 꺼낸 셈이다.

「낮에 편질 받고 마츰 급한 일이 생겨서 미안하게 됐읍니다. 이살해서 집을 모르실 텐데 어떻게 찾었읍니까?」
하고 무러봤드니 정예는 — 어제서야 죽은 안해의 소식을 듣고 그 전집으로 갔었다고 하면서

「걔가 어떻게 그렇게…무슨 일이 그런 일이….」

하고는 석재가 먼저 무슨 말이든 꺼내기를 기대렸다는 것처럼 정예는 제 말을 시작했다. 어데까지 띠금띠금 끝을 맺지 못하는 정예 말에서 그는 지금 정예가 안해의 주검을 대단 슬퍼한다고 생각하면서 자기도 말을 잃은 채
「글세올시다 ―」
하고만 있으려니까,
「오늘도 관둘가 허다가….」
하면서 여자는 눈물이 글성한다.
 그는 자기도 어쩐지 맘이 언짢어지려구 해서 그저 잠잣고 있었다.
 조금 후 정예는 죽은 사람이 뭐고 제 말을 하지 않드냐고 물었다. 그래서 했노라고 대답했드니 뭐가 몹시 언짢은 것처럼 정예는 끗내 울고 말었다. 소리를 내여 우는 것도 느끼는 것도 아닌 그저 무릎을 세우고 앉인 채, 잠 잣고 울었다. 다행이 그는 정예의 이마를 고인 두 손이 눈을 가렸기에 맘 놓고 여자의 얼굴을 바라볼 수 있었지만 지금껏 그는 이처럼 막우 쏘다지는 눈물을 본 적이 없다. 그러나 턱으로 뺨으로 함부로 쏘다지는 눈물에 비해, 손끗 하나 움직이지 않는 싸늘한 태도가 어쩐지 여자의 아지 못할 운명같기 도 해서 부지중 그는 얼굴을 돌리고 말었다.
 과연 여자의 울음은 단지 벗을 잃은 슬픔만은 아닌 듯 했다.
 그는 뭔지 자기도 점점 어두어지는 마음을 그저 잠자코 있을 수밖에 도리 가 없었으나 다른 한 편으론 이러고 앉어 있는 동안 그는 일즉이 가저 보지 못한 이 여자에 대한 야릇한 불만과 비난의 감정을 어떻게 수사해야 좋을지 를 몰랐다.
 다음 순간 그는 어떻게 됐든 좌우간 안해로 인해 울기 시작한 이 여자의 우름을 이대로 두고 오래 당하기는 정말 견듸기 어려운 노릇이었다. 이래서 생각한 남어지,
「너무 언짢어 마십시요…소용없는 일을 그보다도 그간 뭘 하고 계셨기에 그처럼 뵐 수가 없었읍니까?」
하고 말을 해 봤다. 그랬드니 과연 이 약간 조속적인 말의 효과는 적실해서
「시굴 가 있었어요 ―」
 하고 대답하는 정예는 그처럼 몹시 울지는 않었다.
「그래 시굴서 뭘 허셨기에…서울엔 언제 오셨오?」
하고 그가 다시 무러봤드니 여자는 그저 시무룩이 우슬 뿐 잠잣고 있었다. 순간 그는 자기의 이러한 무름에 능히 우서 대답할 수 있는 그맘의 상태가 좌우간 싫었다. 그는 끗내 이상한 미움을 느끼며
「그간 이야기나 좀 들읍시다.」

하고 짐짓 건너다봤다. 그랬드니 여자는,
「다 아시면서….」
하고 여전 같은 태도다. 이래서 그는 끝내 몹시 타락한 여자라고 생각을 했고 또 이렇게 생각이 들었기 때문에 차라리 이 여자에게 너그러우려고도 했으나 그러나 어쩐지 이보다는 뭔지 불쾌한 감정이 앞을서서 그는 자기도 모르게,
「하도 호사스런 얘기가 돼서 원….」
하고는 제법 피식이 웃고 말었다.
 과연 정예는 많이 변했었다. 첫재 빛갈이 핼숙한 정도로 히여졌고 성격도 훨신 달러진 것 같아서, 전처럼 과묵한 인상을 주지도 않았다. 그대신 전보다는 사뭇 품위가 없고 무게가 없어 보였다.
 한동안 말을 잃은 채 앉어 있었으나 다음 순간 그는 우연이도 눈이 정예와 마조치고 놀라지 않을 수 없었다.
 여자는 두 손을 무릎 우에 올려놓은 채 그냥 눈이 꿩해서 마진편 벽을 보고 앉어 있었으나 여자의 이 버릇 같은 허망한 얼굴이 만일 전날의 것이 일종 건방저서 사치한 것이었다면 지금의 것은 이것과는 훨신 달러서 어쩐지 처참했든 것이다.
 인차 정예는
「가겠어요 —」
하고 일어섰으나 그는 역시 말을 잃은 채 덤덤이 앉어 있었다. 그러나 조금 후 안방으로 건너가 어머니에게 인사를 하고 잠이든 영이를 듸려다보고 할 때의 정예 얼굴은 그가 의아하리만큼 조금 전과는 사뭇 달러서 일견 명랑해 보이기까지 했다.
 그는 다시금 불쾌했다. 조금도 성실치 못한 그저 경박하고 방종한 성격의 표현같기만 해서 일종 증오에 가까운 감정이 없지 않었으나 역시 좀체로 사라지지 않는 것은 조금 전 그 알 수 없는 얼굴이었다. 뭘 후회하는 얼굴이라면 좀더 치사해야 하고, 이것도 저것도 아니라면 훨신 더 분별이 없어야 한다.
 (후회하지 않는 얼굴 — 싸늘한 밝은 눈으로 행위했고, 그 눈으로 내 일을 피하지 않는 얼굴)
 그러나 이렇기엔 좀더 순뙤게 절망해야 할 것 같았다.
 그는 여전 갈피를 잡지 못한 채 정유장까지 정예를 따라나온 셈이다.
 그러나 전날처럼 여자가 굳이 이끈 것도 아닌 — 오히려 정예는 몇번 사양까지 했으나 그역 뭘 그렇게 모지게 굴 흥미도 없어서 그저 먼 곳에 와 준

132

손님을 대접하듯 — 만일 여자가 전일처럼 산으로 해서 가겠다면 태반 바래다라도 줄 셈으로 그대로 경무대 앞길을 들어 걷기 시작했다.

　차차 길이 호젓해 올스록 정예는 방안에서보다 훨씬 말이 많어졌다. 이따금 기탄 없는 태도로 지내온 이야기를 하기도 하고 또 때로는 제법 가벼운 기분으로 제가 생각하는 바를 토로하기도 해서 흡사히 그것이 죽은 안해가 생전에 자기를 대하든 그 솔직하고도 단순한 태도 같기도 해서 그는 오히려 싫은 생각이 들기도 했다.

　그러나 나중 정예는 점점 쾌 못 할 말까지 삼갈 줄을 몰랐다.

　「연앨 많이 하는 여자는 사실 한 번도 연앨 못해 본 여자일지도 몰라요 —」

하고 말을 하는가 하면 또

　「단 한 사람의 자기 사람을 잃어버린다는 건 큰 약점이에요 —」

하고는 얼른 들어 상구 몰을 말을 그대로 소군거리기도 해서 꼭 딴 사람 같었다.

　그가 듣다가 못해서

　「그렇다고 숫한 연애를 헐 건 뭐요?」

하고 무러봤드니 여자는 더 뭔지 하염없는 태도로

　「쓸쓸하니 말이지…사랑허기만 하면 백 년 천 년 보지 않어도 된다는 건 거짓말이었어요.」

하고 잠간 말을 끊었다가는 다시

　「참는단 건 자랑이 있는 사람의 일일 게고, 또 자랑이 없는 사람은 외로워서 쓸쓸할 게고 그 쓸쓸한 걸 이겨 나갈 힘도 없을 게고…그러니까 결국 아까 말한 그런 약점이란 어리석은 여자에겐 운명처럼 두려운 것이에요.」

하고는 혼잣ㅅ말처럼 사분거리기도 했다.

　그는 「쓸쓸하니 말이지…」 하고 말하는 여자의 음성에서 이상하게 일종 칙은한 정을 느끼며 그냥 잠자코 있으려니까

　「사람은 진정 좋아하는 마음이란 그리 수헐치가 않어서 무작정 보구 싶으니 말이지…여게 거역하자면 저를 상칠 밖에 도리가 없으니 말이지.」

하고 정예는 여전 같은 태도로 이야기를 계속했다.

　그는 여자의 이러한 대담한 이야기가 일종 징하게 늣겨졌다거나 반대로 무슨 감동을 주었다기보다도 흔히 서양여자들에게 많다는 무도병(舞蹈病)이란 병처럼 이 여자에게도 무슨 고백병(告白病)이라는 게 있지나 않나 싶어서 차라리 의아할 정도였으나 역시 한편으론 언젠가 — 개는 제가 남을 사랑할 때라도 무사한 편보다는 까다로운 편을 취하는 성격이래요 — 하든 안해의

말이 생각나서 어쩐지 한 소녀의 당돌한 욕망이 이보다는 훨씬 사나운 현실에 패한 그 폐허를 보는 듯 해서 싫었다.

얼마를 왔는지 길이 삼가람으로 된 곳에 이르자

「이리로 해서 전차를 타겠어요.」

하는 정예 말에 그는 비로소 얼굴을 들었다. 그러나 이외에도 눈물에 마구 저진 여자의 얼굴에 그는 다시금 놀라지 않을 수 없었다.

정말 생각지 못한 일이다. 그는 처음부터 여자가 울면서 이얘기를 했다고는 암만해도 믿어지지가 않았다. 그는 여자가 새로히 알 수 없어지는 한편 이상하게도 맘이 무거워짐을 늣겼다.

두 사람이 피차 말을 잃은 채 경복궁 긴 담을 끼고 거진 반이나 내려왔을 때다.

정예는 다시 말을 이었다.

「인생이란 어떤 고약한 사람에게도 역시 소중하고 고귀한 것인가봐요 ― 아무리 가혹한 운명이라도 이것을 완전이 뺏지는 못하나 봐요 ― 죽기 전 꼭 한번 뵙고 싶었어요. 뵙고는 젤 고약하고 숭없는 나의 이애기를 단 한 분 앞에서만 하고 싶었어요 ―」

하면서 역시 아까와 같은 어조로 도란도란 이애기했다.

그는 머리를 숙인 채 맘속으로 지금도 정예가 울면서 이애기를 할게라고 생각했다. 뭔지 더 참을 수가 없었다. 당장 손이라도 쥐고 숫한 이애기를 하고도 싶은 이상한 충동을 순간 느끼는 것이었으나 역시 뭐라고 표현할 말이 없었다.

그는 끗내

「얘기 관둡시다…내가 고약한 사람일 거요. 그리고 당신은 숭없지도 아무렇지도 않소.」

하고는 뭔지 자기도 모를 말을 중얼거렸다. 그리고는 비로소 처음으로 여자의 얼굴을 정면으로 바라보았다.

그러나 여자는 그의 말을 조금도 믿지 않았다. 믿지 않는 것을 그는 여자의 얼굴에서 보았다.

길이 거반 끝날 때쯤 해서 두 사람은 꼭 같은 말로 ―

「또 뵙시다.」

「또 뵙겠어요.」

하고 마지막 인사를 주고받었으나 전차가 떠날 때쯤 해서 어쩐지 그는 다시 정예를 못 볼 것만 같었다.

그는 자기도 모르는 사이 초조한 거름으로 몇 발자국 앞으로 내다르며 제법 크다랗게 여자를 불러봤다. 그러나 이미 정예가 알택이 없었다.

마츰내 그는 오든 길을 향하고 발길을 도르켰다. 정말로 지루한 거름이었다. 이날 들어 발서 세 번째 오르나리게 된 꼭 같은 길은, 그 나가자빠진 꼴하고 천상 엄흉하기 짝이 없었다.

그가 여전 참끼 어려운 역정을 품은 채 돌칭대를 반이나 올라왔을 때다. 드디어 그는 맘속으로 ―

(정예는 제 말대로 흉악할지는 모른다. 그러나 거지는 아니다. 허다한 여자가 한껏 비굴함으로 겨우 흉악한 것을 면하는 거라면 여자란 영원이 아름답지 말란 법일까?)

하고 중얼거렸다.

그러나 다음 순간 눈앞엔 어느 거지 같은 여자보다도 더 거지 같은 딴 것이 싸늘한 가을 바람과 함께 그의 얼굴에 부디쳤다.

최학송
<아내의 자는 얼굴>

'날씨가 갑자기 추워졌다.'

'가을이 가고 겨울이 왔으니 추워질 일이다. 더울 때가 되면 덥고 추울 때가 되면 추워지는 것은 자연의 힘이다. 자연의 힘을 누가 막으며 무어라 칭원하랴? 하지만 자연의 그 힘에 대항할 만한 무기가 없는 사람들의 입에서 칭원이 안 나올 수 없는 일이다.'

'추워지니 그것을 대항하려면 불이 필요하다. 나뭇바리나 단단히 장만해야 될 것이다. 그것은 방을 데우는 데 필요하지만 찬 눈과 쓰린 바람을 무릅쓰고 거리에 나다니려면 의복도 빠지지 못할 요구 조건의 하나이다. 자켓이나 외투 같은 것은 너무도 고상한 것이니 바라볼 생념도 없지만 튼튼한 무명옷에 솜이나 툭툭히 놓아 입어야 얼어 죽은 귀신을 면할 일이다. 나뭇바리 의복은 바깥 장치지만 속 장치도 그만큼은 필요하고 토장국 조밥이라도 뜨뜻이 불쑥이 먹어야 이 추운 겨울에 어린 아내와 같이 이놈의 펄떡거리는 심장의 뜀을 보존할 것이다.'

'무엇보담도 이 삼대 요건—나뭇바리, 의복, 쌀—인데 어찌해야 이것을 얻나. 못 얻으면 아까운 대로 북망산천의 한줌 흙이 될 것이고 요행으로 얻으면 하루라도 무너져 가는 세상 꼬락서니를 더 볼 것이다. 그것도 세상이 다 같이 그렇다면 문제가 없다. 다 같이 그 무서운 자연의 위력 아래서 삼대 요건이 구비치 못하여 쓰러지거나 그렇지 않으면 삼대 요건이 딱 들어맞아서 다 같이 버쩍 일어서거나 한다면 그렇게 괴로울 것도 없는 일이요 슬플 것도 없는 일이다. 그러나 세상은 그렇지 않다. 그렇지 않으니 괴로운 일이요. 슬픈 일이다.'

'어떤 사람은 삼대 요건이 그 돗수에 넘어서 걱정인데 어떤 사람…… 나 같은 놈은 돗수에 못 차기는 고사하고 아주 텅 빈 판이며 ×스의 자본론을 읽지 않아도 ×스의 머리를 가지게 된다. 프롤레타리아 운동자와 접촉을 못해도 자연 그렇게 된다. 이래서 이 세상은—소위 자본 문명 중심의 이 제도는 제이세 제삼세—백세 천세의 많은 ×스를 만드는 것이다. 하여튼 제도는 묘하다. 꽤 고솜하게 되었다. 염통에 고름 든 줄은 몰라도 손톱눈에 가시 든 줄은 안다고 자본 문명은 속 썩는 줄은 모르고 겉치장 자랑에 비린 냄새 나는 웃음을 금치 못한다. 참 묘한테, 꽤 고솜한테 흥—.'

끝없는 생각이 기선의 머릿속에 스며들어서 위로 아래로 오르내리다가

'묘하다. 꽤 고솜하다'는 결론에 이르는 때면 그로도 알 수 없어 그는 흥하였다. 그 코웃음! 그것은 묘하고 꽤 고솜한 세상의 미래에 닥칠 어떠한

136

현상을 눈앞에 그려 보고 치는 코웃음만이 아니라 자기의 조그마한 힘을
조롱하는 뜻도 없지 않다.
  앉으나 서나 어느때나 그의 머리는 그러한 생각에 쉴새가 없었다. 봄이나
여름에는 그 생각 가운데서도 나뭇바리와 솜 의복이 빠지니 좀
늦춰진다고도 하겠지만 늦은 가을로부터 점점 이렇게 겨울이 되는 때, 그의
생각은 한층 복잡하여지고 한층 무거워진다.
  '한 몸이면 또 몰라.'
  기선이는 아내를 생각하면 더욱 견딜 수 없었다. 어리고 약한 아내가
차디찬 구들에서 자기의 손만 치어다보는 양이 눈앞에 떠오르는 때면 꽤
낙천적인 그의 가슴에도 버석거리는 얼음 덩어리가 꾸욱 들어박힌다.
이러는 때마다 그의 머리에는 번쩍번쩍하는 불길이 번개같이 지나갔다.
일어났다 꺼지고 꺼졌다가 일어나는 그 불길—처음에는 퍽 느리더니 이제는
돗수가 너무도 잦아서 일어났다. 꺼지는 남은 빛이 마저 사라지기 전에
뒤미처 번쩍하여 좀만 더 지나면 ×과 ××엉겨서 한 커단 ×××이 될
터이니 그렇게 되면 ××× 어찌 그 뇌 속에서만 돌리라고 보증을 하랴?
기선이 자신도 그것을 느낀다. 그럴 때마다 그는 ×××생각한다.
×××—×× ×××—몇만 몇천의 ××× ×××××—
  "광화문이요! 고오기몬데쓰—."
  뒤숭숭한 생각에 어디가 어딘지도 의식치 못한 기선이는 전차 차장의
소리에 놀라서 뛰어내렸다.
  계모의 낯바대기같이 찡그린 하늘 아래 으릉으릉 전선을 울리면서
스쳐가는 바람은 아직도 겹옷 입은 그의 몸에 스며들어서 뼛속까지
사무친다. 그는 몸을 송그리 굴면서 장충단 쪽으로 향하였다. 금년 가을에
필운동 막바지에서 집세 때문에 몰려난 뒤에 이리로 왔다. 중앙지는 세가
너무도 비싸서 그에게는 인연이 없었다.

  저녁밥을 먹은 뒤에 그는 책상에 마주 앉아서 책을 읽었다.
  구들이 어떻게 찬지 얼음판에 앉은 것같이 궁둥이가 저려 올랐다. 곁에
앉아서 바느질하는 아내도 추운지 몸을 옹송그리고 앉아서 바느질을 하는
그 낯빛은 검푸르다. 그것을 볼 때 기선의 가슴은 그저 스르르 하였다.
그는 읽던 책을 턱 덮으면서,
  "여보, 추운데 낼 하구 어서 자우—."
하고 담배를 피웠다.
  "솜을 어서 사야 할 텐데 어쩌면 좋겠소?"

아내는 남편을 보았다.
"솜? 사지 흥."
남편은 코웃음을 쳤다.
"낼은 사다 주어 응?"
아내는 인정 있이 말했다.
"그래 내일은 꼭 사다 주지."
남편의 쾌활스럽게 말하면서 아내를 보고 벙긋하였다.
"응 또 거짓말— 어제는 꼭 오늘도 꼭 하고도— 낼은 쌀도 팔아야—."
아내는 바느질을 하면서 뒷말을 혼잣말처럼 뇌였다.
"그래 다 해 주지—. 그것만 해, 돈만 있으면 삼층 양옥에 피아노
놓고—, 하하하."
"저것 봐, 딴소리만 툭툭 하시면서—."
아내는 힐끔 눈을 주면서 방긋 웃었다.
"하 글쎄 내가 두고 안 해 주오? 없으니 그렇지—."
그는 갑갑한 듯이 아내를 보았다.
"그런데 집세 때문에 오늘도 왔던데—."
아내의 낯에는 어둑한 기운이 스르르 덮이었다.
"뭐랍디까?"
"뭐라니 창피막심해서—. 사람이— 나가라는둥 별별 소리가—."
아내의 말은 흐리마리하였다.
"이 댐에는 오거든 좀 굴어 놓구려."
남편의 소리는 짜증이 절반이다.
"아이구 저러니 내가 어떻게—."
아내는 바느질감을 밀어 놓았다.
"그만 것도 못 굴어 놓는담—."
"글쎄 내가 뭐라고 하겠소?"
아내는 청원이나 하는 듯하다.
"그만 뱃심도 없이 어떻게 살겠소! 없는 놈이 뱃심이나 부리지!"
"앗다 당신은 뱃심 잘 부립디다. 빚쟁이가 오면 말도 못 하면서 흥!
흐흐."
"하하하."
아내의 웃는 바람에 그도 웃었다. 딴은 그렇다. 빚장이가 오면 자기 역시
한풀 죽어진다. 자기가 그렇거든 아내는 더할 일이다. 그도 그런 것 저런
것 다 알면서도 제 짜증에 공연히 푸닥거리를 논 것이었다. 더구나 그

몰염치한 가주의 우악한 소리에 가냘픈 아내의 목청을 비교하여 보고
그들이 서로 만나 나가라 말아라 하고 집세 때문에 다투는 광경이 눈앞에
선연히 떠오르는 것 같아서 불쾌하였다. 동시에 아내가 불쌍하기 그지
없었다. 그는 다시 책을 들었다. 모든 화를 잊어버리려고 하였다. 주관이
힘세게 움직일 때 객관적 용납을 허락치 않는 것이다. 입으로는 줄줄
읽었으나, 눈으로 보았으나 그것이 무슨 소린지 알 수 없었다. 머릿속에는
이 생각 저 생각이 용솟음을 쳤다.

　이러한 생활도 하루나 이틀이면 모르지만 벌써 얼마냐? 삼십 년 가까이
어느날 볕이라고 볼 때가 없으니 고생도 할 대로 다하였다.
　"내일이나 명년이나."
　이렇게 희망을 붙여 왔으나 그 날이 그 턱이다. 겨우 일자리라고 얻어
놓으면 월급이 나오지 않고 그렇다고 뛰어나오면 역시 일자리를 얻기
어렵고 이제는 막다른 골목이다. 그것도 혼자 있는 때 같으면 배고프나
헐벗으나 괜찮겠지만 여편네까지 거느리게 되니 짐은 몇 갑절이나 더
무거워졌다.
　"공연한 짓!"
　그는 너무도 괴로운 때면 이렇게 아니 하였다는 것을 후회하였다. 어느
때든지 생활 곤란을 면하고야 장가든다고 성명한 자기가 아니였던가 하고
생각하면 자기라는 인격의 의지가 너무도 약하게 보였다. 그러나 한걸음 더
들어가는 때에는 그의 생각은 뒤집혔다.
　"나는 사람이다. 청춘이다. 사람은 빵에 주리나 성에 주리나 주린 의미에
있어서는 한가지다. 생활 곤란―그것이 내게는 점점 더 닥치면 닥쳤지
늦추어질 날은 없을 것이다."
　"응― 어떤 놈은 계집을 세넷씩 가지고 어떤 놈은 하나인 것도 못
먹여서―."
　이렇게 생각하면 가슴이 좀 풀리고 무슨 빛이 나아갈 앞길의 빛이 뵈는 것
같으나 이론은 어디까지 이론이요, 실제는 어디까지 사실이다. 자기의
현상을 돌아볼 때도 가슴은 뿌듯하였다. 그는 펴놓았던 책을 덮으면서
아내를 돌아보았다.
　아내는 아랫목에 펴놓은 이불 위에 입은 채 옹송그리고 누워서 삭 삭
잔다.
　창백한 아내의 얼굴― 자기와 처음 만날 때에는 포동포동한 두 뺨이
발그레하고 빨간 입술에 윤기가 흐르더니 불과 일 년이 못 되어서 뺨이

드러나고 입술이 검푸렀다.

 아 주림의 상징이여! 굶은 귀신이여! 그것을 본 그의 머리에는 지나간 기억이 또다시 번쩍거렸다. 밥이 적으면 자기는 배가 아프다고 핑계를 하고 적게 먹었고 구들이 차면 자기의 체온을 아내에게 전하려고 애를 썼다. 그 아내도 어떤 때는 꾀배를 앓고 드러누워서 밥을 한술이라도 더 자기 입에 넣으려고 애쓰는 것을 보았다. 그의 눈은 흐리었다. 가슴은 쓰렸다.

 그런 것 저런 것 생각하면서 지난해의 모습이 다 스러진 아내의 자는 낯을 볼 때 그는 자신도 모르게,

 "오오 주린 귀신이여!"

하였다. 그의 눈에는 핏대가 섰다. 그 모든 것이 보기가 싫었다. 주위는 검은 연기가 들어찬 것 같았다. 그만 칼이나 도끼로 아내를 폭 찍어서 그 꼴을 보지 말고 자기도 죽어 버리고 싶었다. 그러나 초초 분분이 흘러서 끓던 생각이 주저앉을 때 그의 가슴에는 말할 수 없는 정회가 치밀었다. 아내에게 대한 그 몹쓸 생각을 뉘우쳤다. 뉘우치는 정이 치밀어오를 때 그는 그로도 모를 힘에 아내의 목을 꼭 껴안았다.

 기선의 두 눈에서 흘러내리는 뜨거운 눈물은 방울방울이 아내의 낯에 떨어졌다. 그 바람에 잠을 깬 아내도 기선의 목을 꼭 껴안았다.

 뜨거운 청춘의 가슴에 끓어넘치는 순진한 정이 서로 엉키는 때에 사람은 새로운 힘을 얻는다.

이효석
<마음의 의장 (意匠)>

1

　유라가 소파에 걸어앉아 화집의 장을 번기고 있는 동안에 나는 방 한구석
에서 알코올 풍로에 물을 끓이며 차 넣을 준비를 하고 있었다. 병든 아내가
치료를 청탁하고 시골로 내려간 후로는 손수 차 만드는 것이 나의 알과의
하나였다. 차도구의 일절을 방안에 들여 놓고 두터운 책상 옆에는 발자크
모양으로 따로 작은 탁자를 붙이고 그 위에 커다란 커피잔을 올려 놓았다.
소설은 발자크의 꽁무니에도 못 미치면서 —
　파코레터에 두 사람분의 모카 가루를 분량하여 넣으면서 나는 은근히 유라
를 관찰하였다. 요전 음악회에 갔던 때보다도 더 여윈 듯하다. 나부죽이 숙
인 고개 밑으로 콧등이 오뚝 솟고 눈두덩 밑이 낭떠러지같이 폭 빠졌다. 그
속은 산골짝에 잠긴 조그마한 호수와도 같다. 기다란 속눈썹은 호숫가에 밋
밋하게 늘어선 전나무 수풀이다. 창백한 두 볼 — 좀더 실팍하였건만 지금
에는 대패로 민 듯이 팽팽하게 가들어 들었다. 그가 보고 있는 그림은 슬픈
그림이다. 하아얀 시트 위에 누운 병든 소녀의 그림이다 — 깊게 빠진 눈
위에 검게 그림자 지고 까스러든 속눈썹에 맺힌 눈물이 그 그림자 속에서
구슬같이 빛났다. 검게 질린 입술 사이로 두어 대의 이가 힘없이 드러나 보
이고 열어 헤친 가슴 위에 옷섶이 어지럽다. 그 그림을 유심히도 오랫동안
들여다보던 유라는 책장을 번기면서 문득 나의 시선을 느꼈는지 고개를 처
들었다. 반짝하는 맑은 눈방울이 호수 속에 비친 별 그림자와도 같다. 미소
를 띠이기는 하였으나 그것은 지새는 달 그림자와도 같이 여린 것이요, 그
의 표정은 마치 그가 들여다보고 있던 그림 속의 소녀의 그것과도 같이 애
잔하고 슬픈 것이었다.
　“손수 넣으시기 수고스럽지요.”
　“혼자니까 할 수 없지.”
　마치 이 대답인 탓인 듯이 유라는 책을 놓고 일어섰다.
　“제가 넣을께요.”
　나는 대신 소파에 앉아 화집을 들고 그가 번긴 페이지 위를 보았다. 바로
등뒤의 병든 소녀의 그림과는 정반대로 실팍한 팔 위에 뾰족한 턱을 고이고
만면 미소를 띠인 유쾌한 소녀의 그림 — 그 한 장의 그림의 양면은 바로
그대로 유라의 우울하고 양기로운 양면과도 같다 — 고 생각하고 있는 동안
에 유라는 향기 높은 두 잔의 커피를 탁자 위에 옮겨 놓았다.

“이렇게 진하게 넣으시니! — 부인은 결국 이 독한 차와 씨름하다가 지고 내려가신 셈이지요.”

“아내에게 관하여서는 더 이야기 맙시다.”

“저도 독한 커피와 결단하여 볼까요.”

차를 마시는 사이사이에 호도를 깨면서 나는 그의 말이 호도와 같이 풍미 깊음을 느꼈다. 한편 저윽이 기꺼워하는 오늘의 그를 귀엽게 여겼다.

그의 기꺼움을 살리기 위하여 차시간을 마친 후 나는 그의 청대로 거리를 거닐기로 하였다.

나의 생활 속에서 어느 틈엔지 산보의 길로 작정된 거리거리를 지나서 우리는 불란서 교회를 옆에 낀 우뚝 솟은 언덕에까지 이르렀다. 여리고 애잔한 그가 오늘에는 건각이었다. 아내와 세 사람이 같이 다닐 때에는 여짓여짓 말도 잘 안하고 별로 주밋주밋하며 유라는 세 사람 중의 그림자 같은 존재더니 오늘에는 그가 마치 산보의 주인과도 같이 활기 있고 유쾌하게 서둘렀다.

“곁에 부인이 안 계시니 헙헙하고 섭섭하시지요.”

야유 같기도 하고 조롱 같기도 하면서도 그의 어성에는 슬픈 여음이 흐름을 나는 날렵하게 깨닫지 않을 수 없었다.

“……아이구 오늘은 너무 떠들었나봐요.”

언덕을 내려가던 유라는 별안간 몹시 기침을 하였다. 손수건을 입에 대고 연거푸 쿨룩쿨룩 비인 기침을 지쳤다. 하아얀 손수건이 볼 동안에 단풍같이 물들었다.

“안됐군. 어서 가서 주사 맞고 고요히 진정해 누어야지.”

나는 황당하게 그의 몸을 어루만지면서 흥분된 그의 몸과 감정을 가라앉히려 애썼다. 날마다 한 대씩 ‘야토코닌’을 맞는 그의 몸을 그와 같은 흥분에 이끈 것이 모두 나의 죄 같이도 생각되었다. 한참 동안이나 쿨룩거리고 섰는 유라는 겨우 기침을 가라앉힌 후 고요히 언덕을 걸어 내려갔다.

교회의 뜰 앞 가을 나뭇가지에서 물든 낙엽이 두어 잎 휘날려 떨어지자 교회의 높은 다락에서 별안간 종이 뎅! 뎅! 울리기 시작하였다. 종소리에 귀 기울이고 쓰러진 듯이 주춤 머물러 섰던 유라는 다시 천천히 발을 떼 놓으면서 느끼는 듯한 슬픈 음성으로 한 토막의 시를 읊었다.

레 쌍로 롱
데 비올롱
드 도토오느

브레상 몽 쿠울
듀느 랑궤엘
모노토오느

 불란서 말로 읊은 베를레느의 「샹송 도토오느」의 시 한 구절이 나의 가슴조차에 울려는 듯이 구슬프게 울렸다. 교회의 종소리가 이 시 속에 '비올롱' 그것이었다. 나는 들까부는 유라의 심회를 어떻게 하면 진정시킬지를 몰랐다.
 유라를 보내고 돌아온 나는 그가 오래 전에 빌려갔다 아까 돌려온 나의 소설책 첫 장에서 난잡한 그의 낙서를 발견하였다. 그 역 베를레느의 슬픈 시의 한 구절이었다. 갈팡질팡하는 그의 어지러운 심사와도 같이 불란서어 원문이 심히 난잡히 흘려 있었다.

    Il pleure dans mon coeur

    Comme il pleut sur la ville,

    Quelle est cette langueur

    Qui penetre mon coeur?

2

 맑게 개인 다음 일요일 유라는 저윽이 건강을 회복한 듯이 홀가분한 치장으로 일찍이 찾아왔다. 기침 없는 그의 얼굴은 대낮의 바다같이 잔잔하고 고요하다.
 "별안간 바다가 보고 싶어요. 가을 바다가."
 아스파라거스와도 같이 애잔한 그의 건강을 측은히 여겨 나는 그의 청이면 대개 거절하지 않았다. 느린 기차에 한 시간 남짓 흔들린 후 우리는 가을 바다를 찾았다.
 새까만 드레스에 새빨간 목도리를 감은 맵시 고운 그의 양자가 야트막한 창고가 늘어서 지저분한 부두와는 모래 속의 구슬과도 같이 어울리지 않았다. 그를 둘러싸고 있는 모든 물건과 구성과 배치가 유라의 일신을 마치 보석과도 같이 구별해 놓았다. 그의 옆에 붙어 있는 내 자신조차 그의 기품 높은 모양과는 조화되지 못하고 스스로 구별될는지 모른다. 나는 새삼스럽게 유라의 태양과도 같은 존재를 느꼈다 — 하기는 이것이 알 수 없이 침착을 잃은 나의 마음의 탓인지도 모르지만 그만큼 그가 차차 나의 마음의 세상에 침범하여 온 것을 깨닫고 나는 율연히 마음의 떨림을 느꼈다.

 부두를 떠나 긴 방축을 건너 섬에 이르렀을 때에 한낮을 훨씬 지난 바다는 차차 거칠게 수물거리기 시작하였다. 만목 거칠은 배경 속에서 유라의 자태는 더한층 뛰어나 보였다. 그것은 맑게 타오르는 한 송이의 성스러운 불덩이였다.

 파도 찰락거리는 모래펄을 걸어서 바다 속에 오똘하게 뛰어난 바위를 더듬어 올랐다. 모진 바람에 나부끼는 유라의 붉은 목도리는 활활 붙는 불꽃이었다. 몇 걸음 앞서서 험한 바위언덕을 더듬는 유라의 치맛자락을 모진 바람이 줄지에 획 불어 올리는 순간 하얗게 드러난 허벅살의 한 점이 번개같이 나의 눈을 쏘았다. 그것은 마치 한숨의 향기와도 같이 나의 감각을 스친 것이언만, 그리고 나는 그것을 본 순간 즉시 시선을 옮겨 버렸건만 눈총 속에 들어붙어 한참 동안 지워지지 않았다. 검은 것, 붉은 것, 흰 것이 한데 휩쓸려 타는 유라의 불덩어리가 그대로 나의 마음속에 들어와서 나의 가슴을 활활 붙여 올렸다.

 내가 우두커니 서 있는 동안에 어느 새에 벌써 바위 위에 올라선 유라는 나의 마음의 큰 변동은 살피지 못하고 무심히 나에게 손짓하였다.

 그래도 오히려 우두커니 서 있는 나를 내립떠보고 그는 드디어 짜증을 냈다.

 "안 올라오세요. ……가을 바다는 쓸쓸해. 아, 쓸쓸해 — 그이와나 같이 왔더면!"

 유라는 가끔 '그이' 라는 명칭으로 그의 '애인'을 불렀다. 그러나 나는 아직도 '그이' 가 실제의 인물인지 그렇지 않으면 다만 그가 가상하고 있는 꿈속의 인물인지조차도 모른다 — 유라는 가끔 나에게 들으라는 듯이 큰소리로 '그이'를 외나 나는 아직 '그이'를 본 적도 없는 까닭이다. 자칫하면 '그이'는 유라의 속산 성품의 허장성세(虛張聲勢)에서 나오는 가상의 인물인지도 모른다.

 그러면서도 나는 이 한마디가 이제 불현듯이 나의 마음을 괴롭힘을 깨달았다. 질투에 가까운 일종의 불쾌한 심사가 솟아오름을 어찌할 수 없었다. 그러면 그럴수록 나는 몸이 더 굳어져서 그가 앉은 바위 위로 뛰어 올라갈 용기를 잃고 그 자리에 못 박힌 것같이 어느 때까지나 서 있지 않을 수 없었다.

3

그날 밤 유라는 드디어 나의 꿈속에 들어왔다. 전에 없던 처음의 일이었다. 나의 아내가 있는 탓도 아니겠지만 나의 굳게 닫힌 마음의 문을 꿈속에서일지라도 유라는 비집고 들어온 적이 없었다. 그러던 유라가 그날 밤 돌연히 나의 꿈속에 — 굳게 닫힌 문을 뚫고 나의 쓸쓸한 잠자리, 넓은 시트 속에 살며시 숨었던 것이다. 나는 깜짝 놀라 오도깝스럽게 이불을 차고 벌떡 일어났다. 가슴이 두근거리고 웬일인지 몹시도 부끄러워서 얼굴이 화끈 달았다. 밤중을 조금 지난 때였으나 그대로 새벽까지 허다한 생각에 나는 잠 한숨 못 이루고 고시랑거릴 뿐이었다.

이튿날 오후 거리의 아늑한 차점에서 유라를 만났을 때에 나는 아무도 없는 그 자리에서 숫제 그에게 그 꿈 이야기를 할까 하였으나 그보다도 먼저 유라가 그의 꿈 이야기를 끄집어낸 까닭에 그것을 기회로 나는 입을 다물었다.

"전에도 선생님의 꿈을 안 꾼 바는 아니었으나 어젯밤 꿈 같은 것은 처음예요."

나의 꿈이라는 소리를 듣고 나는 웬일인지 섬찟하였다. 간밤의 나의 꿈을 다시 생각하면서 그의 꾼 꿈은 또 어떤 것인가 하고 마음이 공연히 서성거림을 느꼈다.

"꿈의 인물은 세 사람이에요 — 선생님과 부인과 저와……세 사람 사이에 마치 쇠사슬같이 얼크러진 연극이 일어나요. 그 속에서 부인의 표정과 저의 표정이 제일 선명하게 기억에 남아 있어요."

나는 그 꿈의 내용을 알 수 없이 무섭게 여겨 구태여 캐물으려고도 하지 않고 다만 그의 이야기에 조마조마 마음을 죄이면서 그 어지러운 심사를 엷히기 위하여 일어나서 축음기에 레코드를 걸었다. 그러나 기타가 가늘데 뜯는 「바아카로올」의 연연한 음률은 결코 차점 안의 적막을 깨트리지 아니하고 도리어 고요하고 — 약간 슬픈 정서를 자아내었다. 고요한 정서 속에서 유라는 꿈의 열정을 결코 잃지 않았다.

"꿈속에서 하던 저의 표정을 이 자리에서 또 한번 해볼까요 — 망칙한 표정을 보시지 않으려거든, 자 눈을 감으세요. 저 혼자 그 표정을 또 한번 살려 볼께요."

나는 한참 동안이나 진득이 눈을 감았다가 그것이 어리석음을 깨닫고 반분 동안이나 지난 후일까, 문득 다시 눈을 떴다. 순간 나는 나의 앞에 바싹 다가있는 유라의 얼굴을 보았다. 내가 눈을 뜬 다음 순간 그의 얼굴은 마치 달팽이같이 저편으로 움츠러들었다.

같은 순간에 얼굴 표정도 꺼졌기 때문에 그가 어떤 표정을 지었던가는 물

론 알 바가 없이 놓쳐 버렸다. 엄숙한 표정으로 돌아간 유라의 낯색은 붉어
졌다 푸르러졌다 하얗다 푸르러졌다가 다시 붉어진 듯도 하였다.
  그의 무참해 하는 양을 차마 볼 수 없어서 나는 자리를 일어서 마침 끝난
「바아카로올」의 곡조를 다시 걸었다 — 유라가 지었던 표정은 대체 어떠
한 것인가를 나는 수수께기를 풀듯이 곰곰이 생각하면서 —

4

  다시 병이 도져서 유라는 그 후 여러 날 동안 모양을 보이지 않았다.
  그러나 나의 생일날에는 가뜬하게 단장을 하고 아침부터 왔다. — 품안에
각가지의 선물을 그득히 들고.
  "일년에 하루 오는 생일날 이렇게 우울하게 책상 앞에 앉아 계세요."
  나의 우울과는 반대로 그는 마치 그 자신의 생일인 것과도 같이 양기롭게
서둘렀다.
  한 묶음의 초초한 프리지어를 화병에 세워 책상 위를 장식한 후 그는 그가
가져온 선물의 보를 폈다.
  "이 속에 무엇이 들었겠어요 — 판도라의 상자가 아니니 설마 괴악한 건
안 나오겠지요."
  대답 없이 보고 있으려니 그는 부피 큰 '버스데이 케이크'를 내어 책상
복판에 놓았다. 과자 위에는 전면에 그득히 나의 이름이 수놓여 있었다. 나
는 그의 세밀한 용의에 놀라는 동시에 너무도 과한 염려를 미안히 여겨 알
맞은 감사의 말을 찾지 못하였다.
  "오늘은 제가 산타클로스예요."
  유라는 마치 신부와도 같이 명랑하게 웃으면서 나의 즐겨하는 호도, 초콜
릿 등이 담긴 기다란 양말짝을 책상 모서리에 걸었다. 소설 쓰는 책상은 때
아닌 크리스마스의 식탁으로 변하였다.
  "그리고 밤에는 여기다 불을 그뜩 켜지요."
  하고 나의 나이의 수효대로 있는지 여러 대의 가는 양초를 내서 책상 위에
수북 세웠다.
  책상 위는 찬란히 빛나고 방안은 향기에 넘쳤다.
  그러나 그렇게 고분고분히 날렵하게 서둘건마는 유라의 거동에는 그 어디
인지 쇠약하여 허전허전한 것이 있음을 나는 민첩하게 살필 수 있었다. 얼
굴은 핏기 한 점 없이 창백하였다. 그러면서도 그는 도리어 나의 우울을 책
하는 것이다.

"아니 왜 이리 나분히 기운이 없으세요. 기분이 좋지 못하면 잠깐 바람을
쏘이고 올까요."
  나도 그것이 좋은 듯하여서 곧 옷을 입고 거리로 나갔다.
  가라앉은 마음을 유쾌하게 뛰놀게 하기 위하여 될 수 있는 대로 번잡한 거
리를 걸었다.
  악기점에 들러 양기로운 재즈를 들은 후 백화점에 들어갔을 때 유라는 의
미 있는 듯이 내 팔을 끌어 찬란한 색채 사이를 뚫고 한 군데로 인도하였
다.
  "무엇보다도 넥타이를 사셔야겠어요. 오늘의 우울이 모두 그 넥타이의 죄
라고 저는 생각해요 ― 자, 이 중에서 어느것이든지 하나 유쾌한 빛깔로 고
르세요."
  나의 눈앞에는 가지각색 넥타이가 무지개의 폭포같이 드리워 있다. 그 속
에서 내 비위에 맞는 침착한 색깔의 것을 골랐을 때, 유라는 나의 감식의
정도를 측은히 여기는 듯이 나의 옆얼굴을 바라보며,
  "넥타이도 하나 바로 못 고르시는 이가 소설의 여주인공은 어떻게 고르시
노……제가 골라 드리지요 ― 우울을 없애 드리지요."
  소설의 여주인공을 청탁하여 은근히, 그러니까 현재의 나의 아내 따위 밖
에는 못 골랐지 하는 듯한 말속의 뼈를 읽으면서 나는 그의 가는 양을 물끄
러미 바라보고 있었다.
  "자, 어떠세요. 이것 마음에 드시지요. 마음에 드시면 이 자리에서 곧 갈
아 매세요. 헌것은 주머니 속에 넣어 두시구."
  진한 바다 빛 사이로 붉은 줄이 얼기설기 건너간 바둑판 모양의 넥타이 ―
그 속에는 유라 자신의 교양과 세련된 지혜가 은근히 나타나 있기는 하나
그렇다고 일률로 양기로운 빛깔도 아니라고 생각하면서 (그것은 마치 유라
자신의 양면과도 같이 양기로운 반면에 슬픈 것이 아닐까) 나는 그의 귀여
운 명령대로 그가 골라준 그 넥타이를 그 자리에서 갈아 매고 헌것을 꾸깃
꾸깃 주머니 속에 수습하였다. ― 다음 순간 그것이 암시하는 의미에 율연
히 떨면서,
  "꼭 어울리시는군요 ― 이제 버젓하게 거리를 거닐 수가 있잖아요."
  그 역 무심히 할 리는 없겠지만 그의 하는 말의 겹겹의 속뜻에 나는 자릿
자릿하였다. 아내의 자태가 문득 머리 속에 떠올랐다. 그러나 새 넥타이에
한결 몸이 거뿐함은 사실이었다. 유라마따나 뭉쳤던 우울도 저윽이 지새어
비린 듯하였다.
  그러나 나의 제의를 물리치고 유라가 그의 수중으로 돈을 갚은 후 한 걸음

백화점의 문을 나왔을 때에 나는 돌연히 놀라운 것을 발견하고 무뜩 섰다 — 팔에서 떼인 적이 없던 그의 왼팔의 시계가 오늘에는 보이지 아니함을 문득 깨달은 것이다. 유라의 살림을 막연히 밖에는 짐작하지 못하는 나는 돌연히 이상스러운 것을 생각하였다 — 자칫하면 이 넥타이도 아까의 '버스데이 케이크'도 꽃묶음도 오늘의 선물이 모두 그 시계 속에서 나온 것이 아닐까.

"유라! 시계를 어찌하였소."

"그까짓 건 왜 물으세요 — 나는 왜 우두커니 서셨다구요."

유라는 천연스럽게 말하고 나의 팔을 내끌었으나 약간 붉어진 그의 옆얼굴을 나는 예민히 보아 버렸다.

"특별히 오늘만 왜 안 찬단 말요."

"시계가 별안간 싫어졌어요 — 그것은 마치 저의 병을 일각일각 재촉하는 것도 같애서요."

그러나 그것이 물론 그의 영리한 변명에 지나지 못함을 아는 나는 그의 심정을 도리어 아프게 여기는 한편 미안한 마음을 금할 수 없었다.

"쓸데없는 걱정마세요 — 시계는 집에 풀어 두었어요."

그렇게 말하는 유라는 몹시도 핼쑥하게 보였다. 애잔한 몸이 허전허전 하였다. 또 기침이 나오지 않을까 하고 염려하는 나는 그를 부축하는 듯이 이끌고 넓은 거리에 나와 십자가를 건너려 할 때에 돌연히 나타난 난데없는 상여의 행렬에 앞길을 막히워 버렸다.

"에그……"

상여를 몹시 싫어하고 무서워하는 유라는 별안간 소스라치면서 나에게 전신을 의지하였다. 입술이 볼 동안에 핏기를 잃고 파랗게 질렸다. 마치 붉은 꽃판이 약병 속에서 하아얗게 표백되는 것과도 같이 전신이 순식간에 백짓장같이 엷어졌다. 홀가분한 그의 몸이언만 의식을 잃음을 따라 나의 팔 안에 무겁게 드리웠다.

나는 불길한 상여의 행렬에 침 뱉고 황급히 지나는 택시를 불러 유라의 몸을 실었다. 그의 집조차 모르는 나는 하는 수 없이 나의 가난한 집으로 그를 실어 왔다. 휘장 속 침대 위에 누이고 곧 의사를 불렀다. 의사의 응급수단에 유라는 최면술에 걸렸던 사람같이 맥없이 깨어났다. 나는 안심은 하였으나, 그러나 그의 안색은 여전히 창백하고 전신은 맥이 약하고 두 눈의 광채조차 심히 엷다. 가지가지의 여러 대의 주사를 베푼 후 의사는 가버렸다.

의사가 나가자마자 유라는 벌떡 일어나면서 슬픈 얼굴에 비소를 띠었다. 물론 이전보다는 못하였으나 두 눈에는 광채조차 띠었다.

“아니, 예가 어디요. 선생님의 방, 선생님의 침대 — 기어코 선생님의 침대에 누었군요! 선생님의 커피와 씨름해서 이긴 셈이지요!”

“일어나서는 안되오. 떠들어서는 안되오.”

나는 뛰어가서 그를 다시 침대 위에 눕히고 들뜬 그의 감정을 가라앉히려 애썼다. 상기된 그의 감정 — 그것은 마치 타고난 나머지에 마지막으로 한 번 활짝 타오르는 불꽃과도 같이 아름다운 것이었다.

“저는 이제 올 곳에 온 것 같애요 — 기다란 여행을 마치고 기어코 목적지에 도달한 셈예요. 안심하고 눈을 감겠어요. 내일에 이 목숨이 진한다 하더라도 한할 것 없어요.”

홍분 속에서 나다분히 지껄이는 한마디 한마디가 그의 건강을 방울방울 해롭히는 것을 아는 나는 하는 수 없이 싫은 소리로 그를 위협할 수밖에는 없었다.

“유라가 너무 떠들면 나는 거리로 나가 버리겠소.”

“안 지껄일께 나가지 마세요. 나가지 마시고 언제까지든지 제 앞에 앉아 계세요. 이 침대 위에 시트 위에 — 그러면 언제인가 꾼 꿈 이야기를 해 드릴께요.”

“이야기를 하면 도로 지껄이는 셈이 아니요.”

“그럼 이야기는 그만두고 그때의 표정을 해 보일께요 — 어두웠으니 양초에 불을 켜 주세요. 선생님의 나이 수효대로 있는 양초에 죄다 불을 켜 주세요. 오늘은 왜 선생님의 탄생일이 아니예요.”

나는 사실 나의 나이 수효대로 있는 수십 가락의 초에 일일이 불을 달면서 그의 주밀한 용의에 다시 놀라지 않을 수 없었다. 다 켜고 난 후에 전깃불을 죽였다. 방안은 일시에 꽃핀 듯이 밝고 책상 위의 잔치상같이 찬란하였다. 그러나 그것은 나의 생일을 위한 찬란이라는 것보다도 유라의 병상을 장식하는 광채와도 같아서 불길한 예감이 한결같이 나의 마음을 괴롭혔다.

“선생님의 나이대로 있는 촛불은 선생님의 광명이지요 — 이 광명 속에서 저는 마치 천사와도 같이 몸이 거뿐함을 느껴요.”

유라의 맑은 눈총이 촛불의 광채를 받아 아름답게 타올랐다. 얼굴에는 만족의 빛이 그득히 넘쳤다.

심드렁해서 책상 앞에도 앉지 아니하고 넋을 잃은 듯이 우두커니 서있는 나에게는 하아얀 프리지어의 향기가 마치 죽음의 향기 같은 생각이 불현듯이 들었다.

5

그 해도 못 넘기고 유라는 드디어 떠나 버렸다. — 마치 꽃의 향기같이도 여리게 사라져 버렸다.

그와는 반대로 고향에서 정양하던 아내는 건강을 회복하고 다시 올라왔다. 아내 역시 그의 죽음을 지극히 슬퍼하였다.

유라가 나에게 남기고 간 것은 베를레느의 시의 낙서와 아롱아롱한 넥타이와 그리고 가지가지의 은근한 마음의 향기였다.

마음의 향기 — 그는 짧은 생애를 마음으로만 산 마음의 귀족이었다. 그의 육체의 살림은 빈곤하였으나 마음의 생활은 풍부하였다. 고독히 사라진 유라 — 마음의 귀족.

나는 그를 그립게 생각할 때마다 그의 넥타이로 갈아 매고 거리를 거닌다. 그러면 나는 마치 그가 살아 있을 때와 마찬가지로 나의 옆에 오종오종 따라옴을 느낀다 — 여윈 얼굴에 맑은 눈총을 반짝이면서 — 기다란 속눈썹에 애수를 담고 한마디 말없이 나의 걸음에 뒤떨어지지 않으려고 애잔한 발을 재게 떼 놓으면서.

그럴 때의 그의 얼굴에는 그가 낙서한 베를레느의 시의 구절이 바로 그대로 번역되어 적혀 있음을 나는 본다.

거리에 비 퍼붓듯
내 마음에 눈물 솟네
마음속 파고드는 이 내 슬픔
대체 어인 연고인고.

이해문
〈향토화〉

(一[일])

『쇠꾸댁 쏙 쇠꾸댁 쏙』

둥어리에서 날너나린 암닭이 이러한신호(信號)를 보내자 어듸서인지 쮜여 들어온 숫닭한마리가 『쏙쏙 쏙쏙』하고 주슨모이 하나를 먹여가지고는 대문 밧그로 다리고나아가 버렷다

이모양을 바라보고섯든 찬영(燦英)은 입가에 열분미소(微笑)를 씌우며 닭 의둥어리를향하야갓다 그리하야 새로난닭알한개를 쓰내어들고는 자긔방으로 들어갓다

금방나은 닭알이매 짜스한 맛이 아즉도남어잇섯다 찬영은 그닭알에대하야 알수업는 엇더한애착(愛着)을 늣기며 한참ㅅ동안을 손에든채로 그냥안저 잇섯다

『아이 왜 닭알은 가지고 안저 계서요』

그의안해의 이러한말을듯고서야 찬영은비로소 깨달은드시 일어나서 닭알모 는그릇에 너어두엇다

『그닭알이 짜뜻해서 —』

— 하고말한 찬영은 자긔가 한그말의쯧이 자긔스사로도 얼는해석하기도 어 려울만치 모호한소리인것이 우서웟던지 『허허』하고 나즉한우슴을 웃고말엇 다

남편의 하는냥을 바라보고잇던 그의안해순희(順嬉)는잠시 의아한긔색이잇 더니 쏘한 『호호!』하고 우서버렷다

이러케 한낫의닭알노써 가저온 그들부부의우슴은 고요한방안의 공긔를 쌔 트리고 한째의꼿을 피웟다. 나이젊은그들 부부의 이러한우슴은 사람에짜라 는 쓸쓸하다고하는인생행로(人生行路)우에 핀조고만꼿이 알이랄수업섯다

김찬영(金燦英) — 그는지금이십칠세(二十七)의청년이엇다 그의안해는 리 순희(李順嬉) — 이십사세의 아릿다운 녀성(女性)이엇다

이러케 아즉도젊은 그들부부이지마는 그들의 과거에는 만흔파란(波蘭)이 잇섯다 찬영이가 읍내보통학교에 단일째에 순희도 그학교에단이는 학생이엇 섯다

찬영과순희의집은 서로 산등성이한아를 격한 동리이엇섯고 집에서 학교까 지는 십리ㅅ길이 조곰넘엇섯다 그들이사는 동리 근처에는 다른학생도 벌노

151

업고하야 그들은매일아츰 서로길에서만나 인사하고는 갓치 학교에 가곤하얏섯다 집에도라올째에도 대개는한가지 돌아왓다

 그쌔는 아즉도어린 그들이엇지마는 찬영이는 공부를잘하는 모범생으로 일흠이노팟고 순희쏘한 얌전한 녀생도로 교내(校內)에 말이잇섯다 이러한그들은 학교에동행하는 동무라는그것외에 『저사람은 모범할생도다』 — 라는것에 한끗친함이 잇섯던것도 사실이엇다 하여턴 찬영과순희 두어린학생은 서로 알수업는 이씀으로인하야 마음이 매저진 것이엇다

 세월은 흘어갓다

 그들두사람의 나히가 점々만해짐을쌀라 아름풋이나마 이성(異性)이란것을 짐작게되엇다 학교의 동무들도 『너는 순희하고 날마다갓치단이니까 자미잇겟구나』

 — 하고 골이는일도 잇섯다

 순희도 그의동무들에게 이러한 조롱을바든일이 잇섯다

 『순희는 김찬영이란 남학생하고 아조친하다지…』

 쏘엇던 험구의 동무는

 『이애들아 그김찬영이가 공부잘한다고 하지안테 그러니까 순희가 제남편감이 되염즉하다고 한대…… 그것참 호호호!』

 『그러쿠말고 장내남편이라고 지금부터 나란이 쌍저서단이다부드라 호호참……』

 동무들의 이러한조롱을 바든 후로는 찬영과순희는 서로전과갓치 한가지학교에올수는업섯다 집근처에서 만나서 학교가차이와서는 반다시 두사람이 상당한거리를사이에두고 교정(校庭)에들어섯다

 이러케된후부터 순희는차々 처녀로서의 태도가 자리를잡어갓다 찬영도 어느듯키큰학생속에 끼워지게 되엇섯다

 찬영의나히십팔세 되는해봄에 그는우수한성적으로 륙학년에 진급(進級)이 되엇다 그리고순희는 십오세로 오학년에단이게되엇섯다

 원래숙성한 그들이엇기쌔문에 이봄이되어서는 더욱키가커보이엇다 순희도 이제부터는 전과가티 천진한어린내가 안이엇다 남자압헤서는 얼골을붉키고 고개를숙이는 한낫의처녀가 되엇섯다

 세월이흐름을쌀라 두어린생도의심경(心境)이 점차더지고 들은사람들의이목도 이상이봄으로 아못조록 한가지동무지어서학교에를 가지안키로 생각하얏다 그리하야그들은 자연적으로 쌀로—— 쩌러저서 학교에왕래하게 된것이엇다 이러케서로 저먹한—— 감정속에서 그해의봄도 지나가고 뜨거운볏빗쵀는 녀름날이되엇다

어느날 —

　학교에서돌아오는길에 찬영과순희는 서로만낫다 그러나역시 부끄런듯한 생각으로인하야두사람은 아모런대화(對話)도 교환(交換)하지안엇다 그전과가티 찬영은

　『이애 순희야!』

— 하고 불너지지 안엇고 순희도 쏘한

　『찬영아 나고가치가자』

— 하고 쏘차갈만한 용긔가나지 안엇섯다 순희가 찬영에게 무엇이라고 말을 하랴고하면 먼저 부끄럼이압서서 말문이닷치는 것이엇다

　오늘도 이러한 침묵속에서 찬영은 압흘서고 순희는 뒤에써러저 걸어가고 잇섯다

　이러케 걸어가는동안에 두사람은 소낙비를 만나게되엇다 찬영은 아츰에 일긔가조치못할쯧함으로 우산을가지고 왓섯스나 순희는 비가오지안는데 가지고나슴에 귀치안어 고만두엇섯다 이리하야 찬영은 예비하엿든우산으로 소낙비를막을수 잇섯스나 순희는오늘새로 다려입은 치마와적삼에 소낙비의공격(攻擊)을 당하지안흐면 아니되게되엇다

　이째에찬영은 뒤를돌아보고 피할데도업고하야 엇절줄몰나하는 순희를 불넛다 순희도 부끄럼을닛고 찬영의 우산속으로 쒸어들고말엇다 비는점々 그형세를더할째에 두사람의 바지와치마는 저저왓다 둘이는 아모말도 서로하지안흐며 다만퍼붓는비를무릅쓰고 한낫우산에 둘의몸을 의지하야 행진(行進)을 계속하얏다

　이윽고 비는개여 찬영과순희는각々 써러저집으로돌아갓다

　그후 —

　두사람은항상 이 지나간소낙비의날을 닛지안고 잇섯다

(二[이])

　이에잠깐 찬영과순희 두사람의 가정형편을 살피어보기로 하자

　찬영은 어느농촌 조고만마름의 아들이엇다 그의아버지가 지난날 세도(勢道)의남어지로써 경성지주의 마름하나를 어더서 근근히지나가는 터이엇다

　그에게는 발써서시집간 누의하나가 잇슬뿐 다른 형제는업시 회똑거리는 외아들의몸이엇섯다 그의아버지는 항상 아들하나를 더두엇스면하는 생각에 젊은 소실(小室)을 어든적도잇섯다 찬영의모친은신병으로인하야일ㅅ즉이단산(斷産)하야 찬영과 그누의 남매밧게 더낫틀못햇섯다 그리하야 찬영이일곱살

적에 소실을어든 것이엇다
 엇고보니 자연 가정불화의 근원이되어 마음조흔 찬영의 모친으로도 째々
성을내는일이잇섯섯다

 어느해의가을 찬영의부친은 소실의건의(建議)를조차 멀이쩌러진 어느도회
지로 이사하게 되얏다 찬영의모친은 고향에서 일가ㅅ집덕으로 그냥저냥살어
가게하고 얼마잇던 재산의 전부를 방매하야가지고 나슨것이엇다
 그도회지와 고향과의거리는 이백리가 넘엇섯다 친어머니를 멀이고향에두고
온 찬영은 항상 그모친을생각 련々(戀々)한정이 어린가슴에 불타고잇섯다
그러나 나어린찬영은 처음으로 도회지의모든찬란함과 복잡함을 보게되매 놀
고구경하기에팔여녯마음에 외로히남은 그의모친을 이즌째도 업지만햇섯다
 그해가가고 이듬해의봄도지나 어느듯 쓰거운녀름날이 되엇다.
 어느날 찬영의모친은 아모러한 예보(豫報)도업시 머언그곳을 차저왓다 아
들 ― 귀여운그아들이 보고도십고 쏘한 모든가족들이 궁거워서 괴로움을 무
릅쓰고 온것이다
 그러나 그째의 찬영의집살림은 말함수업시 간구하야 남의집세ㅅ방한간을
어더들어 살고잇섯다 그전에 고향에서는 조상의 덕분으로 일도별로 하지안
코 먹어가던 찬영의부친은 엇절수업시 어느농장능금밧일을 단이기도 하얏다
 상말에『아가배도 맛드릴탓』이라고 소실을데리고 고향을쩌나와서 그러한
일을 하게됨도 자미로알면 자미일넌지도 몰낫다 하여턴 이러케어럽게 살어
가는곳에 찬영의모친이 온것이다 전해가을에 그곳에와서 이듬해봄까지 별노
하는일이업시 세식구가 가지고온돈으로 쌀만팔어 먹엇스니 엇지되리오 다만
나날이 압헤올 고난에대하야 위협을늣길쑨이엇섯다 그리하야 능금밧일 ―
조희봉지를 싸는것이라도 해야만되겟다고 생각한것이엇다
 이러케 살기어려운곳에 차저온이를 찬영에서모가 달게녁일까닭이업섯다 그
리고 찬영에부친도
 『먼길을걸어서 무엇하러왓소 궁금하건 편지로나하지』
 하고는 차저온것을 별노반갑게녁이지 안햇다 찬영이래야 그째에 열살가량
이니 무슨철이 잇겟는가 ― 처음맛날째에 그저반가워하엿슬쑨 집에서 조금
쩌러진곳에잇는 어느서당에가 공부하다가 놀고서 늣게돌아오고 하얏섯다 이
러케풀이업는곳에 찬영이모친은 오래잇슬길이 업섯다 겨우 이틀밤을자고난
어느날 새벽 찬영이아즉 깁흔잠에서 깨이지안흔때에 저녁에 먹다남은 찬밥
한숫갈을 쩌먹고는 칠십리나되는곳에잇는 친정일가집에가 자기위하야 일ㅅ
즉이 길을쩌난것이엇다

154

『돈이어듸 잇서야지 이걸노 두어쐬점이기나사먹우』

　찬영의모친은 그것을 바더가시고 쩌낫다 그리하야 밥을 어더먹어가면서 고향으로도로 온것이엇다

　그의어머니가 고향으로 쩌나간뒤에야 늦게서 잠을깨인 찬영은 서운함을익이지 못하얏다 안이그보다도 가슴이무여지게 슯헛섯다 친어머니가 와게시니까 오래잇게 될줄만 알고 조와라고 더욱 쮜어도라다니던그는 자긔가 자는동안에 쩌나간 그의 어머니가 원망스러윗다 그리고는『내가 왜 늦게까지 잠을 잣슬가!』하고는 뉘우침을 마지아니하얏섯다 이런마음에도 멀이왓다가 그러케쩌나간 어머니의 신세를 한탄하며 서모를미워하는 마음이 치밀엇섯다 그러나아즉도 너머나어린 그엿다 몃츨뒤에는 그러한감정이사라지고 그냥 아해들과도라 단이며 깃분드시쮜어노는것이엇다

　이러케쏘 그해가 저물엇다 이듬해의봄 찬영의부친은 아들을 학교에 보내어 볼생각이낫다 그리하야 모든주선을 하야보앗스나 년령(年齡)관게로 입학식힐수가 업서섯다 쁀만아니라 이러한 도회지에서는 도저히 살어갈수가업다는 것을 쌔달은그는 할수업시 그의소실과상의하고 고향으로 — 다시는 발을드려놋치 안흘드시 쩌나가던 그고향으로 다시돌아오게 된것이엇다.

　고향에도라온 찬영의부친은 모든일가사람들의 비난함을관계치안코 그의소실을 술장사로 내노앗섯다

　그리고 찬영을 읍내보통학교에 입학식히고 찬영의친어머니도 사랑하는아들과 갓치잇게 되얏다

　이러케된지일년. 찬영의서모는 자긔가 즐겨서시작한 술장사를못하겟노라고 야단을 치고 남편과싸흔뒤에 나가고마럿다

　자긔의반벌을 생각하면 말함수업시부끄럽고 못할직업이 업지마는 그나마 고만두게되매 살어갈길이 망연하얏다

　그리하야 여러가지로 운동을하고 힘을드려 비로소엇게된것이 지금가지고잇는직업『김(金)마름』이엇다. 이로인하야 찬영은 근々히 보통학교를 륙학년까지 단이게된 것이다

　그러면 찬영의집형편은 우와깃거니와 순희는 엇더헌환경의 지배를밧고잇는가

　순희는 어느농부의 맛짤이엇다 밋흐로는 어린두동생(사내)이잇서 하나는 학교에입학식혀 순희가오학년이되던해 봄부터 한가지 학교에 단이게 된것이엇섯다

　그리고 그의부모는 부즈런히농사를지어 겨우먹고는 그들의 학비를대이기에

여념(餘念)이업섯다

어린동생과 늙은부모 — 이러한가정에 태여난순회는 남의자식으로서의 자긔의책임과 쏘한 어린동생을대신하야 사내에못지지안케 싸워야할 자긔의처지를 생각고 한째도 마음을놋치는 안햇섯다

그리하야 하로밧비 학교를마추고 자긔부모와 동생을위하야 출가하기전 부즈런히일할것을 깁히깁히 속마음으로 긔약하는 것이엇다

그리하매 학교에서집에 돌아오면 잠시도놀지안코 집일을 보살피고부모의하시는일을 주종들엇섯다 째로는 집가차이잇는 밧헤가 김매는일도잇서 그것층 보던사람은 누구나 그를층찬하얏섯다 이리하야순회는 열심으로 학교에단엿섯다

(三[삼])

찬영이가보통학교 륙학년을 단이던해의 가을어느날 이엇다. 날마다날마다 길우에 나타나던 순회의그림자가 그날에는엇전지 보이지 안햇섯다

『엇전일일가?』 — 찬영은 궁거운생각을 금치못하며 홀노 집에 돌아온것이엇다

이튼날로 순회는 학교에오지 안햇섯다 찬영은몹시 마음의고적을 늣기는한편 엇더한 막연한불안이 그의가슴에쩌올낫섯다 『엇지하야 순회가 학교에오지 안햇는가 그동안 몃해를두고 하로도 결석한적이업는 그로서 공연히 오지안흘리는 업다 반드시 무슨일이 생겻는게로구나』

— 이러케 궁거운몃츨이 지나간후 찬영은비로소 순회의소식을 들엇섯다 그러나그것은 찬영이 상상한것보다도 더크다할수 잇는 사건(事件)이엇다

순회가 핫치안흔병으로들어누엇스려니 — 하던 찬영은의외에도 순회의부친이 세상을쩌낫다는소식을듯게된것이엇섯다 집안일을모도다 주선하야가던 순회의부친이별세(別世)하얏다면 그의가정은 대들ㅅ보가나려진 집웅과도갓치 무너짐을면치못 사정이잇기째문이다

이리하야 얼마후에 하얀옷으로 상제의차림을차리고 얼골에 수심을쯰운 순회의여 그림자가 나타나게되엇스나 전에비하면 너머나 쓸ㅅ해보이는 그의자태엇다

이러케 순회로서는 몹시도 가슴이쓰리고 이에싸라 찬영도쏘한 마음이쓸쓸케된 이해의가을도 어느듯저물어 이듬해의 쏫피고나븨춤추는 봄날을장차맛게되엇섯다

열아홉의봄 찬영은 깃분듯서운한듯 륙년간이나 쮜며놀던 교정(校庭)을 뒤

로하고 사회로나스게 되엇다

　학교의졸업식(卒業式)에서 모범생이라고 상장(賞狀)을 밧는째는 갓벗섯지
마는 졸업생으로서의 인사 재교생의보내는말이 잇슨뒤 졸업창가의 구슯흔
『멜로듸』가 장내(場內)에 울이일째에 소사나오는눈물을 금할수업섯다
　이러케 찬영은 그리운모교(母校)의문을 마즈막으로작별한것이엇다
　사방으로 흐터지는 동무들에게 뒷날을긔약하고 은사(恩師)의압헤 정성ㅅ것
머리를숙인뒤에 써러지지안는 발ㅅ길을집으로 향하얏섯다
　이로부터 찬영은다시 압날의 걸어갈길을 근심하게되얏다 상급학교에 입학
하자니 학비를대일수가업고 집에서일하자니 어려운노릇일쑨아외라 그래도무
슨 남달은직업을하나붓들어보자는생각이 잇섯던것이다 그렁저렁 그봄을 보
내고보니 별공상이 모다써올낫다가는 살아지고 살아젓다가는 다시써올으곤
하얏다
　― 봉급생활을 하지안흐면안이되겟다 그러면 무엇을하여볼까?…… 순사 면
서긔 군청 고원 은행회사의사무원 학교교원 무슨회사의직공 서긔 ― 쏘 무
엇 ―― 등등이 잡연히그의머리에 왓다갓다하는것이엇다
　시험을보고 청을느어서 엇더케던지 월급자리를 어더보자는 생각으로 만흔
힘을썻섯다 찬영의부친도 음내로드나들며 운동을하얏고 찬영도 사랑하여주
던 그의선생님과 교장을차저보고 집사정을말하얏섯다 그러나그것은 용이한
일이 안이엇다 전의 담님선생과교장선생은 취직을주선하야 되지안는대신
『너희는 농촌을갱생케할 책무(責務)가 잇다 헛되히 월급쟁이가 되랴고만
할것이이다 부대 농촌에서 쌍파고일하는 조흔청년이 되어주렴!』 ― 하고 간
곡히설명하는것이엇다 그것이 현하(下)의 피폐한조선농촌에잇는 모든청년들
이 당연히밟어야할 길이라는 것이엇다
　이러한 교장의교훈에 대하야 찬영은깁히깁히 생각하야본것이엇다

　찬영이가모든공상을 버리고 오로지 농업에힘쓰게된지 멋달후 그의집에는
기맥힌소식이 전하여왓다 경성에잇는그의지주가 무슨사업에 실패를 하고
『김마름』의 이백석직이를 모다팔어 버린다는 것이엇다 그동안은사실 찬영
과그의부친이 마름으로 인하야 별노걱정이업시 지나온것이나 이러케되고보
면 장차 살어갈길이 망연한것이엇다 그리하야 여러가지로 지주에게 교섭을
하얏스나 모든것은 헛된수고엇다
　찬영이가보통학교를 졸업한 그해의 느진녀름에 그쌍은필경 다른사람게로
넘어가고마랏다 찬영의부친은 낙심함을 마지안엇스나 논마지기만은 지여먹
을만치주겟다는 새지주의편지에그얼마간 마음을 누기엇섯다

　이로부터 찬영은 굿세인정신으로 광이와호미를들고 들에나섯스며 밤이며는 몃시간식을독서를하야 향학(向學)의 쯔거운 정(情)을 위안하야가는것이엇다

　찬영의집이 『김마름』이란관사(冠飼)가 업서지기 두어달전에 순희는 학교를 퇴학하얏다
　륙학년의 녀름방학 ── 다른아해들은 다음학긔에 다시만날것을 긔약하고 각々허터지는 것이엇스나 순희는, 이제 마즈막으로 친한동무와 귀여워하던 선생님을 이별하게되엿섯다
　『이애순희야 잘가거라』
　『그래 쏘만나자』
　『졸업이나 가티햇스면 재키나조흘가』
　『집사정이 용서를안하니 엇지하늬』
　순희는 수머나오는눈물을 억지로금하며 동무의손을 쥐엇다
　한동무는 이러케말햇다
　『시집가건 부대알게해라 내가좀구경하러가보실난다』
　『이애 별소리도 다한다 난시집안갈난다 동생들이 크기까지는 일을 해야되겟다』
　『잘두그럴나 너어듸보자』
　이런소리를하고 서러운마음을 진정하야 우슴으로 작별을 하엿다
　사무실문을 나슬째에 순희의담임이든 일본녀선생이
　(집에돌아가건 부즈런히일해야지응)
　── 하고 한마듸 마즈막부탁을하엿다 순희는
　『네』
　── 하고 분명히대답하고 나왓섯다

　집에돌아온 순희는 마음을고요히 가다듬엇다 그리고 부즈런히 일하엿스며 인제겨우 이학년이된 어린동생을 학교에보내는것을 한재미로알엇섯다 그리하야 저녁이면동생을 데리고안자서 학교에서 배흔것을 읽혀보고 쏘한 다음날배울것을 예습케하였다 그리하야 그동생 영호(英浩)의 성적은항상 우수(優秀)한것이엇다
　이째에 영호의나히 겨우열살이엇고 그다음병호(秉浩)는 일곱살이 되엇다
　이러케 남자의주장이 업는 가정에서 그의모친과한가지 일을하야 순희는 열여섯의가을을 그렁저렁 넘기엇다

(四[사])

　찬영은 교문을나선지 이년채의봄을 마지하게되엇다.

　그의나히는 어느듯 스무살이되엇섯다. 발서부터 혼인말이 만히잇섯지마
는 찬영은 그의부친에게 아즉 결혼시긔가 일는줄노 말하얏다.

　이곳저곳의 혼인말이 그에게만족을 주지안헛슬뿐아니라 그에게는이즐수업
는 녀성 ― 순희가잇섯기째문이엇다 그리하야 부친의 꾸지람을 들어가면서
모든혼담을 물이치고지나갓섯다.

　그해에 찬영의집에서는 한섬지기가넘는 농사를 지엇는바 금비(金肥)를 만
히써서상당한수확을 엇엇섯다 찬영은 금비사용에 그다지찬성을 하지안엇섯
스나 모든농가에서 금비가안이면 농사를못짓는다고 야단이엇고 그의부친이
고집하야 엇절수업시 그것을 만히 쓴것이엇섯다.

　그리하야 논에서는 매두락(每斗落)에 두섬이상의수확을 엇엇섯나 가을부터
곡가가 말한수업시 폭낙하얏기째문에 비료갑을 갑기에 여간 고통이 안이엇
다.

　병호의부친은 일ㅅ즉이 금융조합에 가입하얏섯지째문에 금비를먼저 어더쓸
수가잇섯스나 너무곡가(穀價)의예산이 어그러저서 그러한고통을 보게된것이
다.

　이러한 경험을엇게된 찬영은 다음해부터는 절대로 금비를만히 쓰지안흘것
을 결칙하고 미리부터 그준비에 심수하얏섯다 그리하야 우선동긔퇴비(冬期
堆肥)를 만히맨들기에 힘을썻고 이듬해가되어는 야초(野草)를 만히채취(採
取)할것을 생각하고잇섯다.

　그쑨안이라 찬영은 자긔스사로 개쏭망테기를 질머젓다 겨울부터봄까지 매
일식전에 일ㅅ즉이일어나서 개쏭을줏고는 아츰밥을 먹엇섯다 그로서도 처음
에는 부끄런 생각도잇섯고 동리사람도『저런! 김마름ㅅ집 아들이 개쏭을줍
다니…』하고 놀내엇스나 찬영의성근에 감심하야 층찬함을 마지안엇섯다.

　농촌청년으로서 보통학교를맛추고나오면 흔히는 하날우의별이나 짠드시 쓸
데업시 노는것이 례사(例事)이지마는 찬영은 결코 그러한종류의 청년이 안
이엇섯다 쑨만안이라 무슨 월급생활을 쑴꾸는사람이만치마는 찬영은발서
이러한쑴을버린지가 오래엇다그는다만자긔의튼ㅅ한두팔을미덧고 굿세인의지
(意志)를가젓섯다.

그리하야 오로지 자긔의농업에의한 성공과 자긔의살고잇는 부락의 모든사람
들의 갱생(更生)을위하야 힘을썻다 째ㅅ로 동리사람들에게 정말농촌(丁抹農
村)의이약이갓흔것을하얏다 그리고 단순한곡작본위(穀作本位)로서는 도저히

159

완전한농법(農法)이라 할수업다는것을 쌔닷게되어 우선양계(養鷄)를 적으나
마 규모적(規模的)으로하얏다. 거긔에관한 서적도 약간구입(購入)하야 연구
도하얏다. 그리하야 이로써 상당한리익을 보게되엇섯다 그다음은 마령서(馬
鈴薯)갓흔것을 보식작물(補食作物)노재배하얏스며 생강(生薑)갓흔것도집갓
가운밧헤다심ㅅ고 공을드리어 처음해는 자긔집에먹기에는 족할만한 수확을
엇게되엇섯다.
  그밧게도 농 긔에는 가만이(叺[입])치기를 동리사람에게 권고하며 자긔집
에서도 그의부친과협력하야 가마니를첫섯다. 이러케 찬영은 모든방면으로
연구와노력을 싸허가며 스물한살의 그해를 보내엇다

(五[오])

  찬영이 이와갓치 열심히 모든노력을 다하고잇슬쌔에 그의넛지안는녀성 리
순회도집에서 돌아간자긔부친을 대신하야 분투(奮鬪)를 계속하얏던것이다.
  엇지하면 이어린동생을 훌륭한사람을 맨들까 엇지하면 늙으신그어머니를
편안케하여 드릴까 — 이러한고심(苦心)이 하로 한째도 그의머리속에 쩌돌
지안흔적이 업섯다.
  그리하야 머섬하나를 두고서 자긔부친이 생존할째에짓던 농사처를 여전히
붓들고잇섯스며 그의동생영호를 학교에 보내엇섯다. 이러케 근근히살어가는
동안에 어느듯 삼년이란 긴세월이 지낫다.
  이째에 그의나히는 발ㅅ서 열여덜이되엇고 그의동생영호는 열두살노 사학
년에 단이게 되엇스며 다음병호는 아홉살이 되엇스나 학교에보내지못하얏섯
다. 순회는 이러케밧붐과 긴장(緊張)속에서그해 — 열여덜의가을도 보내고
이듬해 — 십구세의봄을마지하게되얏섯다.
  이것은 일ㅅ즉이 그의동무이던 김찬영군이 희망만흔이십이세의봄을 마지하
게된 그째이엇섯다 아즉도 모든혼담을 물이치고 다만 분투에분투를 거듭하
고잇는 찬영으로서는 깁히 순회를생각하는마음이 싹돗은지 오래엇섯지마는
아즉까지 엄격한 그의부친에게 이러한 자긔의본회를 피력(披瀝)해본적이업
던것이다. 그러나 어느쌔이고 그긔회만을보며 조마조마 순회의신변(身邊)에
마음을 보고잇섯던것이다.
  그러나 한편순회로서는 그러한것을 생각할여유가 업섯슬뿐안이라 자긔동생
영호가 보통학교를 마추기전에는 절대(絕對)로 시집가지 안켓다는것을 그의
모친과 일가어른에게 주장하야온것이다.
  이러한 순회로도 째々이웃마을에서 부즈런히 일하고잇다는 찬영을 — 녯날

160

학교시대의 동무로서추억하며 쏘한공부잘하고 단정한남학생으로서의 그를사
모하는적이잇섯스나 그것은다만 적은찰나(刹那)의 알연한추억과 헛되인꿈에
지나지못하얏스며 그는항상 쑤렷한현실(現實)우에 싸호는투사(鬪士)가되지
안흐면 안이되엇섯다.

 이러하던 그들에게도 때의흐름에쌰라 아름다운인연이 매저지게되얏섯다.
 순희의 가차운일가로서 그의집을위하야 만흔힘을쓰던 어느 한사람의 통혼
으로인하야 찬영의부친과의 의합(意合)이잇서 그들의결혼준비는 순조로히
진행되엇섯다.
 이에대하야 찬영과순희로서도 굿태여반대할싸닭이없섯다 오히려 그들은발
ㅅ서 학교단일때부터 어린두사람의마음이 매저젓슴이엇다.
 그해ㅅ봄에 찬영과순희는 스물둘과 열아홉의 방년 (芳年)으로서 화촉(花
燭)의전(典)을일우게된것이엇다
 결혼후에도 찬영의내외는 영호의학비와밋 순희의모친과자근동생병호에대한
생활상책임을지고 쏘한농사에대한모든일을 주선하야갓섯다. 그리하야 찬영
의처가도 그대로살어갈수잇섯고 그들부부는자미잇는살임을하야가게된것이엇
다.
 이로부터 찬영은다시 전보다더욱 명랑(明朗)한 마음과 일층 빗나는 희망으
로써 그날——의일에 힘쓰게되엇다
 그리하야 찬영은 여러가지 새로운쑴으로써 결혼제일년을 보내엇섯다.

(六[육])

이듬해의봄은 쏘 닥처왓다
이봄은 찬영으로서 가장의의잇는 출발점을그은 그첫해이엇섯다
찬영은 그안해와함게 대개이러한 약속을하얏다
一[일], 올해부터 오개년계획을세울것
二[이], 농업은 곡작본위인 재래의단일(單一)농법을버리고 완전히 다각형
(多角形)의 원만(圓滿)농법으로 개선할일
三[삼], 둘이협력하야 부락사람의 문맹타파(文盲打破)에 힘을쓸일
四[사], 부락사람들노하야금 공조협력(共助協力)의정신을 갓도록 힘쓸일
五[오], 부락사람들노하야금 자급자족(自給自足)에힘쓰도록할일
六[육], 부락사람들노하야금 구매조합(購買組合)을조직케할일
七[칠], 모든사업을 수행(遂行)함에는 주(主)로 농촌금융을위한 긔관인금

융조합을 잘리용키로 함
— 이러케 자긔개인과 쏘한 자긔가사는 부락사람들을 위하야 장차 분투하야나아갈방침(方針)을 정한그는 이십삼세의그봄부터 더욱활약하기 시작하얏다
의복과신과 비료와 모든것을 자급자족주의로하는 찬영은 결코 인조견과 옥양목을 사지안기에 힘을썻고 그전에 신엇던 고무신흔것을 일절폐지 한것이엇다
그리고 집에서나온무명옷을 입엇스며 자긔가삼은 집신을 신엇섯다
금비(金肥)는 어느정도까지조금식 사용하고 퇴비를만히맨들기에 힘으썻다 그리하야 새로히게획한 제일년(第一年)을 지나서보니 그결과는실노량호하야 오래된 부채(負債)의일부(一部)도 정리(整理)할수 잇섯던것이다
이에 더욱용기(勇氣)를어든찬영은 일충 부즈런히 일하얏스며 안해와한가지 들에나아가 밧흘매고 저녁이면 둘이서이약이하며 가마니치는것을 깃붐으로 알엇섯다
그러나 그의안해는 집안일을 보살피기에 밧벗스며 쏘한 어린아해를 나흔뒤부터는 더욱들일하기에 불편한점이 만헛스나 그래도 틈々이 남편의 이을 갓치하엇다
그리고 농한긔가되면 약삼개월(若三個月)가량 언문강습회를 자긔집사랑에 개최하고 동리아해들과 머섬쑨덜을 가르첫스며, 녀자의강습에대하야는 그의안해가싸로 맞허가지고 안웃방에서 가릇첫다
남편은 사랑에서 안해는안에서 — 글몰으는 사람들을 모여노코 저녁마다 몃시간식 칠판을향하야서서 백먹가루를 날이며 정성스것 가르치는것이 그들부부로서는 얼마나큰 깃붐인지 모를것이엇다
이러케 그들부부가 힘쓰는 동안에 그동리는점々갱생 (更生)의도정(道程)에 스게되엇스며 사람사람들은 정신을가다듬어 새로운길노나아가기에 힘쓰게 듸엿섯다
부즈런한그들부부 연구성만흔 찬영의내의는 부탁사람의모범이되염즉 하얏섯다
그리하야 찬영은 착착(着着)그오개년계획을수행하야그의나이 이십칠세에 일으려는아름다운 리상경(理想鄉[이상향])의형태를 일우엇던 것이다
어느날 — —
찬영의부부는 둘이마조안저서 지난날의추억 (追憶)에 잠기엇섯다
『오년간의 우리의힘도 헛되진 안햇섯지 그러나 압흐로더욱 분투를 계속합시다 나의 그대여……』 『쏫』

附記[부기] = 作者[작자]로부터

作者最初[작자최초]의 意圖[의도]로는 좀더훌륭한 理想[이상]으로써 『새로운 軌道[궤도]』를 그려보랴 한것이엇스나 여러 가지 不得已[부득이]한 事情[사정]으로인하야 이러케 끗을막게되였슴은 甚[심]히 遺憾[유감]으로 생각하는 바입니다.

163

정인택
<검은 흙과 흰 얼굴>

1

보슬비인 줄만 알았더니 역 밖에 내려서서 보니 제법 굵은 빗방울이 장마 때 모양으로 주룩주룩 쏟아졌다.

"많이 오는군요?"

안내역으로 만척(滿拓) 출장소에서 보내준 김군이 앞서 대합실 처마 밑으로 뛰어들며 당황해 하는 목소리다.

철수도 부산하게 뒤를 따라 껑충 뛰면서,

"글쎄요………."

우장을 꺼낼 생각은 채 못 하고 손수건으로 수선스럽게 어깨를 털고 얼굴을 닦고나서,

"탈 게 있을까요?"

겨우 숨을 돌리고는 억지로 웃어 보이며 김군을 쳐다보았다. 무엇보다도 그것이 걱정인 양이다.

그러나 채 김군이 무엇이라 대답하기 전에 웬 시커먼 만주 사람이 그들 앞으로 달음질 쳐 오며 고함을 지른다. 손짓하는 꼴이 그들을 부르는 모양이었다. 말은 못 알아들었으나 철수는 직감으로 그것이 마차꾼인 줄 깨달았다.

"타래지 않습니까?"

"네, 됐습니다. 농촌에 가는 마찬가봅니다."

김군도 덩달아 무엇이라 두어 마디 만주말로 고함을 치고나서 무척 반가운 낯으로

"타시지요."

하고는 질척거리는 길을, 골라 디딜 여유도 없이 역앞 마을 거리를 향하여 내닫는다. 철수도 비를 무릅쓰고 처마 밑에서 뛰쳐나왔다.

역앞 마을이라야 한 2,30호 될까말까했다. 대개가 흙으로 만든 너절한 객주집 아니면 음식점인데다 그것이 비에 젖어 처량하기 짝이 없는 주위의 풍경이다. 길거리에는 그저 수없는 돼지떼와 만주 토견이 제 세상인 듯이 우쭐거리고 쏘다닌다.

'── 혼자 왔드라면 혼날 뻔했군!'

철수는 달음질 치면서 맘속으로 중얼거렸다. 역에 내려서기만 하면 조선 사람이 눈에 띈다고 하얼빈에선 듣고 왔는데 길거리엔 온통 남루하게 차린

만주 사람들뿐이다. 말을 한마디도 모르고 더구나 만주시골에 처음 발을 디디는 철수는 공연히 고독하고, 공연히 불안했다. 의지할 곳이라곤 김군밖에 없었다.

'—— 마차라두 얻어 탔으니 망정이지 그나마두 없었단……'

혼자 왔으면 그 마차나마 잡을 수 있었을지 의문이다. 금방 김군이 다시 없이 고마운 사람같이 철수에게는 여겨졌다.

그들이 마차에 올라타자마자 마차꾼은 자리 밑에서 시퍼런 빛깔의 우산 두 개를 꺼내어 들려주었다. 그러고는 연해 손짓을 하면서 수다스럽게 무엇인지 떠들어댄다. 철수는 그쪽은 보지도 않고 우선 우산을 펴서 받았다.

제법 큰 우산이었다. 아직 헐지는 않았으나 무척 오랜 우산인 듯싶었다. 쇠로 만든 굵다란 대 때문에 무게도 꽤 나간다. 그것을 받아들고, 이윽고 철수는 너털웃음을 치기 시작했다. 중국 병정과 우산 —— 만주 마차꾼과 우산 —— 그것이 전연 다른 사실인 것 같지 않아서 철수는 웃음을 금할 수 없었던 것이다.

"왜 그러십니까?"

김군도 우산을 펴서 받고, 어이가 없는 듯이 철수를 돌아본다.

"하하하하, 우산을 둘씩 준비해가지구 댕기는 게 공연히 우습군요. 하하하하 이 사람들은 늘 이렇게 우산을 가지구 댕깁니까?"

"그런 게지요, 하하…… 좀 기다리라는군요. 또 탈 사람이 있대나요."

"기다려야죠. 별수 있습니까?"

비는 좀처럼 멈출 것 같지 않았다.

철수와 김군은 우산을 받은 채 레인코트를 무릎 위에 펴고 말없이 빗발만 바라보며 그렇게 20 분 가까이 기다렸다.

이윽고 마차꾼은 어린 학생 둘과 조선 농군 한 사람을 데리고 달려왔다. 그러고는 이 학생들이 밥 먹는 것을 기다리느라고 늦었다고 싱글싱글 웃고 나서 겨우 채찍을 들어 말을 몰기 시작했다.

"여기서 농촌까지 몇 시간이나 걸립니까?"

"아마 두 시간은 걸릴걸요."

두 시간 —— 역에서 농촌까지 12 킬로라니까 두 시간이나 걸린다면 사람보다 별로 빠를 것이 없다. 그렇게 듣고 보니 빼빼 마른 자그마한 두 마리의 만주 말은 기를 쓰고 그들이 탄 마차를 끌고 있는 모양이나 이리 뒤치락 저리 뒤치락 더구나 비가 와서 이리 철썩 저리 철썩, 흔들고 까불기만 했지 그 속력이란 참 안타까울 지경이었다.

그러나 그나마 얻어 탔으니 망정이지 그렇지도 못했던들 꼼짝 수없이 이

길을 걷는 외엔 도리가 없었을 것이다.

앞에 탄 두 학생은 농촌에서 나온 학생들이었다. S 까지 채소 사러나왔던 길이라 했다. 둘이 다 6학년이란다. 그들은 철수의 물음에는 수줍은 듯이 대답하고나서, 저희들끼리 무엇인지 킬킬거리다가는 능란한 만주말로 마차꾼을 놀리고는 좋아라고 너털대는 것이다. 말씨에나 행동에나 표정에나 조금도 어둔 빛이 없다. 그것이 장차 찾으려는 H 농촌의 안정됨을 상징하고 있는 것 같아 철수는 무척 반가웠다.

농군인 듯한 조선 옷을 입은 사람은 경상도에서 왔다는 것이다. 셋째 부락에 자기 형님이 와 계셔서 만나러 간다고 그는 말끝을 잘 맺지 않는다. 아직 삼십은 못 돼 보이는 얌전한 청년이었다. 그는 물음에 대답하는 외엔 종시 말이 없었다.

마차는 어느 틈에 역앞 마을을 빠져나와, 아무것도 보이지 않는 끝없는 북만 벌판, 수없이 깔린 밭이랑, 밭이랑 —— 그 사이에 한가닥 뚫린 H 농촌에 통한 길을 하염없이 달리고 있었다.

2

저쪽 하늘 끝에서 이쪽 하늘 끝까지 철수의 시야를 가리는 것이라곤 아무것도 없었다. 하늘도 둥글고 지평선도 둥글다. 그저 보이는 것이라곤 군데군데 선 전선주와 무엇인지 파릇파릇 싹이 돋기 시작한 넓고 넓은 밭뿐이다.

항용 쓰는 넓다는 형용만 가지고는 도저히 이 북만주 6월의 평야를 표현할 수는 없으리만치 참말로 그것은 넓고 클 따름이다.

그 넓고 큰 평야가 철수 들의 마차가 달리는 그 한가닥 길을 빼놓고는 그대로 전부가 밭이었다. 이랑 하나가 긴 것은 2킬로나 된다는 이 넓은 평야 —— 밭 가운데다 농막(農幕)을 지어놓고 거기서 묵어가며 밭을 갈고 김을 맨다는 무섭게 넓은 평야 —— 가고 또 가고 그저 단조로운 그 풍경만이 얼마든지 계속되는 것은 처음 보는 철수에게는 한개의 커다란 놀람이요 슬픔이었다.

바닥에 깔린 것은 시커먼 흙이다. 3,4년은 보통이요. 10년까지도 거름 없이 농사한다는 이 기름진 검은 흙. 반 길을 파도, 한 길을 파도, 풀뿌리 썩고 나무뿌리 썩은 것이 섞여 시커멓게 변색한 진흙만이 나온다는 이 옥토. 항용 조선서도 볼 수 있는 잡초들이 여기서는 석자 넉 자씩 무럭무럭 자라나서 사람조차 숨을 수 있다는 것이다.

이 한없이 넓고 기름진 밭을 가는 사람은 누구이고 씨뿌리는 사람은 누구인고. 암만 둘러보아야 철수는 영 사람의 그림자를 찾지 못하였다. 마치 넓은 대지가 봄이 되어 얼음이 녹으면 저 혼자서 이렇게 제풀에 밭이 되고 마는 듯한 느낌이었다. 혹간 가다 한두 사람씩 기다란 만주 호미로 김을 메고 있기는 하나, 하도 주위가 광막하기 때문에 무슨 허수아비나 그런 것 만들어 세운 것으로밖에는, 일하는 사람같이 여겨지지가 않는다.

아침에 씨뿌리고 저녁때 만져보면 커다랗게 부풀었다가 이튿날 새벽엔 벌써 싹이 돋는다는 이 기름진 평야에 인기척이 없다는 것은 오히려 두려울 지경이었다.

그렇게 마차에 흔들리며 얼마를 가서인지, 철수는 문득 고개를 번쩍 쳐들었다.

물소리가 들렸던 것이다. 산커녕은 언덕 하나 없는 이 평탄한 들판 한모퉁이에서 별안간 콸콸콸콸 물 흐르는 소리가 들려왔던 것이다.

이 시커먼 흙 벌판 한가운데서, 그리고 산 하나 없고 돌뿌리 하나없고 나무 한 나무 서지 않은, 그저 넓고 밭 이랑만 수없이 줄지어 있는 이 단조로움 속에서, 조선의 아담한 산골짜기에서나 들을 수 있는, 그것도 졸졸졸 흐르는 시냇물 소리가 아니라, 제법 폭포수 떨어지듯 콸콸콸 흘러내리는 물소리를 듣는다는 것은 철수에게는 참으로 반가운 일이었다.

철수는 별안간 가슴이 뭉클해지는 것을 느끼면서,

"저게 무슨 물소립니까?"

당황해 하는 목소리로 물었다.

"논에 물 대는 소리예요."

김군은 아무 표정도 나타내이지 않는다. 늘 듣고 보는 사람에게는 아무 감격도 주지를 않는 모양이다.

그러나 이 황량한 벌판을 처음 보고 그 막막한 황야 속에 갖은 고초를 달게 참아가며 만주 개척이라는 성업에 정진하고 있는 조선 농민들의 생활이 숨어 있다고 생각하니, 철수는 그 물소리를 범연하게 듣고 말 수가 없었다.

"그럼, 부락이 멀지 않습니까?"

철수는 금시로 눈시울이 뜨거워지는 것을 어찌하지 못하여 고개를 숙이고 낮은 목소리로 물었다.

"네, 거진 다 왔습니다. 조금만 더 가면 아마 뵐걸요?"

대답을 듣고나서 철수는 성난 사람같이 입을 꽉 다물고 말이 없다.

비는 어느 사이에 개이고, 아직 머리 위의 검은 구름은 벗겨지지 않았으나 앞 길엔 엷은 햇볕조차 내리 비치고 있다. 문득 뒤를 돌아보니 등지고 온

역 쪽 하늘에는 아직도 먹장 같은 구름이 가득 끼었고, 발을 내리치 듯이 비 퍼붓는 양이 신기하도록 뚜렷하게 보인다.

그러나 이미 철수의 맘속에는 그런 것을 신기하게 여길 여유조차 남아 있지 않았다. 철수는 다만 맘 전체로, 아니 몸 전체로 지금부터 찾아갈 H 농촌의 모양을 여러 가지로 그려보고 있는 것이었다.

가벼운 흥분을 금할 길이 없다. 시험장에나 들어가는 듯한 그러한 일종의 긴장이요 흥분인 것이다.

—— 그예 왔다! 개척민 부락에를!

그러나 그러한 생각이 조금도 그에게 안도를 느끼게 하지를 않는다. 도리어 반대로 더욱 자기의 책임을 배가하는 것을 일러줄 따름이었다.

철수가 남북만 조선인 개척지를 시찰하고 거기서 얻은 견문으로 작품을 써 달라는 조선 이주 협회의 부탁을 받아 경성을 떠난 것이 지금부터 열흘 전이었다.

서울서 낳고 서울서 자라서 농촌이 어떤 데고 농민이 무엇인지 까마아득한 철수이기는 했으나, 그러면 그런대로 또 보는 관점이 달라, 다른 무슨 특이한 것을 붙잡을 수도 있으리라고, 철수는 자기가 나설 계제가 아니라고 처음엔 여러 번 망설이다가 드디어 그것을 응낙했던 것이다.

이번 철수가 가지고 돌아올 성과 여하에 따라, 그것은 어쩌면 이주 협회의 연중 행사같이 될 가능성도 있었기 때문에, 이번 여행에 있어서, 실로 철수는 정면으로 요구되는 것 이외의 무형의 압박에 더 많은 책임감을 느끼고 있는 것이었다.

도회밖에는 모르는 철수인데다 만주가 또한 생소한 땅이었다. 한 20여 년 전, 중학생 시절에 수학 여행 갔다온 외엔 철수는 한번도 만주 땅을 밟아보지 못했고, 만주에 대한 관심을 가질 기회가 없었다.

부탁을 받고 나서 출발하기까지의 한 열흘 동안을 철수는 두문불출했다. 농춘 문제, 개척민 문제, 만주에 대한 벼락 공부를 하느라고다. 그래도 급히 서둘러 사들인 책을 다 읽지 못하고 대여섯 권은 륙색 속에 처넣고 서울을 출발한 것이다.

20일 가까이 철수는, 만주에 관한 것과 개척민에 대한 것 외의 것은 책도 읽지 않았고 염두에 두지도 않은 셈이다. 그렇게 그는 이번 여행에 있어 종시일관 긴장을 풀지 못했다.

그 개척민 부락 H 농촌에 지금 철수는 첫걸음을 들여놓으려는 것이다. 그가 소학생 모양으로 가슴을 졸이고 맘을 도사리는 것도 무리는 아니었다.

덜커덕거리던 마차 바퀴 소리가 별안간 멎었다. 경상도에서 왔다는 농군이 내리려는 것이다.
"저게 부락입니까?"
철수는 저도 모르게 좁은 마차 위에 벌떡 일어섰다.
"네, 그게 아마 셋째 부락이지요. 그렇지?"
김군은 대답하다가 앞에 탄 학생들에게 다짐을 한다. 학생들은 앞을 본 채 '네' 하고 고개를 끄덕거렸다.
"저어기, 저 망루 있는 데가 중앙 부락입니다. 인젠 다 왔습니다. 혼 나셨죠?"
철수는 대답 대신 가만히 웃어 보이고 그리고 긴 한숨을 쉬인 후 다시 자리에 꼬부리고 앉았다.
마차 바퀴 소리가 없어지니까 주위는 무척 조용하였다. 그 조용함속에서 물소리만이 여전히 똑같은 톤으로 콸콸콸, 아까보다는 훨씬 크게 철수의 귀에 들려오는 것이다.
물소리 들리는 쪽으로 고개를 들어보았다.
멀리 나지막한 지붕들이 옹기종기 한데 모여, 밭 가운데 바라보인다. 그것이 셋째 부락. 그 바른편으로 똑같은 구조의 중앙 부락. 5리, 10리씩 격해 놓고 도합 아홉 개의 부락이 N 하(河) 좌편 일대에 깔려서 이 H 농촌을 구성하고 있는 것이다.
물소리는 이 N 하의 물을 끌어들이는 용수로에서 들리는 것이었다. 폭이 5 미터, 길이가 14 킬로 —— 입식(入植)한 지 8년, 이 막막한 벌판에 이러한 굉장한 수로를 파고, 그 물을 이용하여 1,200 정보의 논을 풀기까지의 조선 개척민들의 수고가 얼마나 했을꼬.
맘 약한 철수는 어느 틈에 마차가 다시 움직이기 시작했는지도 모르고 생각에 잠겨 있었다.
중앙 부락이 차차로 가까워오자, 제일 먼저 눈에 띈 것이 황무지 한가운데 우뚝 서 있는, 흰 나무로 만든 아담한 신사(神社)였다. 높은 곳이라고는 약에 쓸래야 없고 그저 무턱대고 평탄하기만 한 이 고상에서는 이런 황무지 가운데밖에 신사를 세울 곳이 없는 것이다. 신궁이나 신사는 대개 높다란 산이나 언덕 위에 있는 줄로만 알고 있던 철수는, 처음엔 무척 이상하게 생각하였으나, 그러나 그 넓은 벌판 한가운데 외따로 솟은 하얀 신사는 이 부락 전체 어느 곳에서든지 바라볼 수 있고 또 그 주위에 추잡한 것이 하나도 없는 만큼 도리어 더 한층 성스러워 보이기도 하는 것이다.
이윽고 마차는 용수로 둔덕 위의 좁은 길로 접어들었다. 철수는 얼빠진 사람같이 그 물줄기만을 뚫어져라고 들여다보고 있다. 북만주의 특징인 누런 흙탕물. 그 흙탕물 흐르는 소리가 이다지도 신기롭고 반가운 것은 무엇 때문인가. 비래야 오늘 아침 잠깐 쏟아졌을 뿐 오래 가물었는데도 N 하의 수량이 풍부하여 이 용수로엔 물 마를 때가 없다는 것이다. 언저리가 넘게 물은 철철 콸콸, 벌판을 꿰뚫고 일직선으로 힘차게 흘러내려간다. 한 10분 가량, 그 용수로를 거꾸로 치밀어 올라가면 거기가 H 농촌 중앙 부락이었다. 중앙 부락에 H 농촌연합 사무소가 있는 것이다.

먼저 흙으로 만든 농가가 몇 집 눈에 띄었다. 수수깡이 울타리가 있고, 울타리 안에는 채소밭이 있고, 돼지 우리가 있고, 짚더미가 쌓여 있으며 개가 내달아 짖는다. 개가 만주의 토견이요, 지붕이 양초라는 짧은 풀로 이은 지붕이요, 벽이 이 근처 시커먼 흙으로 만든 벽일 뿐, 조선에서 보는 농가의 풍경과 조금도 다를 것이 없다. 아니 오히려 조선에서 보는 농가보다 훨씬 정돈됐고 훨씬 깨끗하고 훨씬 침착한 품조차 엿보였다.

다음엔 역시 갓 지은 듯한 예배당이 나타났다. 마침 예배가 끝났는지 한쪽 문으로 10여 명의 색시들이 성경책을 옆에 끼고 우루루 쏟아져 나왔다. 그것을 보고 철수는 놀람을 금하지 못한다.

그것은 도저히 농촌의 풍경이 아니었다. 흰 저고리 검은 짧은 치마에 굽 높은 구두 신은 색시가 한둘이 아니었던 것이다.

순간 철수는 일종의 서운함을 금치 못하였다. 비참한 생활, 음산한 생활, 이 북만주 벌판에서 조선 농민들은 오죽이나 고생들을 하고 있을까 하던, 그리고 꼭 그런 생활만을 예기하고 있던 자기의 예상이 산산이 깨어져 나가기 때문이었다. 그러나 철수는 그 서운함을 눈물이 나도록 즐거운 맘으로 달게 받아들이는 것이다.

통틀어 흙으로 만든 부락. 나무라고는 씨도 볼 수 없는 벌판 가운데에서는 흙을 벽돌 모양으로 네모지게 떠다가 그것으로 담을 쌓고 벽을 바른 것이었다. 풀뿌리가 섞여 있어서 튼튼하기는 하다 하지만 그래도 원래가 흙이라 비만 오면 무너져 나간다. 그 예비로 집집마다 이 흙으로 만든 벽돌 —— '토피즈'가 마당에 가득 쌓여 있었다.

드디어 마차는 연합회 사무소 문전에 닿았다. 조선 면소 비슷한 그것만은 목조의 건물이었다.

3

"숙소가 좀 불편허시겠지만 참어주십시오. 벽지가 돼서 헐 수 없습니다. 하하하하."

이렇게 말하고 연합회 서기가 일어서는 바람에 철수는 고개를 들어 시계를 쳐다보았다. 해는 아직 높았으나 어느덧 6시가 훨씬 넘었다. 얘기에 팔려 시간 가는 줄도 몰랐고, 또 해가 저렇게 높다라니까 저녁때가 된 줄은 꿈에도 생각 안 했던 것이다. 그제서야 철수는, 북만에서는 10시까지 훤하다는 사실을 생각해 내고,
"온, 별 말씀을 다 하십니다. 분주허실 텐데 이렇게 저 때문에……."
따라 일어서서 어깨를 나란히 하고 밖으로 나왔다.
"길이 질어서…… 여기선 소낙비만 한번 와두 이렇답니다. 조심허세요……."
고무 장화를 신은 서기의 뒤를 따라 철수는 조심조심 골라 디디는것이나 비에 풀린 진흙은 여지없이 발굽까지 푹푹 빠진다. 빠지기만 할 뿐 아니라 한번 신에 달라붙은 흙은 좀체로 떨어지지를 않아 , 한 열 걸음 떼어놓은 사이에 신은 온통 흙투성이고 무게가 천근이었다. 그러나 철수는 오히려 가벼운 걸음걸이로 찍찍 미끌어지는 길을 활기있게 더듬어갔다.
"현장엔 낼이나 나가 보시지요."
겨우 큰길에 나서 발에 묻은 흙을 탁탁 털면서 서기가 하는 말이다.
"네, 오늘은 얘기나 더 들려주십시요……. 여기두 여관이 있습니까?"
아까 연합회 사무소에서 듣던 이 부락 건설사를 철수는 속으로 몇번이고 반추(反芻)하면서 아직도 그 감격에서 벗어나지 못한 자기를 발견하는 것이다.
"여관이랄 게 있습니까. 그저 손님 오셨을 때 주무실 집을 하나 정해두었지요. 그러나 정말 누추헌 곳입니다. 하하하."
건설사의 감격과 아울러 또한 철수의 심금을 흔든 것은 사무소에서 받은 대우였다. 신문에서 보았노라고, 그러지 않아도 금명간에 오실 줄 알고 기다리고 있었노라고, 그들은 마치 고귀한 빈객이나 맞이하는 듯이 철수를 반기었다. 조선서 일부러 자기네들 생활을 보러 와주었다는, 그 사실 한 가지만으로 하잘것없는 자기를 이다지도 반갑게 영접해 준다는 그것에서 철수는 얼마나 그들이 고독하게 지내고 있는지를 능히 짐작할 수 있었던 것이다. 그 순간 철수는 이 농촌에서 무엇이고 얻으려고 그렇게만 맘먹은 자기를 부끄럽게 생각하였다. 수필 재료 하나 얻지 못해도 무관하다. 이 사람들이 뜻밖에 자기를 이렇게 환영해 주는 그것 한 가지만으로 철수는 충분히 만족할 수 있다고 생각하였다. 그들의 맘을 조금치라도 즐겁게 해줄 수 있었다면 그것으로 철수는 족하다 생각하였다. 그 이상 지금의 철수로서는 그들을 위하여 아무것도 해줄 수 없는 처지이다. 순간이기는 하였으나, 철수는 모든

것을 버리고 그대로 이 고장에 머물러 이 농민들과 같이 고생해도 좋겠다는 그런 생각까지도 가져 보았던 것이다.

"여깁니다. 이리루………."

그들이 마당에 들어서자 말만한 개가 내달아 짖어댔다. 개짖는 소리와 함께 일각문이 삐꺽 열리고 수염이 허연 노인이 뛰쳐나왔다. 미리 통지를 했던 듯싶었다.

"인제들 내려오십니까. 어서 오십시오. 이 벽지에 오시느라고 얼마나 고생을 허셨습니까?"

"네 —— 아니, 천만에……."

철수는 무엇이라 대답할 줄을 모르고 입 안에서 아무렇게나 얼버무리며 노인의 뒤를 따라 방으로 올라갔다.

어두컴컴한 방이었다. 벽이고 천장이고 그대로 흙을 바른 채 내버려 두었기 때문이다. 구들에는 암페라가 장판 대신 깔려 있었다. 장식이라곤 방 구석에 놓여 있는 남포가 두 개뿐 서편 벽에 뚫린 조그마한 들창이 텅 비인 방안에 몹시 어색했다.

주인과 서기는 철수와 김군을 방에 남겨놓고 밖으로 나갔다. 철수는 매무시를 끌러놓고 후끈후끈 하는 암페라 위에 길게 누워보았다. 별안간 잊었던 피로가 엄습했다. 그대로 하루고 이틀이고 눈을 딱 감고 자고 싶었다.

아무것도 생각 안 하고 철수는 가만히 눈을 감았다. 흐렸던 머릿속이 샘물 같이 맑아진다. 그 찰나 같았으면 철수는 자기 앞에 나타난 아무러한 죄인이라도 용서할 수 있을 성싶었다.

일각문이 삐꺽한다. 가만히 발자취 소리가 머리맡으로 다가왔다. 철수는 무심코 고개를 들고 뜰 쪽을 바라보았다. 뜻밖에도 여자였다. 고개를 숙이고 그는 종종걸음으로 철수가 누워 있는 방문 앞을 지나 맞은편 방으로 들어가는 것이다. 옆 얼굴이 옥같이 희었다.

결코 호사스럽게 차린 것이 아니나 어느 모로 보아도 개척민 부락에 있을 성싶은 여성이 아니다. 비단 살결이 희대서 그런 것이 아니라, 행동거지가 모두 도회 여성다웠다. 철수는 잠깐 의아스러운 눈초리로 그 뒷모양을 좇다가, 그뿐, 다시 문턱을 베개삼고 누우려 하였다.

그러나 다음 순간 철수는 벌떡 상반신을 일으키고 있었다. 그리고 마악 방안에 들어서려는 여자의 흰 옆 얼굴을 유심히 바라보았다.

많이 본 여자의 얼굴이다. 익히 아는 여자의 모습이다.

—— 그러나, 설마…….

철수는 도저히 있을 수 없는 기적을 눈앞에 본 사람 모양으로 눈이 휘둥그래졌다.

"저게 누굽니까?"

억지로 침착하려 하나 목소리가 목에 걸려 잘 나오지를 않았다.

"글쎄요, 학교 선생님 아녜요?"

김군도 벌떡 일어나 철수의 시선을 따랐다. 문턱에 가지런히 벗어던진 조그만 구두밖에는 이미 여자의 모양은 보이지 않았다.

"전에두 여선생이 이 집에 하숙허구 있었는데요."

"네에, 그럼……."

내가 잘못 본 게라고…… 그렇게 말하려다 철수는 얼른 입을 다물고 다시 머리를 문턱 위에 떨어뜨렸다.

그인 성싶기도 하다. 아니 틀림없이 그일지도 모른다. 그 옥같이 흰 살결과, 폭 패인 눈과, 서양 사람같이 날씬한 콧날과, 축 처진 커다란 귀와…… 아무리 순간이기는 하나 이런 그의 특장을 철수로서 잘못 볼 리는 없다. 그러나 그가 이 북만 개척촌에 와 묻혀 있다고는 도저히 생각할 수 없는 일이다. 가장 도회적으로 세련받은 그가 이 벌판 한가운데 와서 더구나 국민학교 선생 노릇을 하고 있으리라고는 상상도 할 수 없는 일이었다.

—— 그래도, 틀림없이…… 혜옥이다…….

어지러운 생각의 갈피를 찾지 못하여 쩔쩔매는 철수 머리 위에서 거센 주인의 목소리가 들려왔다.

"원 이거 아무것두 없어서…… 참 부끄럽습니다."

저녁상이 들어온 것이었다.

4

"오늘은 '빼주'나 한잔 허시구 편히 주무시지, 뭘. 하하하. 부락은 낼이구 모래구 천천히 보시면 되지……."

아무 때나 악의 없는 너털웃음을 치는 게 버릇인 모양인 연합회 서기는 커다란 약주잔에 따른 배갈을 연거푸 자꾸 철수에게만 내미는 것이다. 나이는 철수와 어상반해 보였으나, 대륙에서 오래 고초를 격고난 때문인지 철수와는 반대로 쾌활하고 활달하고 늘 웃는 낯이었다.

"정말 좀 과헌데요. …… 인젠 ……."

"아니 뭘 그러십니까. 주무시면 될걸…… 저희들은 이런 벽지에 처 백혀 사니까, 낙이라군 이것밖에 없습니다. 하하하하. 자아, 한 잔만더……."

"정말 먹을 줄을 몰라요. 그럼 이것으루……."

"아냐, 우리 나온 것만 다 자십시다. 자아, 긴상두 한 잔 드슈."

김군은 아까부터 벌써 새빨개서 고단한 듯이 벽에 기대인 채 말없이 손만 절레절레 내흔든다.

김군뿐 아니라, 강권하는 술에 철수도 벌써부터 얼근했다. 공복이요 피로한 끝인데다 오래간만에 입에 대는 독한 배갈은 순식간에 활짝 그의 몸안에 퍼진 모양이었다.

철수가 마지막 잔을 비우고 문득 고개를 맞은편 방으로 돌렸을 때, 아까 그 여자의 커다란 그림자가 창문에 어른 비쳤다 사라진다. 순간 철수의 눈 앞에는 혜옥의 눈물 섞인 얼굴이 굵다랗게 떠올랐다.

—— 암만해도 혜옥이다…….

술김도 있어, 철수는 더 그 의문을 그대로 가슴속에 지녀둘 수 없었다. 철수는 좀 면구스러웠으나 그예 말을 끄집어내고 말았다.

"저분이 학교 여선생님입니까?"

"네, 이 댁에 하숙하고 기시답니다."

"오신지 지 오래 되세요?"

"글쎄, 언제 오셨드라……아마 작년 가을이죠? 쥔님, 마쓰바라 선생님이 오신 게 작년 9월이지?"

"네."

"마쓰바라 선생님요?"

"네. 어떻게, 아십니까 ? 참 마쓰바라 선생님두 아마 고향이 서울이시래지."

"아뇨. 그저……."

철수는 무엇이라 대답할 줄을 몰라서 시선을 한 군데 두지 못한다.

"아니, 말씀이 났으니 말이지 참 좋은 선생님 만났습니다. 대개 이 개척지에 오는 선생님들이, 이렇게 말허면 안 됐지만 출중헌 분은 못 되거든요, 그나마 오래 부지만 해줘두 좋겠는데, 하두 적적하구 교육기관이 만주국으로 이관된 후엔 보수두 적구, 도회지는 멀구 하니까, 싫증만 나면 달아난단 말예요. 개척지의 이 선생 문제가 정말 큰 문젭니다. 사실 말이지 누가 이 궁벽한 델 오려구 하겠습니까. 그야 개척 국책이 어떤 것인 줄 잘 이해하구, 정말 개척민 아동들의 교육을 위해서 헌신하겠다는 선생님이 안 계신 건 아니지만 어디 그런 분이 몇 분 되겠습니까 ? 그저 뜨내기로…….."

연합회 서기는 장난꾼 모양으로 고개를 움추리고 웃고나서 이번엔 약간 목소리를 낮추어,

"그건 하여간에 이번엔 저희 부락에 참 훌륭한 선생님이 와 주셨습니다.

마쓰바라 선생님 말씀예요. 목사님이 소개하길래 오시라 해놓고 보니까. 아 아주 모던 걸이래서, 이런 분이 여기서 견디어낼까 허구 첨엔 좀 실망을 했었지요. 그랬드니, 웬걸, 이만저만한 분이 아네요…… 하여간 내 저런 여선생님을 여기 와서 벌써 6년입니다만 첨 봤습니다. 첨 봤어요. 오신 이튿날버텀 아이들 위해서 발 벗구 나스시는데…… 참 장하십디다. 장해. 그게 하루 이틀이 아니거든요. 요새는 애들하구 같이 논에를 다 들어가십니다. 밤에나 웬 쉬시나요. 틈 있는 대루 학교에 못 댕기는 애들 불러다 놓구 글 가르치시구, 또 그런가 하면 급할 땐 산파 노릇두 하시구…… 인젠 아마 가신대두 이 부락 사람이 붙잡구 안 놀 겝니다…….”

그는 마치 제 자랑이나 하는 듯이 입에 침이 마르게 칭찬이다. 가만히 듣고 있던 철수는 별안간 고개를 번쩍 들고

“그 선생님 그전 이름이 뭡니까?”

“아이구, 정씨래든가……자세힌 모르겠습니다. 이리 오시랠까요? 학교 사정두 들으시구 하게…….”

“아니, 천만에 …… 내일 학교루 가서 뵙지요.”

금방 일어서려는 연합회 서기를 철수는 당황해서 막으며, 얼른 밥공기를 집어서 주인에게 내밀고,

“내일은 참 꼭 부락민들을 좀 모아 주세야겠습니다.”

억지로 화제를 돌려버리려 애썼다. 그렇지 않고는 자꾸 그 여선생의 일을 캐어묻고 말 자기인 것을 철수는 잘 알기 때문이다.

“네에, 아무 걱정 마시구 그저 오늘은 쉬십쇼. 다아 준비해 놓겠습니다.”

그리고 한층 더 쾌활해진 연합회 서기는 또 한번 방안이 쩡쩡 울리게 너털웃음을 치는 것이었다.

5

마쓰바라 —— 정씨 —— 모두 혜옥의 성은 아니었다. 그러나 인제 철수는 억지로라도 그 여선생을 혜옥이라고 믿고 싶었다. 혜옥이 그렇게 훌륭한 여자로 갱생해주었다면 그것은 실로 다른 누구보다도 철수를 위하여 얼마나 반갑고 기꺼운 소식이냐 말이다.

아무래도 반드시 혜옥이라야만 했다. 또한 혜옥이 아니고는 그렇게 훌륭하게 갱생할 수가 없다고도 생각된다. 철수는 지금 무조건으로라도 그렇게 믿으리라고 억지로 맘을 도사리는 것이다.

그러나 하여간 내일 학교에 가서 만나면 모든 것이 해결될 것이다. 그때까

지 참는 수밖에는 없었다. 그것은 모든 피로를 잊게 할 수 있는 즐거운 기대였다.

……불과 3년 전 일이다.

그때 혜옥과 철수는 사랑하는 사이였다. 혜옥은 음악 학교를 가제(갓) 나온 신진 '소프라노'로서, 철수는 그해의 가장 문제작이던 〈형제〉를 쓴 중견 작가로서 사회의 촉망과 총애를 한 몸에 모아가지고 행복의 절정에서 축복받은 장래만을 설계하면 되었다. 양쪽이 다아 홀어머니 한분씩이라는 단출한 가정이라, 그들의 전도에, 아무도 부러워는 할지언정 불안을 느끼는 사람은 없었던 것이다.

그러나 —— 그들의 사랑은 반 년이 채 못가서 틈이 나고 말았다. 문제는 혜옥이 쪽의 '홀어머니 한 분' 때문에 일어난 것이다.

혜옥의 재질과 교양과 인품엔 터럭만치도 티라곤 없었으나 그의 어머니는 그런 혜옥을 낳은 사람이라고는 생각할 수조차 없으리 만치 무식하고 상스럽고 욕심 많은 노파였다.

딸 혜옥의 지위와 명성이 날로 높아감을 따라, 노파는 바야흐로 재물에 탐을 내기 시작해서, 각 방면으로 혜옥을 이용하기 시작했던 것이다.

돈을 받으러 다니는 것은 물론, 나중에는 출연 계약까지 함부로 노파의 생각 하나에 달리게 되었고, 혜옥은 다만 인형 모양으로 지정받은 날, 지정받은 무대에 나서서 악만 쓰면 되게 되었다.

혜옥의 출현과 성공이 너무나 찬란했던 만큼 그를 이런 사도(邪道)로 끌어들이기도 또한 쉬웠다. 노파는 다만 돈 하나를 위하여 그것을 알면서도 혜옥은 다만 '한 분의 어머니'를 위하여, 생각지도 않던 구렁텅이로 빠른 속도로 전락하기 시작했다.

그에 따라 가지가지 추문이 혜옥을 싸고 돌며 세상에 전해졌다. 남의 첩 노릇을 한다는 소문, 늙은 '파트론'이 뒤에 있다는 소문, 하다못해 결혼 사기까지 한다는 소문…… 혜옥 자신보다도 오히려 철수가 더 귀를 가리고 싶은 말들이 떠돌기 시작한 것이다.

물론 그까진 소문만으로 혜옥과 철수의 사이가 멀어질 까닭은 없었으나. 그렇다고 도저히 그것을 유쾌히 생각할 수도 없는 노릇이었다. 철수는 거의 매일 같이 혜옥에게 타일렀다. 아무리 어머니를 위한 일이라지만 좀 더 자중하라고 —— 자기 몸을 아끼라고…….

그러면 그때마다 알아들었다고 고개를 끄덕이는 혜옥이었으나, 그 이튿날은 또 외롭고 불쌍한 어머니에게 이끌리어 무정견(無定見)한 출현을 계약하고 마는 것이다.

다른 데 있어서는 오히려 남자같이 굳세기까지 한 혜옥이면서도 이 어머니 앞에서만은 맘 약한, 온순하기 만한 한 소녀에 지나지 않았다. 이 속에서 불행의 씨가 싹을 트기 시작한 것이다.

혜옥의 어머니가 혜옥과 철수의 결혼을 반길 까닭은 없었다. 철수가 가장 수완 있는 작가요 그의 작품이 아무리 판을 거듭한다 한들 여전히 셋집으로 떠다니며 겨우겨우 입에 풀칠하는 철수인 이상 그런 것은 혜옥의 어머니의 관심할 바 아니었고, 따라 맘에 탐탁지 않은 것은 물론이다.

처음엔 그 정도에 그쳤으나, 차차로 철수의 존재는 혜옥의 어머니의 눈에 커다란 방해물로 비치기 시작하였다. 더욱이 혜옥이가 철수의 편을 들 제 노파는 드디어 그와 대립해 마주 서게 된 것이다.

노파는 그 다음날로 어떤 시골 부호의 아들과 혜옥의 약혼을 세상에 공표하고 말았다. 그날부터 기이하게 혜옥의 존재도 세상에서 사라지고 만 것이다.

아직도 철수는 혜옥을 사랑하고 있다, 어머니만 없다면 도저히 길을 잘못 들 여자가 아닌 것을 철썩같이 믿고 있다. 그러나…….

혜옥은 한번 철수 앞에서 자취를 감춘 후 행방이 묘연하였다. 아무리 철수가 각 방면으로 수소문했어도 귀에 들리는 것이라곤 모두 믿을 수 없는 허황한 스캔들뿐이었다. 그 부호의 아들과 혼인해가지고 내지에 가서 사느니, 결혼해보니까 둘째 첩이었느니, 이혼하고 술집으로 떠돌아 다니느니, 기생이 됐느니…… 그러나 철수는 열 번 죽더라도 정말 타락하고 말 혜옥이 아니라고 그런 소문엔 귀도 기울이지 않았다. 철수은 무슨 신앙과도 같이 언제든지 다시 한번 혜옥이가 전과 똑같은 청정한 몸으로 자기 앞에 나타날 날을 믿고 기다리고 있는 것이다.

혜옥을 싸고 도는 그 여러 가지 소문 중에서 꼭 한 가지 진실성 있는 것이 있었다. 그것은 혜옥이가 어머니조차 뿌리치고 홀몸으로 만주인지 북지인지로 달아났다는 소문이었다. 거기서 다시는 무대에 나서지 않고 후진을 기르고 있다는 소문이었다.

철수는 이번 만주 여행을 떠날 때, 은근히 그것을 생각 안 한 것도 아니다. 요행 혜옥의 종적을 찾을 수 있다면 —— 철수에게 그보다 더 큰 수확은 없을 것이다. 그러나 만주는 넓다. 정말 만날 수 있으리라고는 꿈에도 기대하고 있지 않았다.

창문 밖에서 벌레소리가 들린다.

불빛이 그리워, 철수가 가만히 일어나서 창문을 열어젖혔다.

끝없는 하늘엔 조선서 보던 것과 똑같은 별들이 주옥같이 반짝이고 있다.

그 별빛을 받아 희끗희끗 빛나는 것은 누런 흙탕물을 그뜩그뜩 담은 논판들
이다. 그렇게 생각하고 보니 용수로 물소리도 여전히 콸콸콸 변함이 없다.
 어느 사이에 술도 깨었다. 피로도 잊은 듯이 눈이 붙지를 않았다. 철수는
한참 동안 물끄러미 창밖을 내다보다가는 담요를 쓰고 자리에 누웠다.
 마쓰바라 선생이 정말 혜옥이라면 —— 이 북만 개척촌 한구석에서 마당을
격하고 한 지붕 아래에 자기와 같이 누워 잔다는 사실은 실로 소설 이상의
기적이라 할 수밖에 없다. 그러나 이 기적은 능히 있을 수 있는 기적이다.
 철수는 또 반신을 일으켜 문틈으로 맞은편 방을 건너다보았다. 역시 이 방
과 마찬가지로 조용하고 캄캄할 뿐이다.
 —— 내일 학교 가서 만나면 다아 알걸, 하여간에…….
 그것은 잘못하면 철수의 이번 여행을 망칠 뿐 아니라, 실로 철수의 전 생
애를 결정할 수조차 있는 순간인 것이다.
 철수는 훤하게 동이 틀 때까지 잠을 이루지 못했다.

 교장을 앞세우고 철수와 김군과 연합회 서기는 우급 2년(憂級 2年 ; 6학
년) 우급 1년, 4학년 —— 차례로 교실을 참관하였다.
 “요담이 1학년, 여선생님이 맡으셨습니다. 뭐 설비가 아직 불충분해서
…….”
 교장의 말에 대답을 해야 하긴 했으나 입에 침이 말라 철수는 어색한 웃음
을 입가에 띠고 고개를 잠깐 숙인 다음, 저도 모르게 멈칫하고 유리창 너머
로 교단 쪽을 바라보았다.
 마쓰바라 선생은 흑판을 향하여 무엇인지 쓰고 있었다. 천천히 —— 한 자
씩 한 자씩 꼭꼭 박아서 차근차근 써나갔다.
 오랫동안 —— 철수에게는 그렇게 생각되었다. 오랫동안, 철수는 선뜻 그
교실 안에 발을 들여놓지 못하고 그렇게 창 너머로 바라보고만 있었다. 그
러나 기어코 마쓰바라 선생은 흑판 앞을 떠나지 않는다. 의식적으로 그는
그렇게 얼굴을 이쪽으로 돌리지 않으려고 노력하고 있는 성 싶었다.
 “들어가 보시지요 ?”
 재촉하는 교장에게 철수는 한참만에,
 “뭘요, 여기서 봐두…… 시간두 없구 하니까…… 농업 실습지나 보여 주셌
으면…….”
 말끝을 못 맺고 일부러 저벅저벅 앞을 서서 뒤뜰로 내려갔다. 순간 잠깐
동안 눈물이 글썽해서, 철수가 다시 한번 교실 쪽을 돌아보았을 땐, 흑판
도, 그 앞에 선 여선생도, 호기심에 빛나는 아이들의 눈동자도 모두 뽀오얗

게 안개 속에 숨은 듯이 흐려 보일 뿐이었다.

—— 그가 혜옥이래면…… 역시 혜옥이가 나버덤 총명했군……….

철수는 논두렁을 걸어가며 혼자 생각하는 것이다.

—— 혜옥이라 하드래도 아직 안 만나는 게 마땅하구…….

—— 혜옥이라면 아직두 맘속에 고통이 남아 있을 게니까 —— 좀더 시일을 줘야 그것을 벗어버리구 딴 사람이 되겠구…….

—— 혜옥이 아니더라두…… 문득 그것에 생각이 미치자 철수는 무슨 천계(天啓)나 받은 듯이 일시에 맘속이 탁 트이는 것 같은 광명을 발견할 수 있었다. 옆에 사람이 없었으면 어깨라도 탁 칠 지경이었다.

혜옥이라면 더욱 반갑다, 그러나 혜옥이 아니더라도 이 얼마나 훌륭한 여자의 생활인가, 갱생이면 더욱 좋고 갱생 아니라도 또한 즐거운 노릇이다. 근대의 젊은 여성들이 이런 데서 이렇게 꾸준히 살 길을 찾아 나섰다는 것은 이것은 첫째로 누구를 위하여 만세 부를 일이냐. 그들 여자들 자신을 위하여서이다. 그렇다 —— 철수는 비로소 그 여자가 혜옥이 아니라도 맘이 뿌듯하게 만족할 수 있었다.

"……지금 대개 집집이 소 한마리씩은 있구요. 돼지가 또…….."

그때 비로소 철수의 귀에는 연합회 서기의 설명이 또렷또렷하게 들리기 시작하였다. 옳다 내게는 이런 책임이 있었다고 철수는 고개를 똑바로 쳐들어 끝없는 지평선을 한참 동안 바라보았다.

나지막한 지붕들이 옹기종기 한데 모여 멀리 논 가운데로 건너다 보였다. 보고 있는 사이에 철수는 어젯밤의 자기가 무슨 죄인같이만 여겨져서 견딜 수 없었다.

철수는 얼른 주머니에서 노트를 꺼내어 연합회 서기의 애기를 받아 적기 시작하였다.

이무영
〈두더지〉

1

장앳말 권 서방네가 아들을 따라 서울로 간다는 소문이 퍼지자 동리 사람들은 너나 할것없이 기차 놓친 사람들이 호기있게 달리는 차를 바라다보듯 등성이 너머 산부리의 두 집 뜸을 올려다보고 치어다보고 하는 것이었다. 아낙네들이 특히 더했다.

"아니, 삼성이네가 서울로 아주 간다면서유?"

콩으로 메주를 쑨다는 이야기까지도 단정을 해서 말하는 법이 없는 이 지방 사람들은 자기 눈, 귀로 보고 듣고 한 일이건만 이렇게들 떼놓고 한마디 건네본다. 혹시 상대가 아니라고 하기만 하면 자신이 없으면서도 기를 쓰고 그러니라고 우겨댈 판이지만 대개는 이렇게 수작을 붙이는 것이다.

"그렇다네나. 누군 팔자가 좋아서 그런 자식이 태어났누. 그저 사람은 늦 팔자가 제일이니 풋고추 못 먹었다구 앵해할 것 없다니까 — 어려선 뒤지지두 않는다구 그렇게 성화를 대더니만 늙바탕에 가 그 자식 덕을 보잖나 베."

"글씨 말여유. 정부인 마냄두 나막신 끌구 나온다는 가을철에두 즈 아버진 곤두박질을 하구 다니는데 눈치만 사알살 보구 베실베실 곁돌던 그 사람이 즈 아버지 호강 시킬 줄 누가 알았어유."

"그래, 말 새긴 나건 제주도로 보내구 사람의 새긴 서울로 보내랬다더니 그 말이 옳긴 옳군. 그야말루 개똥밭에 인물 나잖았어. 삼정승 사괴지 말구 맘을 바루 가지랬다구 다 즈 아버지 덕이지! 평생 남한테 싫은 소리 한 번 않더니만 늙바탕에 그런 복받이를 하는군그랴."

마침 가을걷이도 거의 끝날 무렵이기도 하여 사랑에고 우물에고 모여앉기만 하면 권 서방네 이야기였다.

하기는 부러워할 만도 할 것이 평생을 두고 손톱이 자랄 새가 없도록 일을 해서 가을에 가서는 도로아미타불이 되고 마는 이 장앳말 농군들한테는 꿈 같은 이야기다. 농사 짓기가 싫다고 어려서 집을 뛰쳐나간 외아들 삼성이가 운이 좋아서 굉장한 양옥을 사고는 늙은 부모를 모셔간다는 것이다.

풍이 아니라 장앳말에서도 직접 가본 사람도 있다. 백여 평이나 되는 뜰에는 나무가 가득하고 연못에는 손바닥만큼씩한 금붕어가 놀고 아침 저녁으로 지프차가 모시러 오더라는 것이다.

"그 사람 용 됐네 용 됐어! 식모가 둘씩이나 되구 술두 우린 이름두 모를

180

양주만 내오구. 잠시 술을 먹는 동안에두 전화가 쉴새없이 오구…”
 면서기로 있는 동찬이가 갔다 와서 하는 이야기였다.
 “그렇게 잘살아?”
 “암! 굉장해! 아주 굉장해! 여편네두 양단으루만 칠칠 감구 금강석 반지
를 두 개나 끼었데나. 그런 팔잘 타구난 사람더러 두더쥐처럼 땅을 파랬으
니 들어먹을 게 뭔가. 자넨 고향을 뛰쳐나온 보람이 있네 그랬더니만, 그
사람두 그러데나. 개구리가 주저앉을 제는 멀리 뛰자는 뜻이었다구. 아주
정말 굉장해!”
 “그래 옛말 그른 데 없어. 큰 고기가 되자면 그저 큰물에서 놀아야느니!
등어리가 커야 고름두 담기지, 우물 안 개구리처럼 이런 두메 구석에 처박
힌 채 백 년을 살아보지. 황모 꼬리 될까봐서? 그저 뉘탓 뉘탓 할 것 없어.
다 저 못나서 그렇지!”
 삼성이에 대한 부러움은 자기 한탄으로 떨어져버린다.
 거기에 또 권 서방이 동리를 뜨면서 작별잔치를 베푼다는 것이다. 집에서
기르던 도야지 세 마리 중 두 마리는 어우리로 주고 중돝 한 마리를 잡아서
온통 잔치에 쓴다는 것이다. 그것도 삼성이가 지시를 했다는 것이다.
 걸음새를 한답시고 가으내 북더기 속에 살았다지만 대추나무에 연 걸리듯
했던 꿈질 치다꺼리를 하고 나니 다들 빈손이나 진배없었다.
 차라리 그나마도 없을 때가 맘이 편했다.
 곡식이랍시고 몇 가마 들여놓고 나니 수득세다, 물세다, 비료값이다, 군경
원호비다, 지서 대책위원회비, 호별세에, 가옥세, 전근비다, 이루 헤아릴
수 없는 세금과 잡부금을 어떻게 떼내며 보릿고개까지 양도를 대자면 모기
다리 하나로 동리잔치를 지내야 할 판이라 마음만 쓰여진다.
 말이 가을이지 정말 그림의 떡이었다. 너나없이 여름 치르고 난 농군들의
얼굴은 매미껍질처럼 핏기들이 없었다. 이 궁한 판에 고기 국물이라도 얻어
먹게 되니 권 서방네 작별 잔칫날이 기다려질밖에 없다.
 “언제라나?”
 “언젠 뭘 언제. 오늘 저녁에 한다구 지금 그릇 얻어 날르구 법석인데…”
 “젠장, 오늘 배 한 번 축여보나부다!”
 아침부터 온 동리가 떠들썩했다.

2

 장앳말은 그만두고 근동 일대가 이렇듯 부러워하는 권 서방네지만 실상 당

자인 권 서방은 그래도 무엇이 못마땅한지 신푸녕해가지는 비슬비슬 집 밖
으로 겉돌고 있다.

 이 몇 해를 두고 장앳말에서는 어느 해치고서 이농가가 없은 적이 없었다.

 말은 농지개혁을 했다지만 생산은 그대로 있고, 아니 토지의 산화와 종자
의 자연퇴화, 노력부족 등 여러 가지 이유로 해서 오히려 감소되고 있는 데
비해서 생필품의 가격이 오르고 보니 자연 지출은 반비례로 늘어가는 데서
분배받은 토지는 옛날 지주한테로 돌아 들어가는 형편이었다.

 말은 비료 배급이라지만 배급을 받는 것은 시정 상인이요, 농군들은 몇 다
리 거친 비싼 비료를 상인들한테 사야만 하는 것이다.

 '적기배급' 이니 '공정가격' 이니를 아무리 떠들어보았자 군이나 면에서
도 어느 낮도깨비가 언제 어디다 팔아먹었는지 통 자기네도 모른다는 것이
다.

 그야말로 쇠귀에 경 읽기였다.

 "그래두 초장부터 설치긴 — 이건 저의 농사나 되는 듯이 배 놓아라, 감
놓아라, 종자가 어떻구 퇴비 걱정, 가마 걱정까지 하려 들지! 숫제 가만히
들이나 있어주었으면 좋으련만 툭하면 오너라 가거라지!"

 그러나 아무리 투덜대어보았자 그 식이 장식이었다.

 응당 없어졌어야 했을 '장릿벼' 니, '풋바심' 이니 '색거리' 니 하는 말들
이 농가에 그대로 남아 있는 한 이농가가 근절될 수도 없었다.

 금년만 해도 덕보네가 농사 다 지어놓고서 낮도 대어보지 못한 채 그대로
청주 처삼촌을 장대고 동리를 떠나갔던 것이다.

 그러나 권 서방네는 달랐다. 살지 못해서 떠나가는 것이 아니다. 호강을
하러 서울로 가는 이였다. 사실 모두 부러워할 만도 한 것이 해방은 그만두
고 6·25 이후만 하더라도 삼십 호에 불과한 이 장앳말에서 일곱 집이나 동리
를 떴지만 살길이 틔어서 동리를 뜨기는 권 서방이 처음이던 것이다.

 그러니 호기있게 뽐낼 만도 한 일이었다.

 그러나 권 서방은 통 그런 티를 안 보인다. 호기가 있기는커녕 날개 부러
진 새처럼 어깨가 축하니 처져서 지짐질을 한다, 돼지를 삶는다, 온 동리가
떠들썩하건만 부엌에는 근접도 않고 마당을 거니는 눈치더니 어디로인지 사
라져버렸던 것이다.

 누구고 동리를 뜨는 날은 일이 손에 잡히지를 않았다. 모두 남의 일 같지
가 않아서다. 미우니 고우니 해도 부자지를 맞잡고 큰 친구들이었다. 세상
이 날로 강박해져서 그렇지 울도 튼 채 살아온 사이들이다. 네것 내것도 별
로 없었다.

　“나 호박 좀 따가네!”

하고 담 너머로 소리를 치면,

　“이 사람, 따가면 따갔지 아뢸 건 뭔가, 저쪽 끝으로 애호박이 두어 개 달렸느니!”

　이렇게 맞소리를 치던 사이요,

　“아니, 자네네 감잔 제법 알이 들었데나, 자네 불알만큼은 해.”

　“에끼, 이 사람! 좀 캐가지구 갈 께지? 우린 벌써 손댄 지 오래다네.”

　“그렇잖아두 여남은 개 캐가지구 가네.”

　“어어, 잘했네!”

　이렇게 살던 사이다.

　이 정든 친구들이 솥을 떼어 걸머지고는 어린것들은 앞세우고 동리를 뜨는 것이었다. 떠날 때는 누구나 돈을 벌기만 하면 다시 돌아오겠노라 했었다.

　말뿐이 아니다. 그들의 염원은 웬만큼만 형편이 피이면 고향에 돌아와 여생을 보내는 일이었다. 어렸을 적부터 땀과 눈물이 밴 농토를 되찾고 조상들이 묻힌 곁에 가서 눕는 것이 소원이었었다.

　그러나 한 번 떠나기만 하면 그만이었다. 해방 전은 더 말할 것도 없었지마는 해방이 되고도 장앳말을 떠난 사람은 되돌아온 사람은 하나도 없었다. 단지 하나가 있었지만 굶주리던 끝에 병까지 들어 정거장에서 기어오듯 하다가 무너미 고개를 넘지도 못하고 숨을 걷었었다.

　외아들을 6·25에 죽이고 품이나 팔아먹겠노라 조치원으로 갔던 원 첨지 내외였다. 할멈도 객지에 화장을 하고 외톨이로 굴다가 뼈나 고향땅에 묻겠노라 장앗말을 찾아 오다가 정든 동리를 내려다보며 숨을 걷었었던 것이다.

　그런 뒤로는 누구나 돈을 벌어가지고 돌아온다는 말을 믿지 않았다.

　“잘 가우. 가서 몸이나 성히 있수. 고향을 잊지 말구…”

　고향 떠나는 사람을 위해서 대개는 동구 밖 무너미 고개까지 배웅들을 해 주었었다. 고개 마루턱에서 나누는 이런 작별인사가 그대로 그들의 영이별이라는 것을 누구나 잘 알고 있었다.

　“돈 벌거든 고향에 다시 와 삽시다!”

　“그러자구 가는 거지!”

　말들은 이렇게 하지만 가는 사람이나 보내는 사람이나 살아서 다시 만나지리라고는 꿈에도 생각지 못했었다. 그래서 누구고가 고향을 뜨는 날이면 떠나가는 사람들보다도 보내는 사람들이 더 언짢아하던 것이다. 남의 일 같지가 않았기 때문이었던 것이다.

　‘이번에 내가 뜰 차례지!’

누구나가 이런 생각들이었었다. 그래서 그런 날은 온 동리가 마치 떼초상
이나 난 것처럼 슬픔에 잠기던 것이다.
  그것이 오늘은 정반대였다. 보내는 사람들은 흥겨워하는데 신바람이 나야
할 사람이 되레 시무룩해하는 것이다. 오다가다 만나서,
  "그래 얼마나 좋은가?"
  하고 어렸을 적 친구들이 치하를 해도,
  "좋아?"
  숫제 통명을 부린다.
  "그럼 좋지 않구! 자네야말루 이 장앳말 복을 왼통 통차지한 셈이네! 인
저 우린 바랄 것두 없어! 자네가 도매금으루 다 넘겨갔거든!
  말만이 아니라 모두들 진심으로 이렇게 부러워하던 것이다. 그러나 권 서
방은 그런 말을 들은 체도 않고서,
  "아니 그래, 대대루 살던 제 고향 뜨는데 좋단 말인가?"
  이것은 사뭇 시비조다.
  "여북이나 복을 못 타구나서 제 조상이 대대루 묻힌 고향을 등지구 그 살
얼음판 같은 서울 바닥으루 쫓겨나겠는가? 거 백사지 땅으루 — 뭐니뭐니
해두 한 서방 섬기는 게 계집으룬 상팔자구, 조상이 물려준 가대 지키는 게
복 중엔 상복이니! 팔자 중엔 상팔자구! 모르는 사람들은 부러워할지 모르
지만 남이 진 곡식에 남이 지어준 밥 먹는 게 좋은 팔잔 못 되느니! 그저
사람은 제 운력에 사는 게 젤 존 팔자니…"
  마치 살다 못해서 남의 집 드난이나 살러 가는 듯싶은 말투다.
  그러나 권 서방의 이런 말을 동리 사람들은 또 자기네대로 해석을 하던 것
이다.
  "그 사람 공연히 똥꾸멍으루 호박씨 까는 수작이지, 안 좋긴 뭐가 안 좋
아? 게딱지 같은 촌가에 살다가 고래등 같은 기와집에 식모가 둘씩 셋씩 되
구, 아침에 일어나면 영감마님 기침하셨소이까? 하구서 세숫물을 떠다 바친
다, 기름이 질질 흐르는 쌀밥에, 고기에, 생선에, 상다리가 척척 휘도록 만
수성찬을 차려다 대령하겠다… 아 먹어지자면 술이 없겠나 떡이 없겠나? 그
야말루 상감님 부럽잖지만 괜히 하는 소리야! 아무러면 일년내 두더쥐처럼
땅만 파는 신세에다 대?"
  "그럼, 다 하는 소리지!"
  또 어떤 사람은,
  "그 사람이 된 사람이니…그 사람이 사람이 된 것은 딴사람 같아 보게나.
그렇게 뽐내구 서울엔 가게 됐구 하니 회짜두 놓구 풍두 치구 해서 거드럭

대련만 다같이 고생하던 사람들은 두구 자기 혼자 잘돼 가니까 그게 맘에 송구스러워서 귀양살이나 가는 듯이 우는 소리를 하거든! 그 사람이 그런 데가 장하니, 장해!"

이렇게 앞질러서까지 선의로 해석해주기도 했지만 아들로부터 서울로 올라 오라는 편지를 받은 이후의 권 서방의 심정은 이렇듯 단순한 것은 아니었 다.

작년 겨울 삼성이가 집에 다니러 왔을 때도 그런 이야기가 있기는 했었다. 요새 좀 셈이 펴이니 내년 봄쯤에는 품값도 안 나오는 농사 집어치우고 서 울로 올라오라던 것이었다. 삼성이는 부대에 채소, 콩나물 같은 부식을 대 고 있었지만 무슨 브로커를 한 것이 뜻밖에도 성공을 해서 돈천만환이나 벌 게 됐다는 것이다.

그것만 갖고 잘 굴리면 아버지 어머닌 평생 걱정은 없다고 큰소리를 하고 간 후로는 할멈은 신바람이 나서 서울 서울 했지만, 권 영감은,

"말이 그렇지, 햇비둘기 등성이 넘었겠다구? 제가 벌면 얼마나 벌었을라 구! 제 식구만 해두 애들이 셋에, 부리는 애까지 있다니 여섯 식구가 아닌 가! 그저 우리 걱정을랑 말구서 저희들이나 끽소리 없이 살라구 그래!"

마치 남의 말 하듯 한 권 서방이다. 서울 소리에 설치고 나서는 할멈을 주 장질하느라고 한 소리이기도 했지만 권 서방은 자식의 형편이 좀 피이어 늙 은 내외를 불러올려 간다 해도 지척지척 따라설 생각이 아니었다.

첫째 자기 자식이지만 권 서방은 삼성이가 맘에 들지 않았다. 약게는 굴지 만 남을 휘감아먹는 버릇이 어려서부터 있던 것이다. 하다못해 밭매기를 해 도 그랬다. 아비 눈 속이기에만 이골이 났지 진득하니 일에 집착을 못하는 성격이었다. 어려서 저희들끼리 노는 것을 보아도 판판이 남의 종애만 긁렸 었다.

참외 서리를 해도 저는 옷만 맡고 있고 어린것을 꾀어 발가벗겨서 밭에 들 여보낸다. 들키면 옷만 갖고 도망을 쳐서 저만 쏙 빠져버린다. 이런 꾀가 자라서 결국 삼성이는 농사를 내어던지고 집을 나가버렸지만, 콩 심어 콩 걷고 팥 심어 팥 걷이 할 줄밖에 모르는 권 서방한테는 박덩굴에서 수박을 따는 재주를 피우는 삼성이가 마음에 들지도 않던 것이다.

"다른 것이 도둑놈이 아니니라. 씨 안 뿌리고 추수해 먹자는 심사가 바루 도둑놈의 심사! 공짜 바라는 게 바루 도둑놈이란 말야…"

아들의 그런 일면을 발견한 후부터 권 서방은 아들과 마주앉기만 하면 이 렇게 타일렀었다.

"너 노름꾼 잘사는 것 보았더냐? 늘 따지! 늘 따는 것 같지? 허지만 공으

루 들어온 재물은 공으루 없어져! 제것만 갖구 나감 또 좋게시리? 물구 나가! 물구서! 그런 맘보 갖군 농사꾼은 못 되느니라!”
“아니, 왜 개가 농사꾼 되기가 소원이래유? 그 알량한 농사꾼 될까봐 접나우! 남들은 이 짓 않구서두 잘만 먹구 삽디다.”
아내가 하던 소리다.
“그래, 어떤 짓을 하구 먹구 살던고? 남의 집 중방 밑 파구서?”
“왜 하필 도둑질에다 갖다붙여!”
“그럼 뭐야? 제 처지 생각 않구 남의 것 넘겨다보는 게 도둑이지, 도둑은 뭐 다른 줄 알아? 이 멍추야! 농군의 자식이 농삿일 잘 배워서 농사질 생각은 않구 괜시리 남 복 많이 잘사는 살림만 넘겨다보니 도둑눔이지 뭐야? 재물이구 복이구 다 제가 구실을 해야만 차례가 오는 거야! 복받을 구실은 않구서 복이 쏟아지기만 바래? 그물을 치구서야 고기 잡히길 바래야지? 그래 남들은 대학교까지 다니구서두 헤어나지를 못하는데 게우 그 잘난 눔의 시골구석의 농업학교 다니구서 왼 세상 큰 재물이란 재물은 모두 탐을 내?”
삼성이가 석간수 다리 청부를 맡아서 돈 십오만환이나 벌었을 때만 해도 그랬다.
일년 가야 천환 한번 만져보기가 어려운 시골 구석에서 십오환만 돈을 벌었고 보니 이웃간에도 이야깃거리가 될 수밖에 없었다.
그러나 권 서방은 그 십오만환 돈을 쳐다보지도 않았었다.
“저 십오만환이 저 자식 아주 버려줄 껄그랴!”
하고 외면을 했었다.
“원 즈 아버지두! 나이 어린것이 그렇게 큰돈을 벌었으니 추어주진 못하구, 웬 윽박지르기만 한대유!”
못마땅해하는 할멈을 권 서방은,
“거 등신 같은 소리 작작 해! 저게 숙맥이라니까, 숙매! 나라서 일 시킬 제 품이나 팔아먹으라구 시켰겠지, 단지 보름에 십오만환씩이나 벌어먹게 시켰을 상싶어서 하는 소리야? 제 눔이 누구 등을 치거나 쳤기에 그런 돈이 떨어졌지! 품삯을 잡아 떼었거나 물자를 덜 썼거나 그 멘서기눔하구 짰거나, 안 그렇구야 그런 큰돈을 떨어질 리 없잖아? 보름 일에 십오만환씩 떨어지게 나라의 돈을 내줬다면 그눔의 나라 망했지 별수 있던가배! 저 자식인저 그 십오만환에 맛을 들였으니 틀렸어! 틀려! 공돈만 눈에 버언해서 되나? 더구나 콩 심어 콩밖에 안 나는 농사에 취밀 붙이겠다구? 두구 봐요, 글쎄. 내 말이 그른가 — ”
권 서방의 예언은 빗나가지 않았었다. 삼성이는 그 십오만환을 가지고 집을 뛰쳐나가더니 어떻게 무슨 재주를 부렸는지 병정도 안 가고서 군복을 입고 몇 해에 한 번씩 집에 들어오고는 하던 것이다.

그 끝에 어쩌다 모갯돈이 생겼다는 것이니 권 서방한테는 미덥지도 않았거니와, 그것이 사실이라 하더라도 찐덥게 생각이 들지 않는 것이다.

그러나 권 서방이 서울 간다는 게 그렇게 신푸녕해하는 데는 이보다도 더 큰 딴 이유가 있었다. 농터를 버리고 가고 싶지 않았던 것이다. 농터라야 논 엿 마지기에 밭 하루갈이가 있을 뿐이었지만 이 엿 마지기가 그야말로 육십 평생 피땀을 흘려 겨우 마련한 농토였다. 왜정 때는 감히 꿈도 못 꾸었던 자작농이었다. 해방이 되자 한동안 무상으로 농토를 나누어준다고 했지만 천지 이치가 공것은 없다고 생각하는 것이 한 신념이 되어 있는 권 서방한테는 귀에도 들어오지 않았었다.

"무슨 눔의 팔자에 내 땅을 부쳐보랴."

이렇게 체념을 하고 그저 꾸벅꾸벅 남의 소작을 해오는 권 서방 앞에 뜻밖에도 희한한 기적이 나타났었다. 새로 선 우리 나라 정부가 지주들한테서 땅을 빼앗아서 연부로 작인들한테 판다는 것이다.

"그건 말이 되는 말이야!"

공짜로 주는 것이 아니라 나라에서 연부로 준다는 말만은 권 서방도 믿지 않을 도리가 없었다. 권 서방이 아직 어렸을 적 일이지만 왜정 때도 그런 일이 한 번 있었던 지라 제 땅은 평생 가져보지 못하느니라고 단념하고 있던 권 서방은 신바람이 났던 것이다.

물론 제가 부치던 땅은 작인한테 살 권리가 있다던 말대로는 안 되었지만 지주와 바꿈질을 해서 지금의 엿 마지기를 샀던 것이다. 이 마석지기밖에 안 되는 모래논을 그야말로 연차계획을 배토도 하고 환토도 해서 지금은 제법 흙이 제 빛이었다. 남들이 상환미를 반도 못 물고 옛날 지주한테 빚을 쓰는 동안에도 권 서방은 이를 악물고 이것을 갚았었다.

나이 육십에 오름길만으로 십리가 넘는 칠왕산 먼산나무를 해서 이십리나 되는 장에 내다 팔기도 했다. 짚신 신는 풍습이 없어진 지도 오랜 장앳말이다. 그러나 권 서방은 짚신도 삼아 신었고 담배도 반으로 줄였었다. 정말 눈을 뒤집어쓰고 상환을 끝냈던 것이다. 이것은 바로 금년 봄이다.

이 농터를 버리고 고향을 뜬다는 것이 권 서방한테는 참기 어려운 미련이었다. 아니 고통이었던 것이다. 더욱이 삼성이는 농터와 집 일체를 팔아버리라는 것이다. 다 듣는다 해도 이것만은 죽어도 싫었다.

"놔두면 누가 떼메고 간다더냐? 어우리로 해서 가을에 양식을 갖다 먹어도 자미구… 그것만은 안 된다! 농토까지 팔아버리잖다면 난 안 간다… 가겠으면 즈 어머니나 가우. 난 혼자서라두 여기서 살 테나!"
 논 엿 마지기, 밭이 천이백 평에 밤갓 관리권까지 넘긴다면 백오십만환까지 주겠다는 사람까지 나섰고 보니 이런 돈을 묻어둘 필요가 어디 있느냐는 아들의 말이었다.
 "백오십만환이면 한 달에 팔부만 쳐두 십이만환이어요! 그만두 일년이면 백사십만환 아닙니까. 이런 구석에다 쌀 서너 가마 받자구 썩여서 뭘해요?"
 이것이 아들의 주장이었다.
 사실 따지고 보면 그렇기도 했다. 그러나 권 서방은 막무가내였다. 죽으면 죽었지 땅만은 파지 않겠다는 것이다.
 아들로 본다면 그만 돈을 시골에다 처박아둘 필요도 없었지만 사실 이만 돈도 당장 큰 보탬이 되어서였지만 어쩔 도리는 없었다.
 그래서 땅은 가장 착실한 성춘식한테 어우리로 주기로 하구 권서방네 세 식구만이 서울로 올라갔던 것이다.
 "이것두 다 갖다 쓰게나."
 하구 권 서방은 가래며 써레, 괭이, 삽, 호미 등 농구는 물론 맷돌이다, 절구다, 키, 체, 심지어 자리를, 신골까지를 차곡차곡 챙기어주며 이렇게 말하던 것이다.
 그리고 이렇게 다지는 것도 잊지 않았었다.
 "허지만 아주 주는 것은 아닐세! 나 다시 내려올 땐 써서 없어지지 않는 건 다 내주어야 하내!"
 그리고 권 서방은 온 동리 사람들의 배웅을 받고 서울로 올라갔던 것이다.

3

 면서기 동찬이의 말대로는 아니었지만 아들의 집은 훌륭했다. 해방이 되자 남들은 서울을 문턱 드나들 듯 한다지만 젊어서 공진회 구경차 꼭 한 번 와 본 일밖에는 없었다. 사실 평생 서울 가야 할 일이 없던 권 서방이기도 했었다.
 말은 서울 구경을 했다지만 단 이틀에 공진회, 동물원, 한강철교, 남산 — 이렇게 끌려다녔었고 누가 마늘을 가져가면 노자를 뜯는다 해서 열 접은 갖고 왔던 터라 그것을 파느라고 야시 구경조차도 못하고 내려온 터라 꿈에 떡맛 보듯 한 서울이었고 보니 옛날과 지금이 어떻게 달라진 것도 짐작이 가지 않는다. 그저 분명한 것은 어마어마한 큰 집들이 많이 생겼다는 정도였다.

 이런 권 서방한테 아들의 집 가치를 설명하란대도 무리였다.

 황토흙이었어야 할 봉당에 유리 같은 벽돌이 깔렸고 땅회 이층집에 전화도 달렸고 목간통에, 조그만 연못도 있어 금붕어가 십여 마리 한가하니 헤엄치고 있는 것만이 신기할 뿐이다.

 입으로 불지 않고 단추만 누르면 불이 켜졌다 꺼졌다 하는 것도 신기했고, 사돈과 칙간만은 멀수록 좋다는데 변소가 바로 건넌방과 붙어 있는 것을 희한해할 정도다.

 말은 들었지만 서울 장안은 그만두고 대구 부산과 앉아서 이야기하는 것을 보고는 정말 조화속이라고 감탄도 했다.

 샌님 — (권 서방은 서울로 오는 날로 샌님이란 벼슬을 했다)이 차지한 방은 뒤 정원으로 면한 두 칸 방이었다. 무슨 칠을 했는지 장판이 눈이 부시었다.

 글씨 족자는 까막눈인지라 누구의 글씨인지 무슨 뜻인지도 알 수 없었거니와 강태공처럼 낚시를 연못에 드리우고 있는 그림은 정녕 팔자가 좋아보인다. 아랫목에는 보료가 깔렸고 조그만 탁자에 재떨이며 궐련이며가 놓이게 마련이었다.

 아들 내외가 쓰는 안방과는 물론 손님 접대를 하는 사랑과도 등이 져서 한적하기는 했지만 이 한적한 것이 샌님한테는 정말 견디기 어려운 고통이었다. 정말 무료했다.

 샌님은 서울에 오던 날 밤과 이튿날 아침 아들의 얼굴을 한 번씩 본 후로는 아들을 못 보는 날이 허다했다. 언제 들어오는지도 몰랐고 언제 나가는지도 몰랐다. 아들뿐이 아니다. 무슨 일이 그렇게도 많은지 며느리란 사람도 어느 날 하루 집에 붙어 있는 날이 없다. 다섯, 셋, 젖먹이 — 이렇게 졸망한 것들만 집에 내동댕이치고는 어미란 것은 아침에 나가면 저녁이요, 낮에 나가면 밤중에나 돌아오는 것이다. 손자것들도 무슨 짐승이나 보듯 멀찌감치서 바라다보기만 할 뿐 사흘 나흘이 가도 근접도 않으려 드는 것이다.

 "이런 떡을 해먹을 집안이 있단 말인가?"

 샌님은 울안에 갇힌 사자처럼 애꿎은 담배만 피웠다. 무료해지면 뜰로 내려서 본다. 연못가에 서서 금붕어 노는 것을 바라다본다. 그러나 그것도 십분을 견디기가 어려웠다.

 그래서 사흘째 되던 날은 뜰의 풀을 뽑기 시작했다. 땡볕 밑에서도 고추밭을 서너 두럭씩 매던 솜씨의 샌님한테는 불과 오십 평 남짓한 뜨락의 풀쯤

진담배 한 대 내기 일도 못 되었다. 그나마 맨 쓸모없는 상나무에 꽃밭이어서 풀이 날 지면도 없다. 열무숨음질을 하듯 했어도 반나절에 끝이 나고 만다.

그러고 나니 또 무료했다. 일년내 날이 맑으면 맑은 대로, 궂으면 또 궂은 대로 새벽부터 밤까지 손을 쉬어본 일이 없이 육십 평생을 살아온 샌님 — 아니 권 서방한테는 손발 붙들어 맨 채 가만히 앉아 있다는 것처럼 큰 고통은 없었다.

닷새도 못 되어서 샌님은 진이 족족 내리는 권태에 견디다 못하여 아들을 붙들고는,

"애야, 나 심심해 못견디겠구나, 뭐 무슨 소일거리나 없겠느냐?"

이렇게 하소연을 했더니 아들은 남의 속도 모르고 웃고만 있다.

"아버지, 그러지 마시구 낼부터 어머니하구 구경이나 다니셔요. 애 어머니더러 오늘 동물원에 뫼시구 가라구 그러지요."

이렇게 해서 그날은 며느리를 따라 샌님은 마님이 된 할멈과 동물원 구경을 갔었다. 모두가 희한한 것뿐이었다.

그러나 샌님은 조금도 유쾌한 줄을 몰랐다.

첫째 며느리란 것이 엇나간 말망아지처럼 시부모와 겉돌려 드는 것이 괘씸해 견딜 수가 없다.

샌님은 이 며느리를 본 첫눈부터 마땅치가 않았다.

나이깨나 먹은 것이 대체 머리가 그게 뭐냐 했다. 하릴없는 메추리 궁둥이였다. 쥐 잡아 먹은 고양이처럼 입술은 새빨갛고, 손톱이 그대로 백정의 딸 손톱이었다.

시골뜨기와 같이 다니는 것이 분명 창피한 눈치다. 동물원 안에 들어온 뒤로는 마치 동행이 아니기나 한 것처럼 뚝 따고서 따로 다니는 것이었다.

"애, 저게 무슨 새냐?"

눈치도 없는 할멈이 물을라치면,

"부엉인가봐요."

하고는 좌우를 둘러보는 품이 정녕 누가 동행인 것을 눈치나 채지나 않나 해서인 것만 같다.

샌님이 수정 앞 연못가에 서서,

"거참, 물 많다. 그 물만 가졌으면 저 끝까지 논을 퍼두 물이 딸리진 않겠다! 이런 연못을 그저 놀리다니! 거 잔디에서 콩이 나 팥이 나나? 그 넓은 데다 잔딜 뭘했다구 그렇게 심더람! 저 잔디밭 하나에만두 대두콩 삼백 석은 너끈히 나겠다…"

이런 소리를 하자 고기 구경을 하던 사람들이 모두 꺼르르 웃어젖히었다.
한 짓궂은 젊은 친구가,
  "그래 영감님, 잘 말해드릴게 논 한번 퍼보시렵니까?"
하고 쓸까스르는데 진국인 샌님은,
  "허락만 받소! 말이 그렇지 논을 퍼서 졸몰 쭉 심어봐 보오! 아니 그래,
이대루 보는 것만 못할 상싶소! 거기다가 가을이 돼서 벼가 누우러니 익어
보구려. 배가 절루 부르지!"
  "거참, 좋겠는데요!"
  "암, 희한하지! 서울 사람들은 쌀나무가 어떻게 생겼느냔다면서유? 구경
시키구 추수하구 — "
  샌님은 진정이었지만 또 한번 웃음판이 되었었다.
  이 시아버지의 추태가 서울 며느리의 기분을 아주 망쳐버린 것이다.
  "창피해요! 그만 가셔요!"
  며느리는 이렇게 독기있게 쏘아붙이고 회작회작 가버렸던 것이다.
  길을 모르고 보니 천생 따라설밖에는 없었다.
  그뒤부터는 샌님은 절대로 며느리를 따라서지 않았다. 아니 며느리 자신부
터도 앞장을 서려 들지 않았다. 계가 있다, 친구가 어쨌다. 구실은 얼마든
지 있었던 것이다.
  샌님은 혼자서 곧잘 집을 나왔다. 물으며 물으며 덕수궁을 찾았고 남산에
도 올라가 보았다. 화신상회에는 할멈과 같이 갔었다. 그래도 할멈은 어린
것들과 사귀어서 샌님처럼 못견딜 정도는 아닌 듯싶었다.
  "즈 할아버지두 고년하구 좀 사귀우. 조잘조잘 장마날 제비처럼 곧잘 지
껄이구 새새득대려 들면 또 어떻게 삽삽한지 몰라유, 천상 계집애란 할 수
없다니까유. 가위만 보면 싹뚝거리려 들구, 요샌 또 제가 아길 낳는다구 배
가 아프다구 재술 하잖겠어유? 이웃집에 갔다가 애 낳은 걸 봤다나봐?"
  무료하다 못해서 몸을 비비꼬고 있는 영감이 안타깝던지 할멈이 이렇게 위
로를 해주었다. 그래서 샌님은 금숙이년과 사귀기로 했다. 업어도 주고 끌
고 나가서 사탕도 사주고 하는 동안에 조손간에 친분이 생기었다. 금숙이년
도 곧잘 샌님 방으로 건너와서는 무릎에 앉아 조잘대게쯤 되었었다.
  그러나 친해지고 나니 또 걱정이 하나 생겼다. 옛날 이야기를 하라고 졸라
대는 것이었다.
  "어서 해, 할아버지! 응,"
  "옛날에 옛날에 — "
  "응."

“한 사람이 있었는데.”
“응.”
“……”
“그런데?”
“한 사람이 있었는데!”
“그래서 어떻게 했어!”
“……”
따분한 노릇이었다.
할아버지나 할머니 무릎에 앉아서 옛날 이야기를 듣고 자랄 수 있는 복도 못 타고 난 샌님이었었다.
샌님이 그런 행복을 누릴 수 있었을 나이에는 할아버지도 할머니도 장정들처럼 일을 해야 했었다. 어쩌다 할머니를 붙들고 옛날 얘기를 해달라면,
“애가 미쳤나베! 내가 너하구서 얘기하구 있을 팔자가 된다던?”
하고 핀잔을 주기가 일쑤였다.
“그러지 말구 할머니 한 자루만 해줘! 응, 할머니!”
떼를 쓰다가는 볼기짝 얻어치이기가 십상이었다.
샌님의 할머니도 오늘의 샌님처럼 들은 이야기가 없었는지도 몰랐다.
철나기 전부터도 밭으로 논으로 시중을 들러 따라다녔고, 일곱 살 때는 벌써 소꼴망태가 메어졌었다. 아홉 살에는 까치집 같은 삭정이 짐을 져야만 했던 샌님이었었다. 낫 놓고 기역자도 모르는 터고 보니, 평생 또 한 권의 이야기책도 본 것이 없다. 샌님이 아는 이야기란 호랑이가 수수깡에 찔려서 죽었다는 이야기와, 놀부와 흥부, 그리고 어련무던하게만 아는 심청이 이야기 정도였다. 이 셋을 다 팔아먹고 나니 그날로 동이 나고 말았다.
그래서 하는 수 없이 며칠을 두고 같은 이야기를 되풀이하자니까,
“또 심청이 얘기지 뭐! 그건 싫어! 한 걸 또 하구 또 하구 그래, 할아버지! 나 갈테야!”
이렇게 뺑소니를 치고 만다.
눈을 감고도 파밭은 맬 수 있어도 접지 하나 못하는 샌님의 멋없는 손이었다. 색종이를 가지고 와서 접지를 해달라다가는,
“할아버진 바보야! 새 하나두 못 접어! 나만큼두 못한걸 뭐! 무슨 어른이 저래!”
어린것의 말이라 그렇지 더없는 모욕이었다.
그러나 샌님은 그 어떤 모욕에도 참고 견디어야 했었다. 샌님은 그만큼 무능했던 것이다. 그가 할 수 있는 일이란 오직 낫질과 가래질과 모내기와 밭

갈이뿐이었었다.

4

　요새의 샌님은 구경도 가지 않았다. 서울이 넓고 좋다지만 동물원과 덕수궁, 남산, 화신상회 — 이렇게 보고 나니 그만이기도 했으려니와 어디 더 볼 데가 있다 한대도 엄두가 나지 않았던 것이다.
　첫째, 그 숱한 자동차를 피하는 재간이 없었다. 아직 장정 나뭇짐을 지워만 놓으면 살같이 비탈도 탈 수 있는 샌님이었지만 웬일인지 그눔의 자동차만 만나면 맥을 쓸 수가 없다는 것이다.
　"아니, 그 희한두 하더구나!"
　하고 샌님은 신기해했다.
　"내가 그렇게 몸이 둔한 사람이 아닌데 아 그눔의 자동차만 보면 고양이 앞에 쥐가 되는구나! 이쪽에서 빵 하기에 저쪽으루 피할라치면 아니 언제 벌썬 딴눔의 차가 또 빵하지 않니? 그래서 갈팡질팡하다가 보면 이건 숫제 자동차가 둘러 있는 한복판에 가 서있구나! 그냥이나 있더냐? 이눔들 좀 봐! 즈눔들이 날 가운데다 몰아넣고선 제가끔 욕을 퍼붓는구나! '이눔의 늙은이가 뒈지구 싶은가!' '죽구 싶어!' 이눔 들 좀 봐라! 그래 내가 죽구 싶댔어 언제? 내가 즈눔들한테 치여죽구 싶어서 서울을 왔단 말여?"
　"그러게 길을 건너실 땐 잘 보구 건너셔요."
　하고 아들이 일러드리려니까,
　"아따 애야, 너두 서울 산다구 서울눔들 편을 드는구나! 내가 암만 빨리 보면 뭘하느냐, 자동차란 눔이 나보다 더 빨리 보구서 살처럼 내닫는 것두 빨리 봐?"
　"사람 건너가는 길이 있잖아요? 흰 줄을 쳤지요?"
　"글쎄, 다 그만둬! 자동차가 흰 줄을 그렇게 겁내는 줄 알아? 사람을 장기쪽처럼 넘어뜨리구두 그대루 뺑소니만 잘 치더라! 서울눔두 그러는데 나 같은 시굴 늙은이야 그눔들 눈에 뵈기나 하겠느냐!"
　샌님은 또 이런 불평도 한다.
　"그래, 시체 서울 사람들은 모두 발바닥에 가시가 백혔다던? 엎드러지면 코 닿을데두 자동차란 말야! 그 녀석들 그렇게두 자동차에 성화가 나건 숫제 자동차 속에서 살지그랴? 밥두 거기서 먹구 똥두 거기서 싸구! 그럼 될 꺼 아니야? 죽어서두 자동차루만 간다니 아주 차 안에서 죽으면 그 차루 갈 것 아닌가? 그래 동대문서 한강다리까지가 이십리두 안 된다더구나? 사람이

그래 하루 이십리두 안 걷구 살어? 농군 네가 문전옥답 가진 사람이 몇이나
된다던? 다 오 마장 칠 마장 돼? 가구 오는 데만두 시오리 길이야! 전답에
가선 섰다가만 오던가? 갈아야지, 매야지, 제 논까지 물꼬까지만두 오리 십
리 돼요!”
 그러는가 하면 또,
 “하긴 걸을 맛두 없긴 하지! 길이란 걸을라치면 발뒤꿈치에서 몬지가 풀
썩풀썩 나야 걸을 맛두 있지, 이건 숫제 돌이로구나! 돌! 돌 위에다 집두
짓구, 돌 위루 다니구! 사람이 흙을 봐야 살지! 흙을 보면 사람이 착해지느
니라. 서울 사람들이 그렇게 모두 이악스럽게 강박한 게 다 흙을 못 봐서
그런 거야! 흙을! 흙을 보구, 흙을 만지면 자연시리 사람의 마음이 어질어
지는 법이니라. 그러기에 네 보렴! 착실한 농군치구서 맘 나쁜 사람이 있
던! 그런 농군들을 소처럼 일만 하느니, 소처럼 미련하니들 하지만 서두 그
게 미련한 게 아니니라, 어진 게지! 착한 거야!”
 샌님은 이런 불평을 아들은 한 귀로 듣고 한 귀로 흘렸었다.
 ‘차차 나어지겠지…’
 이렇게 생각한 것이다.
 지금까지 밤낮을 모르고 온종일 일만 하다가 갑자기 손이 무료해져서 그러
시니라 했다.
 그러나 아들의 예상은 어긋났다. 샌님의 불평은 조금도 덜해가지 않는다.
아니 날로 심해갔다.
 이제는 숫제 화를 내는 것이었다.
 “노름꾼들뿐이더라!”
하고 시내 구경을 나갔다 오셨다는 이튿날 아침 막 신발을 신고 있는 아들
의 덜미를 치듯 샌님은 이렇게 화를 내던 것이다.
 “누가요, 아버지?”
 “누군 누구겠느냐? 너희눔들 말이다!”
 “네?”
 아들도 주춤했다. 간밤 집에서는 늦도록 마작을 했었다. 이기기 위한 마작
이 아니라 지기 위한 노름이었다. 뇌물이나 현금을 직접 수교하는 것보다
뒤탈도 없고 받는 사람도 떳떳하다 하여 요새 유행하는 수회 마작이었던 것
이다.
 이것을 보고 하는 소리리라 했다.
 “술 사주는 것보다 마작에 져주는 것이 일하기에 편해서 한 거야요.”
 아들은 이렇게 설명을 했다.

그러나 이 아들의 설명에 되레 샌님을 격노케 했던 것이다.

"일부러 져주는 노름이 있다? 아니, 그럼 너 그 사람하구 무슨 못된 짓 궁리하는 게로구나? 너 이 집두 그렇게 해서 산 집이냐? 말을 해봐!"

"이 집을 뭐 즈 아범이 재수가 좋아서 산 집인 줄 아세요?"

하고 옆에 섰던 며느리가 팩 하고 대어든다.

"이 집에 아범 돈이란 단돈 십만환두 안 들어갔어요! 제가 산 집이어요!"

"네가?"

"그럼요! 집 한 칸두 없이 셋방으루 굴러다닌다구 오빠가 사준 집이야요!"

"아니 그래, 그게 정말이냐?"

하고 샌님은 아들한테도 대어든다.

"네."

"에이끼, 못난 자식, 그래, 여북 못난 자식이 처남이 사준 집에 들어엎드렸어? 예이끼, 치더린 자식! 난 시골루 간다! 참봉 곳집(상여집)에 가서 잘 망정 사둔네 집에 엎드렸어? 죽으면 죽었지! 난 싫다! 난 싫여! 에이, 퉤! 퉤! 이눔아, 사둔집 덕 본 눔의 송장은 까마귀도 안 먹는다더라! 에이, 퉤 퉤! 아이 더러워!"

아들과 며느리는 길길이 뛰는 샌님을 진정시키기에 진땀을 흘렸다.

"아무래도 아버진 시골루 도루 내려가시게 해요!"

며느리는 이렇게 아들을 구워삶았으나 아들은 들은 체도 않는다. 큰소리를 하고 모셔오기도 했으려니와 지금 세상에 드문 효자라고 친지간에도 소문이 자자했던 것이다. 지금 꾸미는 일 ― 군수물자 불하를 받는 일에 협력을 하고 있는 한 장교도 술김이기는 했지만,

"권 형이 그런 효잔 줄은 정말 몰랐소! 동가홍상이지! 같은값이면 그런 효자한테 줘야지! 이것두 다 권 형 아버지 덕인 줄 아시오!"

이렇게 설설 승낙을 해주었던 것이다.

"좀 지나시면 습관이 되니까 괜찮아."

이렇게 아내를 달래었다.

그러나 샌님의 화풀이는 날로 심해가기만 했다. 서울놈들은 모두가 건달놈들이라는 것이다.

"일정한 생화가 없이 빈들빈들 먹구 노는 눔들이 건달이지 뭐냐? 하는 일 없이 뭘 먹구 사는 게냐 말이다!"

한번 나갔다 오면 반드시 이런 화풀이를 아들한테고 며느리한테 해대는 것

이다.

"하는 일이 없긴 왜 없어요, 아버님두!"

"아니 그래, 그눔들이 하는 일이 뭐란 말이냐 대관절?"

"관리두 있구, 회사원두 있구, 장사하는 사람두 있구 다 있잖아요? 뭐 논 갈구 밭 매구 하는 것만이 일인가요."

며느리가 못마땅해서 하는 소리였다.

"아니 그래, 이른 새벽부터 공 치는 것이 일이란 말이냐?"

"바둑 두는 게 나랏일이구 회사일이란 말이지? 새벽부터 바둑 두구 있는 게?"

큰길에 나가면 새로 빌딩이 하나 섰다. 아래층에는 상점이요, 이층에 기원과 다방이 차지를 하고 있던 것이다.

거기에를 가본 모양이었다.

"그것두 육칠십 노인들이면 모르겠다. 새파라니 젊은 눔들이 그래 뭐 할 일이 없어서 새벽부터 바둑판을 놓구서 끙끙대구 있더란 말이지? 그런 게 나랏일이란 거냐? 나랏일?"

"직업들을 못 얻어서 그래요. 지금 취직자리 하나 구하기가 하늘의 별 따기보다두 더 어렵답니다. 직업이 없으니까 집에 징커니 엎드려 있을 수두 없구."

"직업이 없다? 왜 없어! 아니, 지금 농촌엔 사람이 없어서 야단인데 직업이 없어?"

샌님한테는 서울 사람들의 생활 전부가 못마땅한 모양이다. 다방 구경을 하고 와서는,

"원, 그런 시러베 아들눔들! 그래, 물 한 잔에 백환을 주구 사먹구 앉았어? 거 댓진 풀어논 물 같은 걸 쓰기는 왜 또 그렇게 쓰냐?"

"아니 아버지, 차 잡수어보셨어요?"

"그렇다! 하두 많이들 들어앉아 사먹기에 맛이 어떻길래 그렇게 많이 사람이 들끓는가 하구 들어봤더니만…아니 그래, 그것 장하답시구 사먹구 있는 거지? 그래 너희들 말마따나 사내눔들은 일자리가 없어서 그런데 와서 자랑삼아 앉았다지만 그 계집년들은 도대체 뭣하는 것들이야?"

이번에는 화살이 며느리한테로 갔다.

"아니 그래, 계집년들두 직업이 없어서 그런 데 와 쭈그리고 앉았단 말야? 제비새끼들처럼 사내눔하구 머리를 맞대구서 무슨 얘기가 그렇게 많아? 그것들두 그래 직업 구해달라구 그러는 거냐?"

"다 그래두 볼일이 있어 나왔겠지요."

"흥, 볼일? 아니 그래 — 살림하는 계집년이 밖에 나와서 남자하구 봐야
할 볼일이란 도대체 뭐냐? 제 서방 독약이나 먹이자는 궁리 아니면 밖으로
싸다니면서 할 얘기가 뭐냐 말야! 내 하두 기가 막혀서 세어봤다! 세어봤
어! 사내눔이 스물하난데 계집년이 열셋이나 되더구나! 그눔의 집 살림꼴
잘되겠다! 그저 내 성미대루 했으면 머리 끄덩일 끌어내서 한 밧줄에 옭아
가지구…"

5

처음 서슬 같아서는 금방이라두 시골로 되내려갈 듯싶던 샌님도 한 달 두
달 지나는 동안에 서울 생활에 좀 자리가 잡히던지 체념을 하는지도 몰라도
집 모퉁이 큰길 거리에 나가 앉아서는 오가는 사람들의 얼굴을 바라보는 것
으로 일과를 삼았다.
아침만 먹으면 복덕방에 나가서 장기 두는 구경을 하구 점심때나 되어 들
어오는 수도 있었고, 골목 어귀에 송판을 버티어놓고 담배나 사탕이니를 파
는 늙은이한테 가서 몇 시간씩 앉았다 오기도 한다. 그러다가도 무료해지면
손녀를 끌고 장충공원 약수터에 가는 것이 일이었다. 약수터에 갔다 와서는
한다는 소리가 지게 타령이었다.
"지겐 뭘하시게요?"
"애, 말 말어라, 그냥 낙엽이 폭폭 썩는구나! 갈퀴가 묻히겠더라! 그래
서울 사람들은 대체 뭘 궁릴 하기에 나무가 그렇게 썩두룩 보고만 있는 건
지 모르겠다. 지게하구 갈퀴만 장만해라, 내 겨우내 나문 대마! 조반 전에
한두 짐은 거뜬하니 하겠더구나! 불꽃은 저까지 구공탄에다 대? 그저 사람
사는 집엔 연기가 나야 하느니라. 연기가 서기란 말두 있잖더냐? 그게 말하
자면 사람이 살았다는 표적이거든! 사람의 입김과 마찬가진 거야! 화롯불을
담아두 그렇지! 잎재엔 불이 사는 법이니라! 석탄재에 불 살던? 그저 사람
은 재틸 먹어야 하는 법인데…내 인제 한짐 해올께니 때봐라! 불길이 얼마
나 존가."
"아이, 아버님두!"
서울 며느리는 질색을 하면서도 설마 했던 것이다.
그런데 이 설마가 어긋났다. 바람 한 점 없이 강추위가 며칠째 계속되던
어느 날 아침이었다. 아침이 다 되었어도 밖에 나간 채 들어오지를 않는다.
길에도 나가 보았고 복덕방에도 가보았으나 보이지를 않더니 낙엽 한짐을
짊어지고 들어왔던 것이다.

“아니, 그게 — ”
며느리가 먼저 기급을 했다.
“그게 어서 났습니까…”
아들도 눈이 휘둥그래졌다.
“나긴 어서 나느냐. 했지!”
“하다니요.”
“아 애야, 약수터루 올라가자면 그저 왼 산이 낙엽에 덮였는데 그러는구
나! 발이 푹푹 빠져!”
“참 재주두 좋으시우! 서울 한복판에서 어디 가 저런 나물 했을꾸.”
할멈도 딱해서 하는 소리였다.
할멈은 서울 와서 팔자가 늘어졌다. 그 진저리나는 절구질, 땡볕에 밭매기
하나만 않아도 살 것 같았다.
“아니, 뭘루 하셨어요?”
“뭘루 하긴 뭘루 하냐, 손으로 했지! 농군의 손은 갈퀴만 못할 줄 아더
냐? 갈퀴두 농군 손 본따서 만든 거야!”
활엽수 낙엽과 솔가리를 새끼 하나로만 맺고끊은 듯이 깡똥하니 묶었다.
갓에다 청솔 가지를 꺾어 대기는 했다지만 인절미처럼 아담스럽던 것이다.
“이렇데 하면 하루 열 짐은 낮잠 자가면서 하겠더라!”
“그러나 들키면 망신해요, 아버님! 해드리는 진지 잡숫구 뜨뜻한 방에 계
시랬지 누나 나무 해오시랬어요!”
땡벌처럼 쏘아붙이건만 샌님은 태연했다.
“뭐라구? 그눔들 할일이 없건 가서 바둑을 두든지 공을 치든지 할 꺼지
썩어 문드러지는 낙엽 긁는다구 말을 해?”
“글쎄, 제발 좀 그런 일 하지 마세요!”
제 성미에 못이기어 발을 동동 구르던 서울 며느리는,
“난 몰라요! 난 몰라요!”
푸념을 하며 홀짝댄다.
“오냐, 염려들 말아라, 잡혀감 내가 잡혀갔지 너희들더러 뭐라겠느냐.”
샌님은 딴청만 쓰고 있다.
“정말 무슨 일을 저지르실지 알겠어요? 내려가시게 해요. 어머니는 서울
살림에 자밀 좀 붙이신 것 같으니까 그냥 계시게 하구 겨울 동안만이라두
내려가 계시게 했으면 싶군요.”
그러나 아들은 역시 못 들은 체였다.
“그러시다가 괜찮아져.”

"괜찮아지긴 뭐가 괜찮아져요? 그냥 심심해서 돌아가실려구 하시는데 —
옆에서 못 뵙겠어요! 글을 아시니 옛날 얘기책이라두 보시나, 하다못해 장
기두 못 두시는가 봐요. 그러니 이 긴긴 밤에 당신두 못할 노릇이시지 —
"
그러나 아들은 무슨 사정이 있는지 시골 이야기만 하면,
"거 쓸데없는 소리 작작해!"
하고 입을 틀어막아버린다.
며느리는 처음부터 반대였다. 새삼스럽게 시부모고 누구고 모두가 마뜩치
가 않았다.
시어머니는 아이들도 맡기고 다닐 수 있고, 식모한테 온통 집을 내주고 다
니는 셈이어서 붙들어두고 싶었지만 시아버지만 내려보낼 수 없다면 아쉽지
만 함께라도 내려보내는 수밖에 없느니라 했다.
마침 핑계도 좋았다. 그래서 남편도 남편이지만 시아버지 당자를 삶아서까
지라도 내려보내야 하느니라 했다.
며느리는 며느리대로 그런 생각을 하고 있지만 샌님은 샌님대로 지금 딴
궁리를 하고 있었다. 사실 이 이상 더는 무료해 견딜 수가 없던 것이다.
무엇보다도 새벽 참새소리가 그리웠다.
시골에 살 때는 그런 줄도 몰랐고, 몸이라도 괴로워서 좀 늦잠을 자려고
할 때는 귀찮게까지 여겼던 그 참새소리가 살갑게도 그리워지는 것이었다.
농가에 무엇 하나 보태주는 것이 없는 새였다.
채 물기가 걷기도 전부터 눈이 밝게서 알곡을 까먹겠노라 염치없이 달려들
때면 그 놈의 주둥이를 응껴도 시원치 않았다.
꼭 추녀 끝에 매달려서는 마당에 곡식 널기만 엿보고 있는 참새를 볼 때마
다 회초리에 손이 가던 참새소리가 이렇게도 다정하니 가슴을 파고들 줄을
몰랐다.
"영감, 그만 일납시다. 일나서 일 해야지 — 응, 영감!"
이렇게 속삭여주던 것만 같다.
"어디 뭐 붙은 게 있어야 말이지! 광에서 인심 난다구 참새들 얻어먹을
게 있어야 추녀를 찾지! 어디 발붙일 데나 있던가?"
새벽잠이 깨어 무료하니 누웠으려면 이런 생각만이 떠오른다. 일어나야 할
일도 없었다. 뜰이라야 온통 시멘 바닥이었다. 애꿎은 담배만 피우다가 자
리를 털고 밖으로 나가본다. 아래윗집이건만 개가 닭 보듯 하고 보니 말도
붙여볼 도리가 없다. 한번 하도 따분해서 아랫집에 사는 영감을 문턱에서
만나,

　"아랫댁에 사시지유?"

하고 말을 걸었더니,

　"그렇소? 왜 그러오?"

　이렇게 따지려 드니 더 말을 붙여볼 용기도 나지 않는다.

　윗집 중년도 그랬고, 건너집 젊은 사람도 근접을 못하게 했다.

　"아니, 이렇게 서루 이웃간에 척을 짓구서 살아야만 할 까닭이 없지 않은가. 이웃 사촌이란 옛말은 개한테 물려보냈단 말이냐."

　만만한 것은 오직 담배뿐이었다. 분해도 담배, 괘씸해도 담배, 무료해도 담배였다. 새벽 네시경 채 밝기도 전에 깨어가지고는 자정이 지나도록 손 잡아매고 가만히 앉았기만 했어야 했다. 입도 봉한 채였다.

　"입에서 군내가 나서 못견디겠다!"

하고 노인은 아들을 붙들고 하소연이었다.

　"구경이나 슬슬 다니시지요!"

　아들도 인제는 상대를 않으려 든다. 할멈도 그랬다.

　"천생 호밋자루나 찰 팔자라니까! 평생 못 먹던 고깃국에, 생선에, 질질 흐르는 쌀밥에 해다 바치거든 먹구 누웠지, 뭔 잔소리가 그리두 많수? 그래 새벽부터 개똥망태나 지구 다니는 게 그렇게두 소원이어유?"

　외로워서 할멈이랍시고 좀 위로나 받자고 하면 덮어놓고 쏘아붙이기만 한다.

　"압따, 이눔의 늙은이가! 뺑득 할멈처럼 쏘아붙이긴 왜 이리 쏘아붙여?"

　"그럼 뭐요! 뭐가 부족해서 그저 등창 앓는 사람처럼 꿍얼거리는 거여유?"

　할멈까지 이러니 며느리야 더 말할 것도 없다.

　"망령이시라니까요!"

　이렇게 망령으로 돌려버린다.

　손녀년도 그랬다. 뭐라고 하면 제 어미한테 들은 대로,

　"할아버진 망령이야!"

해버리는 것이다.

　"그 늙은이 왜 그리 주책이 없어? 분수 적기란 ― 아니 아침부터 냄새나 맡은 개처럼 지싯지싯 붙어볼려구 그러지 않아? 남이 싫어하는지두 모르거든!"

　이웃은 그만두고 곧잘 말벗이 되어주던 담배장수 늙은이까지도 샌님을 따돌리려 든다.

　"자리 좀 내주시오. 영감은 눈치도 없소? 손님이 와서 비좁건 자리를 좀

내줄 께지 제삿집 장이나 대듯 버티구 앉았으면 어쩌란 거요?"
 복덕방에서도 지청구를 댄다. 손님이 와서 북적댈 때라면 또 몰랐다. 저희들 한둘이 있으면서 하는 소리였다.
 이제는 완전히 주위에서 따돌림을 받고 보니 정말 발길 갈 데가 없다. 어쩌다 지나다가 당구장에 맛을 들여서 공 맞추는 구경을 몇 번 갔더니만 이제는 숫제 근접도 못하게 하는 것이다.
 누워 담배나 피울밖에는 없었다.
 시골 같았으면 이럴 때 짚단을 들여다 신이나 푸슬푸슬 삼고 앉았으면 시간 가는 줄 몰랐다. 그래서 그런 궁리도 해보았었다.
 그러나 아무리 돌아다녀보아도 짚단 파는 집은 없었다. 물역상을 두세 집이나 둘러 보았으나 큰 붓푼수나 되게 짚오리 몇 개 묶어놓고는 십오환씩을 달라던 것이다.
 두 단은 가져야만 짚신 한짝거리가 될까말까 하기도 했지만 그나마도 몇 단밖에는 없다. 밤새도록 궁리한 짚신 타령도 꿈이 되고 말았다.
 '자리를 매면…'
 이런 생각도 해보았다 자리틀이야 세치각 한 개만 사면 우그려 만들 수가 있었지만 왕골과 청올치를 구하는 재간도 없었고 자릿돌도 만만치가 않았다. 판로도 없다는 것이다.
 "서울서 왕골자리가 팔리오? 강화 돗자리가 산더미같이 쌓였는데. 영감, 그러지 말구 멍석을 트시오!"
 "멍석? 멍석은 뭣에들 쓰오?"
 "아따, 이 영감 보게. 영감 살던 시골장에 갖다 팔면 안 되오?"
 이런 조롱만 받고 집에 돌아와버렸다.
 역시 무료했다. 몸이 비비 뒤틀린다. 정말 못할 노릇이었다.

6

 그래도 겨울 동안은 그런대로 견딜 만했다. 워낙 날이 추워노니까 엄두가 나지 않더니 한식절이 되어 뜰잔디가 뾰족뾰족 싹을 내어밀기 시작하자 샌님은 생리부터가 완전히 농군으로 돌아가던 것이다.
 온몸이 봄기운이 풍기었다. 살에서도 잔디가 싹을 트는 성싶어진다. 봄기운이 소물거리면서부터는 온 전신이 근지러워 견딜 수가 없다. 노고지리 소리가 곧 들려오는 성싶어도 진다. 샌님 — 아니 완전히 권 서방으로 돌아간 그는 누웠다가도 벌떡 일어나졌다.

"이런 이 소! 낄낄!"

하는 농부의 소리가 들려왔던 것이다. 물론 착각이었다. 그러나 이 착각에서 온 여음은 언제까지나 언제까지나 권 서방의 귀에서 사라지지 않는 것이었다.

그러나 여기에 그치는 것도 아니었다. 농부의 소 모는 소리는 신기할 만큼 대지를 흔드는 듯싶은 우렁찬 황소의 울음소리를 빚어주던 것이다.

그 소의 울음소리는 농부한테는 더없이 흥겨운 음악이었었다. 청각을 통한 음악뿐이 아니었다. 그 음악 속에는 김이 무럭무럭 나는 푹 익은 외양간 거름의 훈기를 풍겨주기도 한다. 그것은 마치 굶주린 사람 코에 스며드는 검은 밤콩은 듬성듬성 논 시루떡의 그 구수한 냄새와도 같았다.

농부에게 있어서는 두엄내가 곧 흙내요, 흙내가 구수한 된장국 냄새였다. 울적하다가는 이 냄새만 맡으면 속이 후련해지던 것이다. 도시 사람들한테는 숨막히는 악취였지만 샌님 — 아니 권 서방한테는 신선한 공기와도 같았다. 그러기에 그는 변소에만 들어가면 마음이 푸근해졌다. 한 달에 몇 번씩 거름을 쳐갈 때마다 온 집안이 문을 첩첩이 닫아걸고 숨도 안 쉬고 틀어박혔을 때도 혼자 신바람이 나서 거름통 주변을 빙빙 돌기도 했다.

"거 그래서 쓰나. 그러면 멀건 물만 뜨이지. 자, 비키오, 비켜!"

이렇게 거름 인부를 떠밀치고는 신이 나서 자신의 거름을 퍼내기도 하는 권 서방이었던 것이다.

그런가 하면 아침에 나간 사람이 저녁때가 되어도 돌아오지 않아서 집안이 발칵 뒤집힌 일도 있다. 혹시 길이나 잃지 않았나 해서 파출소에까지 연락을 하고 법석을 하고 있는데 흙투성이가 되어 돌아왔었다.

"아니, 어디 가서 여태 계셨어요?"

하고 못마땅해하는 며느리한테 샌님은 신바람이 나서 이야기를 하던 것이었다.

"얘, 말 말아라! 나 오늘 참 잘 지냈다. 저 뒤에 산등성이에 방을 한 칸 우거리는데 보자니까, 아 글쎄 월 엮는데 그야말루 거미줄루 방귀 엮듯이 하는구나, 그게 수수깡 같아두 또 모르겠는데 새끼손꾸락만큼씩 아카시아 호초릴 글쎄 큰 닭장 엮듯기 하니 거기 흙이 붙어 있을 께 뭐냐? 그저 눈속임이지. 겉에 흙만 발라노면 겉보기엔 번지르르하지! 허지만 말라노면 애들이 기대어두 벌렁벌렁 자빠지구 마느니라! 그래 내 덤벼서 다 새루 해줬다! 여물을 많이 섞어야 한데 짚이 없으니까 잔디풀을 뜯어다 하니 그게 무슨 힘을 쓰겠나!"

목판장사라도 하겠노라 영감이 애를 먹인 것도 그날부터였다.

정말 미치겠다던 것이다.

한식이 지나자 샌님은 더욱 못견디어했다. 눈만 뜨면 걱정이,

"이 사람이 볍씨나 담구었는가, 원! 볍씨 담담이 일쯔감치 담구어 이른 못자릴 해야 할 법인데 — "

이런 걱정부터 시작하면 끝이 없다.

"못자리판 물은 담담이 더워야 하는데 물길을 좀 돌려대는지 모르겠꾼! 두엄을 미리 좀 폭 질르지 않구서 암모니아 쓸 생각만 하지 않나? 그 사람 농사엔 이력이 있다지만 땅의 성질을 잘 몰라노니까?"

그 사람이란 말할 것도 없이 땅을 맡기고 온 성춘식이다. 사람됨으로나 농사 이력으로나 자기만 못지않은 농군임을 권 서방도 모르는 바는 아니었다.

성춘식은 권 서방과 달라 눈뜬 장님이 아닌지라 신문이고 잡지에서 얻어들은 새 지식도 권 서방보다는 나았다. 그것이 권 서방한테는 또 걱정이었다.

"사람두 성두 각각, 이름도 각각이듯이 땅이면 다 같은 땅인가. 땅에두 성 각각, 이름 각각 있으니. 거 신식 사람들 말이 옳긴 옳지! 허지만 땅에 따라 다 달른 법이니! 사토에 암만 금빌 질러보지! 모래 썩히는 건 두엄밖에 없느니!"

무엇이고 새 농사법을 따라보려고 애를 쓰는 것이 성춘식의 흠이니라 했다. 작년에는 한식 전 못자리를 해서 보름이나 일찍 추수를 했고, 거기에 또 이백열두 평짜리 한 다랑이에서 정조 열한 가마까지 낸 터라 자기도 한 번 성춘식의 지시대로 해보겠노라 벼르기까지 한 권 서방이면서도 마치 어린애한테 칼 쥐어 내보낸 것 같은 불안을 느끼는 것이었다.

"가지쎈 2월 중순에 묻어두 좋은데 — "

벼농사뿐이 아니다. 이런 걱정까지 해주고 있는 권 서방이었다.

그러나 걱정은 성춘식에 그치지 않았다.

"그 게름벵이 녀석이 아직도 꾸물거리구 있을 께라…밤을 패서 돌아댕기니 제눔이 천성 해가 꽁무니를 쑤실 때까지 자빠져 잤지 벨수가 있나! 남들은 몰 낸다구서 들어야 못자리 타령이나 하구 다니구 — "

김달수 이야기다. 노름꾼으로 유명한 곰보였다.

이렇게 시작하면 온 동리 걱정은 혼자 하고 누웠던 것이다. 그러다가는,

"에이! 망할 자식들!"

하고 벌떡 일어난다.

맘이 안 드는 녀석의 얼굴이 눈앞에 떠오르면 참지를 못하는 성미였다. 언제나 그랬었다. 아무리 바쁜 길을 가다가도 밭에 풀이 우거진 것을 보고는 그대로는 못 지나가는 성미다. 밭머리에 서서 주인 욕을 혼자 퍼붓다가는

와르르 밭으로 뛰어들어가서 콩이고 팥이고 곡식을 뽑아던지고야 견딘다.

"너 같은 건 애전에 죽어버려야 한다! 애전에! 여북 팔자가 기구했기에 그런 녀석한테 태어났겠느냐…"

마치 아이들 데리고 하는 소리다. 그중에서 가장 혼돌림을 당한 것이 김달수였다. 김달수의 밭 한 뙈기는 공교롭게도 권 서방네 밭과 붙어 있었다. 불행, 아니 김달수한테는 다행이었을지도 모른다. 권 서방은 나이도 십여년 차이가 있어 죽일 놈 잡도리 하듯 하면서도 보다보다 못하면 곧 잘 매는 길에 훔쳐주었으니까 ― 깨밭을 매다가였다. 점심을 날라온 할멈이,

"달순지 뭔지 그 사람, 그래 밭을 저꼴을 만들어놓구서 지금은 어느 때라구 천렵을 하구 있어?"

무심코 하는 말을 듣더니만 영감은 눈을 까뒤집어쓰고서,

"아니 그래, 그 자식이 고길 잡구 있던가?"

"윤보네랑 모두들 물을 돌리구 푸구 있습니다!"

"아니, 저런 죽일 눔이 있더란 말야!"

영감이 하도 서두르는 바람에 할멈도 질겁을 하고서,

"내버려둬요… 제 땅 제가 안 가꾸는 걸 뭘 참견여유!"

"아, 뭣이 어쩌구 어째? 어째서 제 땅이야! 어째서 제 땅이야!"

"아주 샀대유!"

"샀으면 제 땅이란 말야! 그래 제 땅이면 곡식을 심어놓구서 저 꼴을 만들어놔두 괜찮단 말야? 이눔의 자식 버릇을 알켜놔야지! 동리서 아주 내쫓아버리던지 ― 어디야, 어디서 물을 푸던가? 구렛보겠군!"

하기가 무섭게 말리는 할멈을 밭머리에다 내동댕이를 치고서 단숨에 달려가서는 다짜고짜 목덜미를 잡아나꾸었던 것이다.

"네 이 날도둑눔! 네눔의 심보가 그러구서 이 동리서 살아!"

"아니 아저씨, 왜 이러세요!"

모두 영문을 몰라 쩔쩔매고만 있었다.

"이 날도둑눔들! 풀 키가 곡식 키보다 크게 만들어놓고서 고기잡일 해?"

여기까지도 좋았지만 한나절을 퍼서 물이 자작해진 물꼬를 왈칵 터놓고야 말았던 것이다. 눈을 감고 더듬어도 손뼉 같은 붕어가 잡히도록 고기가 시글시글했었다.

이런 물꼬를 터놨으니 젊은 놈들이 그대로 있을 리가 만무다. 불량하기로 이름난 윤보가 영감을 물에다 틀어박고는 달아났었다.

그래도 나이 먹은 달수가 나왔다. 영감을 물에서 붙들어 일으키는 달수의 목덜미를 잡아끌고서 밭에까지 와서는 기어코 그날 해전에 밭을 말끔히 매

게 했던 것이다. 권 서방도 같이 매준 것은 물론이다. 그런 후로는 무슨 일이 있어도 권 서방네 옆밭만은 김달수도 묵히지 않았었고, 달수가 이 세상에서 가장 두려워하는 것이 권 서방이었었다.

"달수! 숨어라! 숨어! 호랑이 온다!"

친구들이 권 서방만 번득해도 이렇게 귀뜀을 했다. 숨으라면 벌써 권 서방인 줄 알고 곱이 끼어 숨는 김달수이기도 했다.

"그 녀석, 요샌 신바람이 나서 노름이나 하구 돌아다니겠지…천렵이나 하구!"

이것저것 달수가 하던 짓을 회상하다가도 금방 뛰어가기나 할 것처럼 벌떡 일어나 앉는 샌님이었다.

그러나 그래보았자 도리가 없는 지금의 샌님이었다.

그는 벌써 권 서방이 아니던 것이다.

어느 날 아침이었다. 집안이 발칵 뒤집혔다. 며느리가 손수 만들어논 화단이 판판히 되어버렸다. 카네이션, 제라늄, 마카레트, 도라스나, 다알리아 등 며느리가 얻어다 가꾼 서양 화초를 말끔히 뽑아내고는 무씨를 뿌렸다는 것이다. 톱도 얻어다 놓았었다. 웬만한 나무는 잘라버리고 채소를 심을 생각이었던 것이다. 며느리는 홀짝홀짝 울고 있었다.

"애야, 그래 꽃 먹구 사느냐! 푸성귀라두 뜯어먹으면 작히나 좋아서 그러느냐?"

"이눔의 집 다 헐어버리구서 보리밭이나 하세요!"

며느리가 하도 악을 쓰고 나대니까 영감은 두루마기를 걸치고 어슬렁어슬렁 문 밖으로 나가버린다. 아들도 집에 없던 날이었고 보니 첫째 며느리의 눈총이 살에 들어 박히는 것 같아서 견딜 수 없었던 것이다. 아들도 요새 하는 일이 잘 안 되는지 전축도 들고 나갔고 찾아오는 사람마다가 싫은 소리를 하고 가더니 벌써 사흘째 집을 비우고 있던 것이다.

할멈은 할멈대로 날뛰었다.

이렇게 업 나가듯 한 영감은 그날 밤이 되어서도 돌아오지 않았다.

이튿날도 그 이튿날도 샌님은 종무소식이었다.

"시굴루 되내려간 게다. 내버려둬라!"

하고 할멈은 남의 말 하듯 하고 있었다.

"천생 팔자가 호미나 차구 지게나 질 팔잔걸 고깃국에 쌀밥이 당한 게냐. 인저 진탕 쌀밥을 먹다가 그 꽁보리밥 덩이를 먹어봐야 서울 생각이 나겠지! 웬걸, 요새야 꽁보리밥이나 있다더냐? 질경이나 뜯구 해서 보리알이나 둥둥 띄운 죽국물이나 차지가 가면 다행이지!"

할멈은 이렇게 말하면서도 늦도록 대문 소리에만 귀를 기울였다.

그 이튿날도 영감은 돌아오지 않았다. 인제는 시골로 간 것에 틀림이 없다고 고부가 거의 단념하고 있던 사흘째 되던 날 점심때나 되어서야 나갈 때처럼 풀이 죽어 들어왔다. 두루마기고 옷이고가 말이 아니었다.

"아니, 또 어딜 갔다 지금서야 와유?"

할멈이 묻는 말에도 못 들은 체 자기 방으로 들어가더니만 자기 입던 옷가지를 주섬주섬 챙기고 있다.

"왜 그러셔요, 아버님?"

며느리가 물어도 대꾸가 없다.

"그건 뭘할려구 싸유?"

그래도 말이 없다.

영감은 반침에 쓸어두었던 헌 버선짝까지를 깡뚱하니 동그려놓고서야 며느리를 보고,

"나 낮차루 시골 가련다…"

"네? 시골은 왜요?"

"나 시골루 내려갈 테야. 더러운 늠의 고장!"

침을 퉤 뱉는다.

"아니, 왜 그래유! 서울이 뭘 또 잘못했시유?"

"잘못이면 이만저만 잘못이어?"

하더니만 며느리 쪽으로 홱 돌아앉으며 막 퍼부어댄다.

"그래, 너 좀 들어봐라! 아니 그래, 사람이 길 가는 데두 간섭을 해? 남이사 왼쪽으로 가건, 바른쪽으로 가건, 제늠들이 상관할 께 뭐냐 말이야! 건너가거라, 돌아가거라, 서라, 어째라, 무슨 상관이냐 말여! 그래, 제 나라 백성이 제 나라 길 다니는데두 무슨 법이 그렇게 많으냐 말이다! 왜 남의 제사에 밤 놔라, 대추 놔라 하느냐 말여! 응, 그래, 제늠들이 순경이면 순경이었지 남이야 걸어가건, 기어가건, 상관할 것이 없잖으냐 말이다! 그래 늙은일 잡아다놓구서 뭐 어쩌구 어째라?"

그제야 며느리도 짐작이 갔다. 필시 횡단도로 아닌 데로 건너가다가 교통순경한테 꾸지람을 들은 모양이었다.

"자동차가 하두 많이 다니니까 아버님 다치실까봐 그런 거죠."

며느리가 설명을 해도,

"뭐가 어떻구 어때? 그래, 이늠의 서울선 제 맘대루 죽지두 못한다더냐? 내가 치여 죽으면 제늠이 거상을 입어줄 테니 걱정이냐, 장사를 치러줄 테니 걱정이냐? 어째서 잔말이 그리두 많으냐 말여? 뭐, 어쩌구 어째? 무슨

재판? 그래, 제눔이 가란 길루 안 갔다구 재판을 한단 말이지? 이눔들, 백
성들이 갖다 바치는 세금으루 국록을 먹거든 할일을 해야지! 수수미꾸라지
처럼 말쑥하니들 차리구선, 찻집으루, 공치기 아니면 바둑이나 두구. 뭐 년
눔들끼리 부둥켜안구서 춤을 춘다구? 농군들이 그 피땀을 흘려서 농살 지어
다 바치면 처먹구선 그래 그런 지랄만 해? 남 길가는 것 참견 말구서 그런
눔들이나 한 두름에 엮어서 시굴루 보내주면 농사나 지어먹잖아? 젊은눔들
은 모조리 수대루 잡아가구, 늙은이들보구 저런 눔들 바둑 두라고 농살 짓
구 있어? 그래 우리 농군들은 사람이 아니냐 말여! 우리가 밥 처먹구서 피
둥피둥 노는 눔들 위해서 이 세상에 태어났단 말여? 난 간다! 난 가! 그런
눔들의 꼴 더는 못 보구 살겠어!”
　며느리가 서울이기나 한 것처럼 이렇게 바가지로 막 퍼붓더니만 그대로 벌
떡 일어선다.
　“또 분수 떠네!”
하고 할멈이 혀를 끌끌 차차 영감은,
　“에이, 숙맥! 그래두 서울이 좋다구?”
하더니 할멈의 턱을 본때있게 한 번 추키고서,
　“난 간다! 가! 내가 너 같은 걸 예편네라구 사십 년이나 더리구 살았
지!”
　정말 문을 젖히고 퇴로 나선다.
　“아니, 가시더라두 즈 아범이나 오건 가세요! 그냥 가시면 저의가 뭐 잘
못이나 한 줄 알구 야단나지 않겠어요?”
하고 붙드는 며느리한테도 턱이나 추킬 듯싶은 태세다.
　“그래, 잘한 건 또 뭐냐? 뭘 잘했어! 시아비가 그렇게 심심해하니 네가
자리틀을 하나 마련해줬단 말이냐, 짚 한 단을 구해다줬단 말이냐, 뭘 잘했
어!”
　이쯤 되면 도리가 없었다. 그래서 가시더라도 점심이나 자시고 가시라고
붙들어도 보았으나 홱 뿌리치고서,
　“안방마님처럼 살이 부둥부둥 쪄라! 네 시굴로 다시 내려온다구만 해봐
라!”
　대문간 까지 나가다가 다시 홱 돌아서면서 이렇게 소리를 친다.
　“뒈져서두 오지 말아!”
　샌님, 아니 완전히 옛날의 권 서방이 되어버린 영감이 버스에서 내린 것은
다섯시가 지나서였다. 버스 정거장에서 인절미 백환어치를 사서 먹은 것뿐
이어서 시장기가 들었지만 여기서도 삼십리 길인지라 막걸리 한잔을 마시고

는 횡하니 동구 밖으로 나섰다.

우선 퍼어런 들만 보아도 답답하던 속이 툭 트인다. 농군들은 벌써 여기저기 흩어져 있었다. 초경을 하는 농부도 있었고, 무엇인지 씨앗을 뿌리는 사람도 눈에 뜨이었다. 먼지 하나만 묻어도 혹혹 불고, 잘못 보고 발등을 좀 밟았다고 눈깔이 멀었느냐고 눈을 울부리던 서울 사람에 기가 질렸던 권 서방은 농군의 옷만 보아도 사람 사는 고장에 온 것만 같았다. 길도 그랬다. 돌부리에 울멍줄멍한 좁다란 길이었어도 앞뒤 좌우를 몸이 달게 돌아다볼 필요도 없었다. 돌아가라, 건너가라, 서라 마라 할 사람도 없었다. 무엇보다도 그 돼지 목 따는 소리 같은 자동차 소리만 안 들어도 살 것만 같다.

동구 밖 마차길로 나오자마자 권 서방은 숨을 한 번 크게 쉬었다. 텁텁하던 내장 속이 말끔히 씻어지는 성싶다. 또 한번 호흡에도 한겨울 동안 내장에 배었던 구공탄 독기가 빠지는 것 같다.

"이게 사람 사는 데지!"

영감은 놀이 들기 시작한 하늘을 우러러보며 두 팔로 허공을 안아보는 것이었다.

"사람 사는 데가 이래야말구!"

길이라기보다도 보료 위를 맨발로 거니는 것 같다. 딱딱한 민판길만 걸을 때는 도시 감각이 없던 발바닥을 통하여 흙의 포근함을 감촉할 수 있었다. 춘경을 마친 논의 시커먼 흙덩이에는 아직도 보습날 자위가 남아 있어 비낀 햇볕이 거울처럼 반사가 된다.

"그렇지! 사람 사는 맛이 이래야말구…"

영감은 또 한번 외치듯 한다.

네 시간이나 버스에 흔들림을 했건만 피로한 줄도 몰랐다. 시장기도 몰랐다. 오직 기뻤다. 즐거웠다. 안 먹어도 살 것 같았다.

"너희만 논이 있더냐? 나두 있어! 엿 마지기와 또 세 다랑이야!"

영감은 들에서 일하는 농부들이 보고 외치고 싶었다.

"이 사람이 춘경은 했을까?"

했기를 바랐다. 성춘식이 제일 먼저 했을 것만 같다. 또 그렇기를 바랐다. 춘경은 답답이 이를수록 좋으니라 했다. 두엄을 푹 질러놓고 한번 깊이 뒤집어만 놓으면 김이 무럭무럭 나도록 푹 썩는다. 보습날 자위가 번쩍이는 논을 눈앞에 그려만 보아도 신바람이 난다.

"그러면! 춘식이 그 사람이야 빈틈없지…"

이렇게 흐뭇해하는 영감이면서도 또 춘식이가 무슨 일이 있어서 아직 춘경을 미리 안했으면 하고도 바라는 것이었다.

　"그랬으면 한번 신바람이 나게 갈아붙여 보지!"
　이런 권 영감이기도 했다.
　마치 달이 있기는 했었지만 역시 밤길이었다.
　자기도 모르게 발이 재우쳐졌다. 한시라도 빨리 그립던 동리에 들어가고
싶었다. 삼십리 밤길을 어떻게 왔는지 몰랐다. 무너미 고개 마루턱에 썩 올
라서니 눈물이 피잉 돈다. 여기서는 담배 한 대 참이었다. 대개 이 고개 마
루턱에서는 오다가다 한 대 붙이는 것이 보통이건만 권 영감은 내친 걸음에
봇둑 갈림길까지 내려오고 말았다. 곧장 들어가면 장앳말이다.
　갈림길까지 온 영감은 발을 뚝 멈추었다. 무슨 생각인지 한참 궁리를 하더
니만 오른쪽 길로 휙 빠진다.
　"암! 예까지 와서 그대루 과문불입을 했다간 그 녀석이 노엽다구말구! 그
럴 순 없지!"
　그 녀석이란 영감의 논이었다. 여기서는 그렇게 멀지도 않다. 조금만 돌아
가면 그만이던 것이다.
　논이 저만큼 보이자 영감은 뛰고 있었다. 그립던 녀석이었다. 꿈에도 잊혀
지지 않던 녀석이었다.
　"잘 있었느냐? 내가 왔다! 내가!"
　영감은 커다랗게 소리를 쳤다.
　"널 그눔들한테나 대? 그 까투리처럼 입만 깐 서울눔들한테나?"
　달밤에 보니 더 의젓해 보인다. 보습날을 금방 뗀 것 같았다.
　"허, 그 사람이 신명풀이를 못하게 했군그라!"
　그러면서도 영감은 만족이었다.
　"품은 곱 쳐서 줘야지! 암, 그러구말구…겨울 동안 봐준 공두 있잖나!"
　숫제 콧노래다.
　이렇게 흥겨워 돌아온 권 영감이 춘식이네 사랑방에 썩 들어서자, 앉았던
사람들은 모두 기겁을 하고 놀랐다.
　이야기를 벌어졌다. 적의까지 보이며 그동안의 서울 이야기를 한 끝에 영
감은,
　"춘식이! 일년 농사두 못 지어보게 돼서 염치가 없네나!"
하고 말문을 돌리어 자신이 농사를 지으러 왔다는 말을 하자 방안은 물 친
듯이 갑자기 고요해졌다.
　"아니, 거 무슨 말씀이세유, 형님?"
　"나 혼자라두 농살 짓구 고향엘 살러 왔네. 맷돌이구 뭐구 그런 건 자네
다 그냥 쓰게나. 할멈은 죽어두 안 내려온다니까."

"그렇지만 전 끝전꺼정 다 치른걸유, 형님!"

"뭐? 끝전이라니?"

"모르시나유, 형님은? 자, 이걸 보셔요. 이게 그 문서예유!"

아들이 내려와서 일체를 백삼십만환에 팔고 갔다는 것이다.

"끝전을 보리 때까지만 참아달래두 안 된다구 그래서 팔부변을 얻어서 다 줬어유."

청천에 벽력 같은 일이었다.

"전 형님이 보내셨다기에 그런 줄만 알구 있었어유!"

"음 — "

그것은 그대로 동물 — 그것도 맹수의 신음 소리였다.

잠이 올 리 없었다. 그러나 이튿날 아침 영감은 춘식이를 보고 이렇게 말하고 있었다.

"나 자네한테 청이 하나 있네!"

"청이라니유?"

"나두 이면은 있는 사람이어, 한번 판 걸 되물러 달란 말은 않겠네! 그럴 처지두 못 되구. 그 자식이 아마 실쩰 했나보이. 그러니 날 자네 집에 좀 두어주게나!"

"네?"

"어 이 사람, 뭐 내가 거저 뭐달란 말은 아닐세. 나 아직 어느 젊은 눔한테두 지잖을 셈일세! 안 져! 새경두 자네 주는 대루 받을 테여! 난 그눔하구만 살면 그만이니까."

"허지만 그렇게야 어떻게…"

가슴이 뻐근해서 하는 말에 영감은 춘식의 손을 덥석 잡고서 눈물을 좌르르 쏟으며 숫제 애원을 하는 것이다.

"아니 이 사람! 자네 어차피 그만큼 농사가 늘었으니까 사람 하나 둬야 하잖겠는가? 늙었다구 자네 날 타박하는 건가! 엉? 내가 늙었어두 지잖네, 지잖아! 어느 젊은 눔보다두 그 녀석만은 내가 더 잘 다룰 걸세! 안 그런가? 나 그 녀석 딴사람한테 손대게 하구 싶지가 않네! 자네야 땅 임자니까 도리가 없지만! 이래두 내 맘 못 알아주겠는가, 어, 이사람!"

현진건
〈새빨간 웃음〉

1

　여름 밤 새벽, 삶고 찌는 듯하던 더위도 인제야 잠깐 물러갔다. 질식한 듯싶던 바람이 갑자기 생기를 얻은 것이 슬슬 들자, 그 축축하고 눅눅한 입김에 흔들리어 새하얀 달빛이 흩어졌다. 그 흰 가루는 마치 눈보라 모양으로 입때껏 부글부글 괴어 오르던 땀을 싸늘하게 식히는 듯하였다.

　더위에 헐떡이는 것같이, 훨씬 열린 경화의 방 미닫이는 아직도 닫히지 않았다. 병일이와 단둘이 자는 꼴을, 어둠으로 가리우노라고 전등불은 꺼두었건만 그 대신 속 없는 달빛이 기어들어 올 줄은 몰랐다. 연옥색 망사모기장으로 걸어 놓으매 밝고 흰 광선은 푸르게 변하여, 햇발에 비친 바닷속도 이러할 듯. 그렇다면 젊은 사내와 계집의 손길, 발길에 채이고 밀리어, 여기 불룩불룩, 저기 꾸김꾸김한 모시 겹이불은 굼실거리는 물결이라 할까.

　벼개와 요, 이불을 내버리고 맨 방바닥에 굴러와서 자던 병일은 선선한 기운에 잠이 깨었다. 어젯밤 명월관에서 삐루에다가 위스키를 많이 타 먹은 탓으로 눈 뜰 겨를도 없이 타는 듯한 갈증을 느낀 그는 자리끼를 거진 다 말리고 보니, 화류 문갑 위에 얹힌 자개박이 체경이 번들번들하며, 그 옆에 놓인 유리 항아리에 둥실둥실 떠다니는 금붕어가 역력히 보였다. 이 밝은 빛의 원인을 알아차리자, 그는 미닫이 편으로 고개를 돌리었다.

　목단화 송이처럼 멍울멍울한 구름 위에 반 남아 이즈러진 달이 마조 들여다본다.

　경화도 오른팔과 왼편 다리로 귀찮은 듯이 이불을 걷어 제치고, 벼개에서 미끄러진 머리를 벼개에 처박은 채 곤하게 잔다. 그 벌거벗은 가슴, 다리, 팔은 달 그림자로 말미암아 은물에 적셔 놓은 듯. 거기 어른어른하게 수놓은 모기장은 마치 인어 몸에 붙은 파래인 듯싶었다.

　이 명랑하고도 몽롱한 빛 물결 위로 한껏 정화되고 미화되어 떠오른 제 사랑을 홀린 듯이 바라보면서, 병일은 문득 처음 경화를 만나던 광경을 눈앞에 그리어 보았다.

2

　작년 이맘 때, 또한 달 밝은 저녁이었다. 석왕사 솔밭, 느릿느릿한 걸음으로 석후 산보를 하던 길에 자기를 향해 걸어오는 여자 하나를 보았다. 묵화

211

를 친 듯이 길길이 누운 소나무 그림자 위로 그 여자의 기름한 그림자는 헤엄을 치는 듯이 움직이었다. 유달리 숱 많은 푸수수한 머리 밑으로 갸름하고도 동그스름한 흰 윤곽은 대개 짐작하자마자, 그는 기막히게 어여쁜 무엇을 본 듯싶었다. 그의 발길은 그 여자의 그림자를 밟았다. 병일의 타는 듯한 시선에 들어온 경화의 인상은 놀랄 만치 아름다웠다. 하느적하느적 자기 옆을 지나칠 제 소르르 코 안으로 기어드는 냄새도 이 세상의 향기가 아니었다. 사르락사르락 그윽한 소리와 함께 조금 긴 듯한 치마가 잔잔한 물결을 치던 구김살까지 시방도 선하다…….

3

그 후 서울에 올라와서 얼굴 바탕과 이목구비의 생긴 양을 뽀이에게 그리다시피 일러 듣기어 경화를 불러온 것만 보아도, 그 때의 인상이 얼마나 분명한 것을 짐작할 수 있으리라. 한 번 열린 사람의 길은 그리 험하지 않았다. 만석꾼의 외동아들로 물 퍼붓듯…… 끄없는 금전의 힘은 쉽사리 경화를 손아귀에 넣을 수 있었다. 낮이면 낮, 밤이면 밤으로 만나고 싶은 대로 만나고보니 인제 와서는 그다지 못 견딜 지경은 아니러니, 오늘밤이야말로 그 때의 기억이 새로워지며 그 자는 얼굴이 열 곱절 백 곱절 더 아름다웠다.
귀까지 휩싸서 너울너울 뒤로 넘긴 독특한 머리 쪽짐, 별로 굴곡 없이 보드랍게 나려온 뺨의 선이 양양히 뼈 언저리에 와서 도두룩하게 불러지며 동그스름하게 굽어들어 타원형으로 미끄러져서 이룩된 귀염성 있는 아래턱, 방싯 웃으려는 연꽃 봉오리 같은 입…… 병일은 제 사랑의 가지가지 미점을 눈으로 맛보기에 거의 넋을 잃었다. 생각하면 경화를 처음 보고 얼마나 애를 태웠던고. 마음을 졸였던고. 달빛이 지은 신기루와 같이 문득 나타났다가 문득 사라진 애닯은 그 그림자를 얼마나 그리었던고. 다시 한번 맞아보자고 갖은 궁리가 머리를 설레었건만, 가을 하늘에 높이 달린 별과 같이 부여잡을 모책이 없고, 따나릴 도리가 나서지 않았었다. 그런데 오늘날은 어떠하냐. 그 별은 자기에게 몸과 마음을 바친 지가 오래가 아니냐. 도리어 이 편의 마음이 뜨아하건만 저 편이 더욱더욱 달라붙는 형편이 되었다.
"죽으면 같이 죽고 살면 같이 살자."
는 맹서도 여러 번 들었다.
"기생이란 제발 싫어요. 물동이를 이고 김을 매어도 병일 씨(나으리라고 부르기가 거북한 듯이 또는 정답지 못한 듯이 경화는 병일을 항상 이렇게 불렀다.)와 같이 한다면 난 고된 줄도 모르겠어요."

진정 비슷, 농담 비슷, 또는 남의 흉내 비슷, 이런 말을 늘어놓다가 부끄러운 듯이 병일의 가슴에 머리를 파묻기도 하였다. 다시 고개를 들 때에 눈에 눈물이 그렁그렁하면서,

"나는 참말을 해도 어째 거짓말 같애요."
하고 한숨도 여러 번 짓지 않았느냐. 이 달 내로 아버지 돈을 얼마쯤 끌어내면, 두말 없이 때어 들일 수가 있지 않느냐 —— 이런 생각을 하는 병일의 입술에는 쉴 사이 없이 만족의 미소가 떠올랐다.

그 옆으로 다가 누우며 미친 듯한 포옹도 하고 싶었으나 곤한 잠을 깨우는 것도 애처로워서 그만두었다. 그 대신 어슴푸레한 그늘이 어룽진 이 세상 것 아닌 아름다운 살덩어리를 거짓이나 아닌가 의심하는 듯이 손으로 그 뺨을 더듬고 그 턱을 만지고 그 젖가슴을 쓰담았다. 손바닥의 매끄럽고 포근포근한 촉감으로 말미암아 병일의 심신은 실실이 풀리는 듯하였다.

깬 이의 손길이 자는 이의 팔뚝을 스칠 판이었다. 살 아닌 명주 헌겊 같은 것이 만치었다. 조금 이상하게 생각하고 머리를 번쩍 들어보니, 과연 거기는 길이 네 치 가량이나 되는 명주 헌겊으로 휘휘 감아둔 것을 발견하였다. 처음에는 헐모나 상처를 매어둔 것이어니 하였으나 명주로 싼 것이 야릇하여서 끌러보려고 하였건만 매인 고를 찾을 길이 없었다. 그는 호기심이 부쩍 나서 몸을 일으켜 전등을 켰다. 지금까지 희미하게 졸 듯하던 방안은 살기를 띤 듯한 명랑한 불빛으로 부시게 밝아졌다. 자세히 본즉 맨 것이 아니요 가는 실로 정성되이 감춰 놓은 것이었다. 만져도 보고 눌러도 보았건만 상처나 헐모는 아닌 듯, 병일은 의심이 와락 났다. 무슨 큰 비밀의 봉지를 열려는 것처럼 일단 정성을 다 모아 살살 뜯어 보려다가 잘 뜯겨지지 않으매 손가락을 감친 어름에 넣어서 힘껏 잡아채었다. 실밥은 쉽사리 터졌으되, 그 서슬에 경화가 잠을 깨었다.

경화는 한 손으로 그 곳을 홈켜 쥐며 놀랜 듯이 벌떡 일어 앉았다.

"안 주무시고 무얼 하셔요?"
하면서 자던 이의 눈은 둥그래진다.

"팔뚝에 감아둔 것이 무에야?"
병일이도 마주 일어 앉으며 다짜고짜로 물었다.

"팔뚝에 감아둔 것?"
하고 잠깐 생각을 돌리는 듯하더니 경화의 얼굴은 살짝 변해졌다.

"저어…… 헐모가 나서……."
말끝을 흐린다.

병일은 바싹 다가앉으며,

"헐모가 어데 어떻게 났누? 어데 좀 보자꾸나."
하고 움켜 쥔 손을 떼려 하였다.
"그것은 봐서 무엇해?"
하고 몸을 틀며 매우 난처한 듯이 눈썹을 찡기었다.
 아니 보이려고 드는 것이 더욱 수상하다. 병일은 기어이 보자고 덤비었다.
얼마동안 승강을 하다가 아니 보이고는 못 배길 줄 알아챈 계집의 입술은
가늘게 떨리고 눈썹은 꼿꼿해졌다. 무슨 매서운 결심을 하는 듯이 아랫입술
을 꼭 물자, 마츰내 손을 떼었다. 그 시원하고 거슴츠레한 눈은 핏발이 서
며 반들반들 번쩍인다. 여러 겹 싼 헌겊을 다 펴고 본즉, 그것은 헐모도 아
니요 상처도 아니었다. 뽀얀 살 위에 먹실로 '백년랑군 김상렬' 이라고 뚜
렷이 뜬 것이었다.

4

"기어이 보았으니 속이 시원하겠구려."
 한동안 납덩이 같은 침묵이 계속된 뒤에 경화는 먼저 이런 말을 붙이며,
댁대굴 웃었다. 그 웃음소리는 방 밖의 달빛과 어우러지며 옥가루같이 부서
진다. 손바닥으로 뺨을 괴고 방 위에 머리를 부딪힌 사람처럼 얼없이 앉아
있던 병일은 머쓱머쓱히 아모 대꾸가 없었다.
"그 잘난 것을 보고 왜 이리 정신이 빠졌슈?"
 년은 무슨 기쁜 일이나 생긴 듯이 역시 생글생글 웃으면서, 새끼손가락으
로 놈의 뺨을 튀기었다.
"에끼 요악한 년!"
 배앝는 듯이 한 마디 하고 놈은 앳된 이맛살을 억지로 찌푸렸다. 귀공자답
게 뭉실뭉실하게 살찐 얼굴에 벌컥 피가 올랐다.
"에그머니, 못 할 소리가 없네. 왜 내가 요악한 년이람?"
"입때껏 나하고 정이니 사랑이니 하던 것은 모두 거짓말이었구나."
 놈은 혼잣말같이 읊조리었다.
"거짓말인 줄 어째 알았슈?"
별안간에 년은 농치던 말씨를 고치며 진국으로 대어들다가, 문득 또 한번
깔깔 웃었다.
"흥, 우스꽝스러운 일도 많다. 팔뚝에 새긴 것을 보고야 거짓인 줄 황연
대각(晃然大覺)을 했구료. 어릴 때 쑥스러운 작난도 이런 때에는 매우 유용
한 걸……. 워낙 사랑이란 팔뚝에 새겨야 쓰지요."

하고 스스로 빈정거린다.

"……열 다섯 살 때 이웃에 사는 탓으로 동무 삼아 놀다가 팔에 먹실을 넣은 것이 그대로 백년랑군이나 되었으면 이 노릇은 아니할걸. 늙어 죽을 때나 다시 만날는지 육 년 동안에 코빼기나 얼씬해야지. 생시는 구만두고 꿈에라도 보여야지……."

"팔뚝에까지 새긴 남편을 꿈에도 생각지 않는단 말이야?"

"든 정이 있어야 나는 정이 있다구, 생각할 건덕지가 있어야 생각이라도 해 보지. 괴망(怪妄)스러운 녀석 같으니, 무슨 할 작난이 없어서 남의 팔을 버려 놓고 여태 남을 시달리기만 맨들어. 연전에도 어떤 손님한테 시달려서 죽을 고비를 치렀는데 곁에 있으면 손모가지를 잘라 버리겠구먼……."

"팔뚝에나 새겼기에 저런 악담이나 듣지, 나 같은 놈은 안 보는 날이면 이렁성거릴 거리도 없으렷다. 흥, 한심한 일이다."

눈 가장자리가 조금 풀린 것을 보면, 이 비비 꼬는 변명으로 놈의 의심은 얼마쯤 풀어진 듯. 년은 어이없다는 듯이 놈의 얼굴을 물끄러미 흘겨보다가,

"암, 그렇다 뿐야. 미쳤던가, 안 보는 사내를 입길에라도 올리게. 여북해야 기생이란 일원 삼십 전 짜리 사랑이란 말까지 있을라구. 한 시간 놀음차 주면 한 시간 놀고, 두 시간 놀음차 주면 두 시간 놀고, 헤어지면 잊어 버리고……."

하면서 고 연봉오리 같은 입술이 윈편으로 조금 삐뚤어지며 싸늘하게 웃었다.

"사랑이니 안방이니 하는 것부터 미친 개수작이지. 더구나 나 같은 기생 년에겐 개밥에 도토리야. 안 보는 날이면 이렁성거리지도 않는다? 암 그렇구 말구, 그렇구 말구, 그야 말할 것도 없지……기생! 기생! 이 원수년의 기생이란 탈! 이 탈만 쓰고 보면 오장육부까지 변해지는 줄 아나 봐. 마음에 없는 아양을 피우고, 마음에 없는 웃음을 웃고, 마음에 없는 사랑 타령을 늘어놓고……."

이렇게 제 말을 제가 되받는 사이에 경화는 점점 흥분해 간다. 광대뼈 언저리가 돈짝만치 피를 발라 놓은 듯하다.

"……거짓으로 뭉친 이 몸짓, 이 눈짓, 이 입아가리! 이따금 참 소리를 한다 한들 누가 알아먹을까? 뼈와 살로 빚어낸 참된 정도, 뜨거운 사랑도 한번 내 몸을 거쳐 나오기만 하면 단박에 거짓이 되고 말겠다. 나도 언제나, 나도 언제나 미운 사람을 밉다 하고. 고운 사람을 곱다 하고……알뜰한 애인과 단둘이……."

하자마자 갑자기 목이 메이며, 무엇을 노리는 듯이 홉뜬 눈으로부터 한 방울 큼직한 눈물이 뚝 떨어져 꽃잎에 구르는 이슬 모양으로 뺨을 스쳐서 나려진다. 그럴 겨를도 없이 이불에 그대로 엎어져서 몸부림을 치며 울었다. 그러나 그것은 울음다운 울음이 아니었다. 총알을 맞은 꿩이 최후의 비명을 지르는 듯이 찢는 듯한 소리가 이따금 일어나고, 어깨와 허리가 사나운 물결을 칠뿐이었다. 그는 목으로 울지 않고 왼몸으로 울었던 것이다. 그의 넋의 마디마디가 울었던 것이었다!

　병일의 어린 마음은 풀릴 대로 풀리었다. 모든 사내에게는 다 거짓이로되, 자기에게만 —— 오직 자기에게만 참마음을 준 것을 깨달을 수 있었다. 그렇다면 먹실로 썼든지 새겼든지 상관이 무엇이랴. 쓸데없이 그것을 보자고 졸라서 저렇게 울리는구나, 하매 애연한 생각조차 일어났다. 그는 우는 이의 허리를 안아 일으키려고 애를 쓰며,

　"울기는 왜 울어? 네 마음을 내가 안다. 하로바삐 기생 노릇을 그만두고 단둘이 살면 그뿐이 아니냐."

하고, 달래는 판에 무엇이 슬픈지 제 눈에도 눈물이 핌을 느끼었다.

　한 십분 가량 지나갔으리라. 경화는 울음을 뚝 그치고 벌떡 일어났다. 모기장을 걷어치고 서랍 속에서 채칼을 끄집어내었다.

　"흥, 백년랑군 김상렬!"

　입안말로 한번 뇌이면서 커다란 재떨이를 밖으로 들고 나간다. 비워 가지고 들어온 재떨이를 앞에 놓고 그 위에 신문지를 깔고 또 그 위에 양지 편지지를 깔았다. 뽀얀 팔뚝을 그 위에 세우자, 한 손으로 칼을 들어 먹실로 뜬 언저리에 대었다. 눈이 호동그래진 병일은 말리려고 서둘렀으나 때는 늦었다. 삭둑 하는 그윽한 소리와 함께 날카로운 칼은 벌써 살밑으로 들어갔다. 선지피가 삽시간에 팔뚝을 새빨갛게 물들이고 말았다. 흰 종이 위에 핏줄기가 춤을 추었다.

　홍당무 같은 팔뚝을 병일의 코앞에 쑥 내어밀며,

　"인제야 나를 믿겠지요?"

하고, 경화는 또 한번 싸늘하게 웃었다. 새파랗게 질려서 부들부들 떨고 앉았던 병일은 몸서리를 치며 뒤로 한 걸음 물러앉았다. <계속>

부기: 어찌 보면 강명화(康明花)의 사실을 적은 줄로 아실 것이다. 그 사실에 힌트를 받기도 하였고, 골자에 유사한 점도 있지마는, 그것은 지엽에 그칠 따름이요 온전히 작자의 상상력으로 빚어낸 창작품인 것을 언명해 둔다.

216

容身難[용 신 난]

이른 봄 어떤 날 황혼이었다.

목포역을 떠나 서울로 가는 밤차는 호남선 송정리역(松汀里驛)에 닿았다. 고요한 시골 산천을 울리는 차 바퀴 소리가 뚝 그치자 뒤이어 내리는 손님, 오르는 손님들로 하여 쓸쓸하던 시골 역은 들썩하였다. 들썩한대야 서울 정거장에 비기면 아무것도 아니지만은 한 달에 여섯 번씩 열리는 장날이나 그렇지 않으면 명절 때밖에 사람의 물결 소리를 들을 수 없는 시골이라 매일 몇 차례씩 들레게 되는 정거장은 참말 위태하고도 복잡한 곳이었다.

이삼 분 되나 마나 해서는 들레던 물결도 고요하여졌다. 그때는 오를 사람은 다 오르고 내릴 사람은 다 내려서 출구 밖으로 나온 때였다. 인제 들리는 것은 기관차가 뿜어내는 김 소리와 역부들이 외치는 미미한 소리였다. 그것은 극히 미미한 소리였다. 기관차의 숨소리에 위협을 받았는지 사람의 소리는 소리로서의 아무 효력도 보이지 못하였다. 다닥다닥 잇닿은 차장으로 들여다보이는 사람의 그림자들은 보는 사람의 눈에 많은 존재를 비추어 주지만 그것도 딱 버티고 길게 늘어진 엄연한 차체의 존재에 대면 역시 미미한 존재이었다.

이 존재가 다시 김을 뽑고 하늘에 뻣뻣이 그은 굴뚝으로 검은 연기── 불꽃이 섞인 검은 연기를 심술궂게 뿜으면서 지나간 뒤의 정거장은 여전히 쓸쓸하였다. 좀 과장하여 말하면 십 리에 하나 되나 마나한 장명등 불빛은 점점 흐려 가는 대지를 꿈같이 비췰 뿐이었다. 그러나 찍혀 눌렸던 모든 것은 숨을 내쉬는 것 같다.

땅거미 점점 짙어가서 먼 산 산날이 하늘가에 물결같이 보이면서부터 봄은 봄이나 그저 겨울 기운이 남아 흐르는 하늘에는 별들이 가물가물 눈을 떴다.

인제는 스쳐가는 실바람에 갈리는 보리싹의 소리까지 들릴 것 같다. '플래트폼'과 역실에서 어물거리는 사람들까지도 고요히 왔다갔다 하였다. 그러나 그 고요함은 흐뭇이 지친 끝에 솜같이 부드럽고 푸근한 안정을 바라는 고요함이었다. 그러나 또 미구에 꽝꽝한 소리를 내면서 달려들 그 엄연한 기계는 그네들에게 그네들이 바라는 안정을 허하지 않을 것이다. 사람은──── 지금의 사람들은 자기네가 만들어 놓은 기계로 말미암아 한평생의 안정을 잃는 것이요 자칫하면 목숨까지 빼앗기는 것이다. 그러면서도 운명을 저주하고 또 운명을 믿는 것을 보면 가긍하고도 우스운 것은 사람이다. 사람은 모순 덩어리다.

그때이었다.
아까 지나간 그 엄연한 존재가 이 고요한 정거장을 찍어 누르고 뒤흔들던 그때이었다.
그때 ‘플래트폼’에 모여들어 차를 타는 사람 가운데 끼여서 삼등 차실로 들어오는 젊은 청년이 있었다. 그는 검은 무명 두루막에 고무신을 신었다. 키는 중키나 몸집이 그리 뚱뚱치 않고 가슴이 좀 나오고 어깨가 벌어져서 큰 키로 보였다. 퇴색된 회색 담요에 무엇을 싸서 든 손은 호화로운 사람의 손과는 정반대로 거칠고도 억세어서 강철이라도 거머쥐면 자리가 물씬 날 것 같이 보이고 그 팔은 쭉 뻗치면 심장에 뿌리를 박은 굵은 혈관이 툭툭 삐여질 것 같이 보였다. 하관은 좀 빠른 듯하나 이삼 분 기른 수염이 거칠거칠한 둥근 턱하며 꾹 다문 두툼한 입술하며 우뚝히 내려오다가 봉긋한 끝을 이룬 코는 어찌 보면 거만한 듯하나 자세히 보면 말없는 가운데 친분이 흐를 만한 순박함이 어디라 없이 흘렀다. 좀 둥근 듯 길고도 들어간 까풀진 눈을 열정적이요 이지적이요 사색적이었다. ‘도리우찌’ 아래 반쯤 나온 좀 넓고 둥근 이마하며 좀 여위었다고 할 만한 뺨은 거뭇한데 그것은 볕에 그을은 살빛이었다. 그 거뭇하면서도 푸른 기운이 흐르고 눈 가장자리에 흐릿한 기운이 어리인 것은 영양 부족과 큰 걱정을 보여 주는 빛이었다. 그러나 건실하게 보이는 골격이며 침묵한 태도는 삼십 다 된 사람같이 보이면서도 입 가장자리와 눈 가장자리며 귀밑에 흐르는 앳된 빛은 사오 년 더 젊어도 보였다.
차가 처량한 기적 소리를 먼 하늘 밖에 남겨놓고 슬금슬금 걸음을 내는 때에 그 청년은 자리를 잡고 앉았다. 그는 그 전까지는 남들이 다 자리 잡기를 기다리는 듯이 한 귀퉁이에 가만히 서 있다가 차가 걸음을 내면서부터 불규칙하나마 차실 안이 정돈된 뒤에 중간으로 동편 쪽에 놓인 의자를 혼자 차지하였다. 목포서 떠나 몇 정거장을 들리지 않은 차실은 비교적 조용하고 훤하였다.
그는 들었던 보자기와 썼던 모자를 시렁 위에 얹고 다시 두루막을 벗어서 시렁발에 걸어 놓고는 의자에 앉았다. 검은 바지 흰 저고리에 회색 조끼를 받치어 입었는데 무명은 무명일망정 깨끗하고 몸에 꼭 맞는 의복이었다.
그와 마주 어린애를 데리고 앉은 젊은 부인은 어린애를 안은 채 차창 쪽으로 머리를 기대고 잔다. 몸에 잘 어울리지도 않는 한두 번 빨은 듯한 옥양목 치마저고리는 먼지에 누릿하게 그을었다. 아무렇게나 틀은 쪽에 꽂힌 비녀는 뿌리를 겨우 지탱하였다. 금시에 떨어질 듯이 아차아차하게 보였다.
가슴에 꼬부리고 안긴 어린것은 고르르고르르 콧방울이 나오는 코를 이따금 비비고 꼼지락꼼지락하면서 킥킥거렸다. 그럴 때면 그 부인은 좀 넓적한 코 아래 그리 작지 않은 입은 경련적으로 움직이면서 좁은 얼굴과는 어울리지도 않는 잠에 취한 커다란 눈을 무겁게 떠서 어린것을 보다가 다시 감으면서 어린것의 어깨를 두어 번이나 거겹게 쳐주었다.

그 맞은편에 고요히 앉아서 볕에 그을은 그 두 생령—— 농군의 아내와 농군의 아들을 두어 번 번갈아보던 그 청년의 눈은 스러졌던 꿈을 다시 쫓는 듯이 점점 흐릿하여지면서 동작을 잃었다. 좀 여위고 검붉은 두 뺨은 실룩거렸다. 한참 동안 그렇게 앉았던 그는 손가락과 손가락을 엇걸어 쥐었던 손을 두 뺨의 근육이 긴장하도록 이를 악물면서 꼭 쥐더니 머리를 몹시 흔들었다. 머리를 흔들고는 벌떡 일어나면서 깎을 때가 제인 머리를 만지고 한숨을 태산이 꺼지게 쉬었다. 그리고는 머리를 이리저리 돌리어서 좌우를 살펴보았다. 가슴에 치미는 모든 생각을 잊으려 함인가?

그는 깊은 꿈을 깬 것 같았다. 모든 소리와 모든 빛은 그의 고막과 시신경을 다시 자극하였다. 차안의 공기는 텁텁하고 퀴지근하였다. 흐미한 전등불은 담배 연기에 한껏 흐미한데 전세계의 축도를 보는 듯한 가지각색의 사람들은 눕고 안고 졸고 떠들었다. 그 가운데서도 북덕 상토에 살터진 망건을 쓰고 다리미 밑구멍 신세는 한평생 저 못 본 듯한 두루막을 걸친 무리와 그 무리를 따르는 듯한 어린 것과 계집들은 쌀쌀한 그늘에서 자란 나무처럼 기운을 못 펴고 있었다. 두어 의자 건너편에 앉은 몸집이 좀 뚱뚱한——안경 쓰고 양복 입은 사람은 쉴 사이 없이 입을 놀렸다. 담배가 아니면 이야기였다.

"뭘 암만 떠들었대야 무슨 소용이야! 허허! 첫째 이것이야! (하고 그는 왼손가락으로 입을 가리켰다.) 첫째 먹어야지요! ××주의는 먹잖고 된답디까? 흐흥!"

그는 술을 먹었는가? 그 목소리는 흐린 듯하고도 흥분이 되었다.

"그래 ××주의는 굶고 싶어서 한답디까?"

맞은편에 앉은 얼굴에 살점이 없어 마른 눈이 가느다란 친구는 조소와 멸시가 섞인 어조로 대답하면서 창밖을 내다보았다. 그러나 그 뚱뚱한 친구는 제 말만 말이라는 듯이 버티고 앉아서——

"그저 돈이야요! 돈을 벌어요, 돈을……. 우리 모양으로 이렇게 나서서 돈을 번단 말씀이지요! 먹고 입고 나서 ××주의도……. 흥……노형도 지금 나 같은 사람의 말은 듣지도 않지만 그 그런 게 아니요! 빌어서 득천하(得天下)라두 천하를 얻으면 좋다고 어쨌든 돈만 생기면 뭐든지 해요! 왜 못해요! 돈을 모으자면 이 뒤두 [後頭] 에 (그는 자기의 주먹으로 자기의 뒤통수를 거겹게 쳤다.) 손가락 자리가 나야 합니다!"

하더니 그는 허리를 쭉 폈다가 머리를 숙이면서 담배 한 모금을 빨아 길게 내뿜었다.

"그저……."

하고 그가 다시 말을 내려는 때에 창밖을 내다보던 사람은——

"흥 굶은 놈에게 밥은 안 주고 배만 부르라는 셈이지……. 인제는 밤이 깊었는데……. 자—— 우리 잡시다……."

하면서 불쾌한 듯이 양미간을 찌기고 의자에 머리를 기대면서 눈을 감았다.

"허허! 어서 주무시지요! 다 우리 같은 사람의 말은 잘 듣지 않지만 나두 '막스'를 읽어 봤소마는 그저 남에게 못된 놈 소리를 들어야 되는 데야 어떡합니까? 그래야 돈이 모아집니다. 나두 마음이 너무 좋아서 이 모양이지만……. 나두 돈이 없어서 실연까지……. 아니 하옇든 돈을 벌어가지고…… 돈……, 허허허."

그는 이야기 들어 주던 사람이 눈을 감고 듣지 않으니 그만 흥이 깨어졌는지 끝말을 힘없이 웅얼웅얼하다 그만두고 담배만 풀썩풀썩 피었다.

그 맞은편에 피곤한 듯이 앉았던 시골 사람은 그 뚱뚱한 양복장이의 하는 짓을 보고 빙긋 웃었다. 소리 없는 그 웃음은 양복장이의 하는 짓이 자기로서는 이해치 못할 일이라 하는 듯한 단순한 웃음이었다.

"흥!"

양복장이를 보던 그 청년도 곁의 사람이 들릴 듯 말 듯한 코웃음을 치면서 밖을 내다보았다.

차창을 통하여 내다보이는 초승달 밤은 수묵을 끼얹은 듯하였다. 차가 앞으로 달아나는가? 땅이 뒤로 달아나는가? 먼 경은 흐리어서 잘 보이지 않고 가까운 땅은 활동사진 필름처럼 달아나서 눈이 아팠다. 그러나 내다보이는 데는 넓은 들판이었다. 산 그림자라고는 먼 하늘가에 희미하게 보였다. 어느새 이리(裡里)를 지났던가? 여기가 논산벌인가 보다.

그의 머리에는 작년 여름이 떠올랐다. 작년 여름에 태전서 열렸던 운동자 대회(運動者 大會)에 참석하게 되어서 이 들판을 가고 오고 두 번이나 지났던 것이었다. 그때에는 낮차를 탔었던 까닭에 철도 연선의 풍경을 마음껏 보았던 것이다. 옥야천리(沃野千里)의 찬사를 받는 이 들판에는 기름진 나락이 파랗게 깔리어서 스쳐 가는 더운 바람에 물결을 일으키었었다. 이 들 밖 하늘가에 물결같이 보이는 중중첩첩한 산날 위에 뭉게뭉게 떠돌던 구름도 그럴 듯하였었다. 훤히 개인 하늘, 질펀한 벌판, 멀리 보이는 구름 봉오리는 참으로 시원스러웠던 것이었다. 그는 그때 차에서 이 들판에 뛰어내리고 싶었었다. 자유로운 대자연 속에 뛰어내려서 자기의 기운이 자라는 날까지 뛰어다니고 싶었었다. 노서아의 작가 ‘알튜이파세프’의 작인 『싸닌』의 주인공 싸닌 모양으로 이 대자연의 자유 속에 안기고 싶었었다. 그처럼 그의 마음에 충동을 주던 이 벌판은 지금은 황량한 들이나 다름없이 보였다. 얼레빗 등 같은 초승달 아래 놓인 벌판은 참말로 황량한 벌판이었다. 그 벌판은 자기의 신세를 말하고 자기의 가슴을 말하는 것 같았다.

차는 달아난다. 그를 태운 차는 꿩꿩한 바퀴 소리를 내면서 차디찬 하늘 아래 황량한 벌판을 달아난다. 앞에야 물이 있거나 산이 있거나 하여튼 불구하고 달아나는 차는 우리 주인공 조인현의 신세를 말하는 것 같았다.

“나는 어디로 가나?”

그는 생각지 않을 수 없었다. 저 모든 사람들은 어디로 가나? 작년 걸음과 오늘 걸음은 달랐다. 그것은 작년 태전 갔다 오던 때의 조인현이와 지금 서울로 향하는 조인현이와 다른 것만치 달랐다. 그는 새삼스럽게 자기의 신세가 불쌍하였다. 슬펐다. 한 차에 같이 탄 모든 사람들까지 불쌍하게 보였다. 내일의 운명을 모르고 허덕이는 그 생령들의 하루살이 같은 목숨이 불쌍하고도 우스웠다. 그는 눈을 딱 감았다. 그의 입술은 말라 들었다. 그는 또 무엇을 생각하는가?

그를 싸고 흐르는 주위의 공기는 여전히 텁텁하고 요란하였다. 그러는 사이에 그의 몸은 한 걸음씩 고향과 멀어지고 밤은 각일각 깊어졌다.

모든 존재와 모든 음향은 우리 주인공 조인현의 날으는 생각을 막지 못하였다. 무엇이 보인다면 그것은 오직 그를 위한 그림자요 무엇이 들린다면 그것은 오직 그를 위한 음향이었다. 그는 그가 자유로 정복할 수 있고 자유로 들을 수 있는 큰 그림자와 큰 소리 속에 내렸다.

그것은 경성역이었다. 우리는 그것이 어느 때인 것을—— 아침인지 저녁인지 말할 필요가 없다. 그가 경성역에 내렸다는 것만 알아도 지금의 그의 생활을 넉넉히 볼 수 있는 까닭이다.

그의 앞에는 큰 도회가 벌어졌다. 그것은 그가 글이나 사진에서 보던 큰 도회였다. 남대문, 남산, 북악산, 삼각산, 진고개, 종로, 학교, 회관——이 모든 것은 활동사진처럼 그의 눈에 비치었다. 다음은 그를 맞아 주는 사람이 있었다.

“나는 당신을 기다렸읍니다.”

얼마나 다정한 소리인가?

그는 극히 짧은 시간에 많은 지식과 많은 돈을 얻었다. 그것은 극히 짧은 시간이었다. 참말 한 찰나간이었다. 한 찰나간에 얻은 그 지식과 그 돈은 사회를 위하여 쓰고 친구를 위하여 쓰고도 남음이 있었다.

그의 앞에는 영화와 행복이 넘쳐 흘렀다. 그에게는 주택이 생겼다. 그것은 그가 이때까지 이상에만 그려 보던 주택이었다. 그리 굉장하고 화려치는 않아도 넓은 뜰에는 사철나무, 개나리, 상나무가 우거졌다. 단아한 문화 주택은 이 나무 속에 싸여 있었다. 자기가 나갔다 들어오면 맞아 주는 애인이 있었다. 그것은 미인이었다. 당세의 사교계에도 이름이 있거니와 운동선상에 있어서도 상당한 수완가였다. 그는 그를 열렬히 사랑하였다. 그 때문에 모든 것을——목숨까지도 희생할 만한 여자였다. 그는 그에게 반하였다. 그의 사상에 반하고 그의 봉긋한 어깨와 상글상글 웃음을 띤 눈에 반하고 비단결 같은 살에서 스며 나오는 냄새에 반하였다.

그의 생활이 예까지 이르는 때에 그의 생활을 막는 그림자가 있었다. 갸름하고 핼쑥한 얼굴, 가슴을 치고 뒤트는 그림자, 그 곁에 늘어진 어린 그림자——이 그림자가 그의 앞에 나타날 때 그는 그 든든한 주먹으로 자기의 가슴을 힘껏 쳤다.

'나는 못된 놈이다!'

그는 벌떡 일어났다.

'모든 것은 공상이었다. 그것은 못된 공상이었다.'

그는 두 주먹을 불끈 쥐고 일어서서 이렇게 뇌이었다.

차는 어디까지 왔는가? 그저 뚤뚤뚤 굴러가고 있었다. 밤은 퍽 깊었나보다. 전등은 아까보다도 흐미한데 승객들은 거의 눈을 감았다. 어디선지 코고는 소리가 차 바퀴 소리 속에 미미히 울려 왔다. 그의 옆에는 언제인지 일인 하나가 모자를 쓴 채 게다를 벗어 놓고 쭈그리고 앉아서 잠에 취하였다. 그 맞은편에 어린애를 안은 부인의 곁에도 갓 쓴 늙은이가 앉아서 긴 장죽을 빨고 있었다. 부인은 언제 잠이 깨었는지 어린애에게 젖을 먹이다가 자기를 언뜻 쳐다보았다. 그 곁에 늙은이도 또 저편에 피곤히 앉았던 이도 졸음이 덜 깨인 눈으로 자기를 보고 있었다. 그 모든 것을 보는 때 그는 무류한 생각이 가슴에 치밀어서 그네들을 바로 볼 수 없었다. 자기는 미친 놈의 짓을 연출하고 있었다. 그네들에게 자기의 더러운 생활——가슴을 치고 웅얼거리면서 일어난 것을 보인 것은 자기가 이때까지 하던 헛된 공상을 그네들에게 보인 것 같아 일종의 모욕을 느꼈다. 그는 그만 낯을 돌리지 아니치 못하였다. 그는 더 견딜 수 없는 듯이 차체의 동요로 말미암아 흔들리는 다리를 가누면서 변소에 들렀다가 밖으로 나왔다.

얼레빗 등 같은 초승달은 어느새 넘어갔는가? 달은 없으나 맑아서 좌우로 보이는 산과 들은 우수 달밤 같았다. 하늘에는 별이 총총하였다. 북두가 돌아진 것을 보니 새벽이었다. 흥분된 얼굴을 스치고 지나가는 새벽 바람은 시원스러웠다. 그의 머릿속에 남아 있던 꿈을 한꺼번에 불어 예는 것 같다. 호화로운 공상의 꿈이 머리와 가슴속에서 스러지는 때 그는 그로도 알 수 없는 애연한 생각을 금치 못하면서도 양심의 가책을 받았다.

"나는 나의 몸을 경건하게 가지겠다. 수도원의 수도 부인이 주를 위하여 몸을 바치듯이 나는 이 몸을 나와 처지를 같이한 천하의 무산자를 위하여 바치겠다. 나는 그네의 벗이 되고 종이 되겠다. 그네의 벗이 되고 종이 되어서 겨죽을 먹을지언정 상전이 되어서 그네들이 방울방울 흘리는 땀으로 금의옥식을 원하지 않는다. 내 몸은 이미 바친 몸이다. 나는 그네들을 위하는 일이면 톱으로 이 몸을 열 토막 내고 도끼로 찬찬히 찍더라도 나는 그 괴로움을 사양치 않으리라."

이것은 그가 그에게 늘 하는 맹세였다. 이러한 맹세를 하던 그가 아까와 같은 공상을 하였다는 것은 그의 자존심이 허치 않았다. 그는 일변 부끄럽고 일변 우스웠다. 둥근 듯 긴 눈을 꾹 감고 두툼한 입술이 빠작빠작 죄어들도록 그런 공상을 하던 자기의 그림자를 다시 눈앞에 그려 보는 때에 그는 그 그림자에게 가래침을 뱉고 싶었다.

"흥 더러운 녀석 같으니라구."

그는 그 그림자를 보지 않으려는 듯이 눈을 딱 감았다 뜨면서 벌떡 일어나서 다시 들어와 자리에 앉았다.

자리에 앉아서도 자기 한 몸을 위하여 갖은 공상을 부렸다는 것이 마음에 거리끼었다. 그것은 자기를 속인 것이었다. 수양의 부족이라고 할까? 평소에 가지었던 자기의 생각이 철저하지 못함이라 할까? 더구나 자기가 계집——그 문화 주택에서 자기를 맞아 주던 여자——까지 생각하였다는 것은 자기가 늘 없애려고 애쓰고 보이지 않으려고 감추어 두었던 추태가 한꺼번에 폭로된 것 같았다.

"내가 참으로 그런 생각을 할 수 있을까?"

그는 자기에게 물어 보았다. 아내의 몸이 식기도 전에——어린것의 소리가 그저 귀에 쟁쟁한데도 그런 생각을 하였다. 자기가 참으로 그 아내를 슬퍼하고 그 자식을 슬퍼한다면 아무리 불가피할 사람의 본능의 소위라 하더라도 용인할 수가 없었다. 그의 가슴은 저렸다. 그의 머리는 또 다시 들먹거렸다. 그는 들쑤시는 생각과 떠오르는 그림자를 피하려고 머리를 흔들고 눈을 딱 감았으나 그 생각과 그 그림자는 오뉴월 쉬파리처럼 또 다시 모여들었다. 생각의 그물은 풀려면 풀려고 할수록 엉클어지고 나타나는 그림자는 보지 않으려면 보지 않으려고 할수록 더 분명히 나타났다. 그의 고향이 나타나고 그의 집이 나타났다. 또다시 그때의 슬픈 막은 그의 눈앞에 나타났다.

그것은 전라남도 영광 어떤 쓸쓸한 시골 한 귀퉁이 산밑 외딴 집에서 일어난 비극이었다.

"엄마! 으응! 엄마 이차! 항 애── 애."

엄마를 겨우 부르게 된 어린 것은 어미의 괴로움도 모르고 어미를 일으키려다가 뜻대로 되지 않으니까 입을 비죽거리면서 울음을 내었다.

"억흐 아이구!"

여러 날 병에 지친 아내는 무엇이 가슴을 꽉 막는 듯이 나오는 숨을 힘주어 막았다가 겨우 내쉬면서 신음 소리를 모기 소리만큼 질렀다.

"여보! 어디가 어떻소? 또 치미오?"

인현은 차디찬 아내의 손을 잡으면서 아내를 보고 어린것을 안았다.

"응! 흥! 아── 앙──."

어린것은 애가 달은 듯이 몸을 틀면서 아버지의 손을 잡아 끌어다가 어머니의 머리에 놓았다. 그것은 말은 못 하나 어머니를 일으키라는 뜻인 줄을 그 방안에 앉았던 사람은 다 알았다. 그것을 보던 여러 사람의 낮은 슬픈 구름으로 흐렸다.

"으윽 아이후! 삼…… 삼룡이를? 흑──."

아내는 한 번 더 이를 악물고 몸을 뒤틀다가 푹 꺼지고 힘을 잃은 눈으로 사내를 쳐다보고 가까스로 뇌이면서 어린 것을 끌어다가 젖을 물렸다. 그는 자기의 죽음을 각오하였던 것이다. 그렇다면 마지막을 다투는 그의 가슴에 크나큰 못은 남편보다도 어린것이었다. 힘 잃은 그의 눈에도 자기가 죽은 뒤의 어린것의 운명이 희미하게나마 보이었던 것이었다. 푹 꺼져 들어서 기름기라고 보이지 않는 그의 눈에도 눈물이 남았던가? 벼잎에 오르는 이슬처럼 그 눈에 스르르 돌던 뜨거운 눈물은 소리 없이 뼈만 남은 양관지 아래로 흘러내려서 땟국이 된 베개를 적시었다. 갸름한 낮이 볕에 그을어서 좀 거뭇은 하여도 그리 여위지는 않았고 애티가 흐르던 그의 두 뺨은 흰 듯 푸른 가죽만 남았는데 그 가죽은 이따끔이따끔 경련을 일으키었다.

"두 목숨이 다 죽는구나!"

그것을 보는 인현의 머리에는 이런 생각이 떠올라왔다. 늦되어서 그런지 아직도 젖으로 살아가던 어린것조차 어미가 병석에 누운 이후로 하루 이틀 거칠어졌다. 고사리 싹 같던 주먹과 고무볼 같던 두 뺨은 쭉 빠져서 설사병 들린 어린애 같았다. 찢기고찢기던 인현의 가슴은 너무도 찢긴 나머지에 인제는 마비 상태에 이르다시피 되었다.

급하고 세차던 병자의 기식은 깊어 가는 밤과 같이 점점 높아지더니 새벽 녘에 이르면서는 좀 고요하여졌다.

"병환이 좀 진정하시는 모양이네."

밤마다—— 낮에는 틈이 있으면 와주는 청년회 회원들은 오늘밤에도 셋이나 와서 웃목에 앉아 있었다. 인현이는 돈은 없을까망정 청년들 가운데서도 상당한 신망을 받는 사람으로 그는 이곳 청년회 회원이며 노동 동맹 지부 간부였다.

"글쎄 그런가 봐!"

멀거니 앉았던 인현이는 이렇게 대답하였으나 무슨 말대답을 그렇게 하였는지 자기로도 몰랐다.

"여보게 삼룡이 아범!"

일 마장 되나 마나한 아랫 동네에서 밤마다 와서는 자고 가는 어떤 친구의 어머니는 인현이를 부르면서 좀 겁나는 듯한 의아한 눈으로 고요히 누운 병자를 보았다.

"글쎄 어째 저러냐?"

노파의 곁에 앉았던 인현의 누님도 병자를 보았다.

병자의 얼굴빛은 점점 푸르러 갔다. 감았던 두 눈은 반쯤 뜨였는데 흰자위가 드러나고 두 뺨의 살은 가벼운 경련을 일으켰다.

"김 생원을 데려와야지! 김 생원(의사)! 야 네 갔다 오니라!"

웃목에 앉았던 청년들도 병자를 보더니 그 중 나이 먹어 보이는 친구가 키가 후리후리한 친구를 보면서 나직이 말하였다. 그 소리를 낮으나 퍽 황급하였다. 휘둥글한 모든 사람의 눈에는 불안스런 빛이 흐르고 얼굴의 근육은 극도로 긴장하였다. 방안을 싸고 흐르는 어둑한 공기조차 아연히 긴장되어서 묵묵히 앞에 닥치어 올 최후의 운명을 미리 기다리는 것 같았다.

"여—— 여——."

인현이는 아내를 흔들면서 그의 가슴에 손을 얹었다. 식어 들어가는 심장의 고동은 점점 미약하였다.

"동생 정신 채리소! 응 글쎄 정신을 채려라오! 응 글쎄 정신 채려!"

오라비댁을 부르는 인현의 누님의 목소리는 눈물에 젖었다. 그는 점점 식어가는 엄마의 품에 철없이 안겨서 싹싹 자는 조카(삼룡이)를 끄집어다가 안으면서,

"아이구 삼룡아! 엄마는…… 저 저렁구나!"

하고 쿨적쿨적 코를 들이마시면서 자는 삼룡의 뺨에 그 뺨을 비비었다. 곁

에 앉았던 노파도 소리 없이 눈을 비볐다.

"누님 왜 이러는가? 울기는 왜 울어라오! 지금 누가 죽는가?"

인현이는 누님을 보았다. 자기만은 태연히 하는 말이나 남 듣기에는 절망에 가까운 애조였다. 그의 낯빛은 파랗게 질리어서 금방 혼도라도 할 것 같았다.

흐미한 불빛에 파랗게 보이는 병자의 숨결은 각일각 미미하여졌다. 이제는 분분초초를 다투게 된 위급에 처하였다. 말없는 여러 사람의 얼굴에는 어서어서 의사 데리러 간 사람 오기만 기다리는 표정이 선연하게 떠돌았다. 죽음을 목전에 보면서도, 아니 죽을 줄 번연히 알면서도 최후의 일각까지 살려 하고 살리려고 하는 것이 사람의, 아니 온 생물의 본능일 것이다. 이 본능이 사람을 죽이기도 하고 살리기도 하는 것이다.

"여보소 자네 또 가 보소! 자네는…… 아니."

하고 읍에서 문병 왔던 청년회 간부되는 숭굴숭굴한 친구는 곁에 앉은 사람에게 말하다가 무슨 생각이 났던지 자기가 일어서면서,

"내가라두 읍에 들어 가서 요시다(吉田) [――그는 의사이다] 를 데리고 올께라오! 저 아래 학수 집에 자전거 있지라오잉?"

하면서 모자를 썼다.

"응 거기 자전거 있다데! 만약 거기 없거든 우리 집에 가서 말을 타고 가소!"

하고 나이먹어 보이는 친구는 말하였다. 그 사람은 밖으로 나갔다. 열었다 닫는 문으로 기다리고 있었던 듯이 몰려든 바람결에 기름불이 조상하는 듯이 잠깐 흔들거렸다.

"약 없는가? 약 대린 것 없는가?"

쪼그리고 앉았던 나이 많은 친구는 병자의 얼굴에 주었던 시선을 고요히 인현에게로 옮겼다.

"있어! 있지만……."

인현의 소리는 가늘게 떨렸다.

"그러면 대접해 보소!"

약을 데었다.

"여보!"

약사발을 들고 앉은 인현이는 아내를 흔들었다. 그는 아주 대답도 없었다. 두 번 세 번 부르고 흔들었으나 아무러한 효과도 얻지 못하였다. 이제는 병자의 입에다 떠넣는 수밖에 없었다. 푸르러 가는 입술 사이에 보기 좋게 막힌 이빨은 꼭 물렸다. 인현이는 떨리는 손에 숟가락을 잡았다.

이렇게 잘 벌어지지 않는 병자의 입을 이 사이에 술치를 넣어서 어기이고 데인 약을 떠넣었다.

검누런 탕약은 소리 없이 흘러들었다. 두 번째—— 세 번째까지 무사히 들어갔으나 네 번째 숟가락을 입술에 닿는 때였다. 병자는 몸을 들썩하고 머리를 뒤로 벌떡 제끼다 말면서 약을 토하였다. 그는 폐기를 하는 것이었다.

"약은 그만두고 삼룡 아범 저 눈이나 쓰서 주소!"

노파는 경험 있는 자기의 말을 믿으라는 듯이 말하고 병자의 팔과 다리를 눌러 주면서,

"후생에나 좋은 곳으로 가거라! 휴."

뇌이고 한숨을 쉬었다.

이불에 덮인 시체는 어둑한 불빛 속에 돌조각같이 고요히 누워 있었다. 방 안에 흐르는 긴장한 공기는 모든 사람의 낯빛과 같이 스르르 풀렸으나 뒤이어 흐릿하고 무거운 구름이 슬프게 돌았다. 창을 치고 지나가는 밤바람 소리는 한껏 처량하였다.

"흑! 흑! 응! 응! 흑!"

아까부터 코를 들이마시던 인현의 누님은 나오는 울음을 억제하려면서도 억제치 못하여 흑흑 느끼었다. 두 오누이(인현이와 그)는 일찍 어머니를 여의고 계모의 손 아래서 잔뼈가 굵었다. 이때부터 오누이의 가슴에는 남 모를 설움이 컸다. 계모의 잔인한 매에 누이가 맞으면 동생이 울었고 동생이 맞으면 누이가 울었다. 그것도 눈물을 은근히 씻으며 나오는 소리를 머금고 울었다. 그러다가 계모와 아버지가 세상을 떠나고 인현이도 차츰 면목이 넓어져서 남의 신용을 얻어 자유로운 생활을 할 만하게 되니 오라비댁은 세상을 떠난다. 그 오라비댁도 시어머니 즉 계모의 학대를 몹시 받던 사람이었다. 그래야 말 한 마디 없던 얌전한 오라비댁이었다. 슬프나 기쁘나 서로 통사정할 데는 네 식구—— 인현이의 내외와 누님의 내외밖에 없더니 그 식구에서도 하나가 가고야 만다. 그(인현이의 아내)는 작년 가을에 목화를 따 가지고 돌아오다가 돌에 채여 넘어져서 육삭이 된 태아가 떨어진 후로 피를 쏟으면서 드러누웠던 것이었다. 좀 남았던 양식은 약값에 달아나고 또 친구들 덕택으로 약첩이나 썼으나 어찌 흡족하였다고야 이를 수 있으랴!

인현이는 자기의 신세가 신세인 것만큼 아내에게 대한 애정이 컸다. 그는 이날 이때까지 이성에게 대한 사랑을 느껴 본 적이 없었다. 철없어서 장가를 들었고 또 몸이 사회적으로 풀리게 되어 계통 있는 지식은 아니나마 남만한 식견은 가지게 되고 눈앞에 어른거리는 신여성의 그림자를 보는 때에 그의 가슴에도 은연중에 솟아오르는 불만과 요구가 있었다. 밭이나 산에 나

아가서 온종일 피곤한 몸이 집이라고 찾아들어서 인형 같은 아내를 보는 때면 그의 불만은 더욱 컸었던 것이다.

"우리는 눈이 상하는 줄 알면서도 기름불이나 촛불보다 전깃불을 요구하는 것과 마찬가지로 순수한 시골 처녀보다도 요염한 도회 색시를 요구한다. 그것은 자극을 구하고 이해를 구하는 현대인으로서는 하는 수 없는 일이다."

하고 어떤 친구의 말을 처음에는 반대하던 인현이도 그것이 차츰 이해가 되었다. 그의 아내는 그를 사랑하고 그를 믿었다. (인현이는 그렇게 믿었다.) 그러나 그 사랑과 그 믿음은 겹겹이 싸인 구름 속의 달과 같이 이렇다 할 만한 빛을 인현이에게 보이지 못하였다. 그저 무엇이든지,

"네 네."

만 하는 것은 일종의 인형에서 다를 것이 없었다. 그것이 인현에게 큰 불만을 주었던 것이다. 그러나 그는 아내를 동정하였다. 사랑하려 하였다.

그는 인습의 씨요 부자연한 도덕이 만들어 놓은 병신이었다. 꽃으로 말하면 지금 봉오리라고 할 만한 그는 그 인습 그 도덕으로 말미암아 피지 못하였을 뿐만 아니라 개성(個性)을 잃어버리고 말았다. 더구나 기구한 자기 몸을 따라옴으로써 단풍 머리 찬서리 같은 계모의 학대까지 받고 빈곤의 갖은 곤란까지 받는 아내를 보면 그의 가슴은 찢기는 듯 쓰리었다. 아내의 허리를 끊어져려라고 안아 주었다. 이것은 처지를 같이한 사람이 처지를 같이한 사람에게 대한 동정이요 사랑이었다. 그렇다고 이성으로서의 아내에게 대하는 사랑의 충동은 아니었다.

끊어지도록 안아도 그저 눈을 내리감고 귀밑만 불그레해서 일언반사가 없는 아내를 보는 때면 흥분되었던 그의 감정은 꿈같이 스러지면서 온몸의 피가 식어 내렸다. 동시에 어떠한 유혹을 느꼈다. 상긋거리는 맑은 눈! 타는 듯한 입술! 파르르 떨리는 백어 같은 손가락과 대리석같이 희고도 뜨거운 팔! 인정 있게 속삭이는 그 아름다운 목소리——그의 기억에 남은 소설의 주인공들이 그의 눈앞을 엷은 베일을 쓰고 꿈같이 지나갔다.

"응 아니다. 이 변태적 사회에 있어서 이성의 단꿈을 바라는 것은 얼토당토않은 짓이다. 그 아내가 나를 믿으니 나도 그를 믿어야 할 것이요, 또 그도 나와 같은 처지의 사람이니 나도 그를 같은 처지의 사람으로 믿으리라!"

그리해 있는 동정과 뜨거운 사랑은——처지를 같이한 사람이 처지를 같이한 사람에게 대하는 이해의 동정과 사랑은 참으로 크고 굳세인 것이었다. 이성에게 대한 사랑은 단 한 사람을 포용하지만 그 사랑은 수없는 사람을

포용하고도 남음이 있었다. 그는 그 사랑으로써 아내와의 동거를 충분히 유지하였고 청년회와 노동 동맹의 신망을 받았다. 그러면서도 그의 가슴은 때로 헛헛하였다. 자기의 사업을 이해하고 자기의 사업에 힘될 이성이 그리웠던 것이다. 그러나 그 때문에 절망은 하지 않았다. 사람으로서 이성의 사랑을 못 느꼈다면 그마마한 불행은 없을 것이다. 그러나 그보다 큰 일이 있는 때에는 그것부터 하여야 하니 그것을 함으로써 모든 개인의 복리까지 얻을 수 있는 까닭이다.

장례는 그 사흘 날 지내었다. 읍에 있는 노동 동맹과 청년회 본부에서 까지 동원이 되어 상여를 메었고 언 땅을 팠다.

이 비극은——우리 주인공 인현의 젊은 생애를 통하여 크나큰 이 비극은 그 비극이 연출된 뒤로 그의 머리에서 사라진 적이 없었다. 아마 이것은 그의 전생애를 통하여 그의 머리에서 뿌리를 거두지 않을 것이다. 그러나 이 비극은 그에게 큰 충동을 주었다. 자기의 어깨에 누구보다도 가장 무겁게 걸머지고 자기의 품에 안았던 한 젊은 인형——인습과 도덕의 결정체요, 가난과 궁과 학대받는 무리의 한 표본이던 그 인형이 최후는 그에게 그가 바라는 기회와 욕망을 주었다.

그리하여 그는 이번 길을 떠난 것이었다.

그것은 아내가 죽은 뒤 한 달이 지난 이른 봄 어떤 날이었다. 어린것은 누님의 품에 의탁하고 고향을 떠났다. 이모의 품안이 남과는 다를 것이다. 동기지정이 흐를 줄 알면서도 어머니의 품에서 기르지 못하는 것을 생각하면 가슴에 무딘 칼이 박히는 것 같았다. 더구나 자기가 계모의 손에서 자라났는지라 어린것의 운명이 몹시 쓰라리었다. 그러나 하는 수 없는 일이었다. 그는 의주로 운동과 공부를 위하여 떠났다. 지금 줄달음질하는 차에 몸이 실려서 지나간 추억을 하는 그의 눈앞에는 어제 오후 영광서 자동차 타던 광경도 떠올랐다. 여러 청년 동지들도 나왔거니와 누님이 안고 나온 삼룡이가 자동차 탄 자기에게로 오려고 울던 것이 귀에 쟁쟁거린다. 그의 가슴은 또 찌르르하였다.

흔들리는 의자에 앉아 차창 턱에 팔을 기대었던 그는 또 한 번 입술을 깨물고 둥근 듯 긴 눈을 번쩍 들면서 주먹을 쥐었다.

어디로 보든지 자기는 자기 한 몸의 향락을 누릴 사람은 못 되었다. 그것이 그렇게 쉽게 누려지지도 않거니와 누려진다 하더라도 그는 마땅히 거절해야만 되리라고 생각하였다. 사회와 민중은 불문에 붙인다 하더라도 그는 자기와 동고동감하던 아내를 위하고 이 몸의 품에서 어떠한 환경의 변동을 받을지 모르는 자식을 생각하여서라도 자기 한 몸의 향락은 고사하고 자기

한 몸의 향락을 위하는 꿈만이라도 꾸는 것이 죄송스러웠고 두려웠다. 그렇거든 그의 앞에 보이는 것은 아내나 자식뿐만이 아니었다. 자기 아내, 자기 자식을 빌미로 누님의 내외가 떠오르고 동지들 생활이 떠오르고 또 낯모르는 사람들의 생활이 떠올랐다. ——부자연한 인습 도덕 가난 학대의 희생자는 아내나 자식뿐만이 아니었다. 그의 눈앞에는 어둑한 구름 속 지저분한 진흙밭에서 어물거리고 고함치는 수많은 생령들의 그림자가 떠올랐다. 그네들과 함께 뒤궁구는 자기의 그림자도 발견되었다.

'응 나는 싸우라! 사람은 고통을 벗으려고 함으로써 귀한 것이 아니라 그 고통과 싸워 이김으로써 귀한 것이다. 고통과 싸워서 고통을 이길 수는 있어도 그것을 벗을 수는 없으니 사람은 어느 때나 사람이라 현실을 벗을 수 없는 까닭이다. 나는 싸우라.'

그는 이렇게 가슴속으로 뇌이면서 또 한 번 가슴을 쳤다. 그리고 그는 모든 뒤숭숭한 생각을 잊으려는 듯이 머리를 흔들면서 한숨을 쉬더니 차창 유리에 눈을 대고 밖을 내다보았다.

어딘지는 알 수 없으나 낯설은 산 낯설은 들 낯설은 물 들이 보였다. 서울이 가까웠나 보다. 내게 얼음은 그저 풀리지 않았고 산골짜기에는 녹다 남은 눈이 보였다. 점점 훤하여 가는 새벽빛에 쓸쓸히 보이는 생소한 산천은 그에게 일종의 흥분과 고독을 주었다. 그의 가슴은 미구에 밟을 도회를 생각하고 울릴릴릴하면서도 황량한 들판을 외로이 방향도 없이 가는 것처럼 쓸쓸하였다.

차는 북으로 북으로! 달아나고 가고 오는 산천은 밤옷을 한 겹 두 겹 벗었다.　　　　　　　　　　　　　　　　　　　　　　　　　[미완]

안석영
<아카시아>

영섭이 도시락을 싸들고 이 길을 오간 지가 벌써 몇해째인가. 얼마 전 까지만 해도 좁은 길가에 올망졸망한 가게들이 진을 치고 있었는데, 이제는 그것들이 다 헐리고 커다란 길이 트이게 되었다. 그리고 무엇보다도 큰 변화라 할 수 있는 것은 길 가장자리의 콘크리트를 쌓은 언덕 위로 새로운 문화주택들이 들어서고 있는 점이었다. 번식력이 뛰어난 아카시아 나무들이 문화주택의 성곽처럼 숲을 이루게 된 것도 바로 그즈음이었다. 벚꽃이 한껏 꽃망울을 환하게 터트린 뒤 사그라들고 나면 곧 아카시아 향기가 무성해지는 것이었다.

지금은 아카시아 가지가지마다 한아름 하얀 꽃다발을 안고 있는 계절. 아침마다 아카시아 숲길을 지나는 영섭은 그 향기에 온몸이 사로잡힐 듯 했다. 영섭은 짧은 꽃길이 아쉽기라도 한 듯 코를 벌름거리까지 하며 꽃 향내를 들이마셨다. 이 자연에서 만끽할 수 있는 순수한 향취는 보잘것없는 사람에게도 차별을 두지 않았고, 마음껏 마신다 해도 불안감을 느낄 필요도 없었다.

그러나 영섭은 이 길을 걸을 때마다 언제나 상반된 두 개의 감정을 안고 있었다. 꽃향기에 취해 기분이 한결 가벼워지다가도 자신이 얼마나 밑바닥의 존재인가를 새롭게 깨닫곤 하는 것이었다. 그는 콘크리트 담 위에 떡 버티고 선 주택들을 휘 둘러보면 마음이 더욱 가라앉았다. 올망졸망한 가게들이 있을 때만 해도 매일의 일상처럼 마주치던 핏기 없는 얼굴들과 초라한 차림의 이웃들은 그래도 영섭 자신의 초라함까지를 덮어 주는 듯 했었다.

하지만 이제 문화주택이 들어서고 그 집의 새주인으로 이사온 사람들은 그의 초라함을 더욱 드러나 보이게 하는 것이었다. 특히 그를 가장 주눅들게 하는 것은 문화주택에서 쏟아져 나온 아이들의 모습이었다. 산뜻하게 단발머리를 한 소녀들과 양복 반바지 차림의 사내아이들이 나란히 학교로 향하는 모습을 볼 때, 그는 가슴이 찢어지는 듯했다. 영섭은 이들의 풍경이 자기와는 아주 동떨어진 세대처럼 느껴졌고, 그럴 때마다 정겹기만 하던 아카시아 그늘도, 꽃향기도 생소하게 느껴졌다. 그런 순간, 어느 집에선가 개짖는 소리라도 터져나오면, 그는 그것이 마치 자기에게라도 짖어대는 것인 양 깜짝 놀라 마음이 줄달음치려 하였다.

영섭은 요즘 자기 스스로가 생각해도 지나치다 싶으리만치 신경이 날카로워져 있었다. 아버지의 상을 당한데 이어 아내마저 저 세상으로 떠나보내고 나자, 자기도 모르는 사이에 심경이 변화된 까닭이었다. 그는 늘 이 길을

231

걸을 때마다 옆을 따라 걷는 듯한 아내의 발걸음 소리를 들었다. 귀밑에 속삭이던 아내의 가냘픈 목소리도 듣는다.

그때도 이맘 때였으리라. 아카시아 꽃망울은 빗줄기에 촉촉히 젖어들고 있었다. 아내와 우산 아래에서 장래에 대한 화려한 꿈을 설계하며 걷던 옛일이 떠올랐다. 왜 부질없이 지난일에만 붙잡혀 있는 건가 하고 자신의 약한 마음을 나무래 보지만 이 땅에 여전히 봄이 오고, 여름이 오고, 가을이 오고, 또 겨울이 있음에 가슴 속에 새겨진 추억의 계절은 영원히 지워질 수가 없는 것이었다. 영섭이 살아서 이 땅의 흙을 밟고 푸른 하늘을 우러를 동안은 일생에 단 한번뿐인 그 추억도 영원하리라.

영섭은 지난 추억에 대해서 지나치게 고통을 느끼는 자신이 병적이란 생각이 들었고, 아내에게는 죄스러웠다.

그는 나날이 수척해져만 가는 얼굴을 볼 때나, 걸음을 옮길 때 다리의 피가 마르는 듯한 느낌에 닿을 때, 자신이 어떤 깊은 병에라도 사로잡혀 들고 있는 것은 아닌가 하는 생각이 들었다. 예전부터 그를 아는 친구들은 요즘 그를 보면 깜짝 놀라며 몹시 걱정을 해 주곤 한다. 돈이 여의치 않아 이제나저제나 병원에 가보는 것을 미루는 동안, 그는 스스로에게 결핵이라는 진단을 내리고 있었다. 폐병! 그는 두렵기보다는 자신이 애처로워졌다. 자신의 골격으로 보나 딱 벌어진 가슴을 보면 폐병같은 것과는 무관하리라 싶었지만, 아내를 생각하면 신경은 자꾸만 예민해져 갔다.

아내가 산후에 세상을 떠난 것은 심장이 약하기 때문이라는 의사의 진단이 있었지만, 아내는 평소 자신의 폐에 대해서 무척 염려를 하면서 살았었다.

이제와 생각해 보니 그녀의 불그레한 두 뺨, 굽은 듯한 가슴, 가냘픈 몸매는 폐가 약한 때문이 아니었던가 싶기도 했다.

영섭은 불안감을 느낄수록 아내에게 혐의를 두었다. 만약 아내가 폐병으로 죽었다면 자신에게도 전염될 가능성이 있을 법한 이야기가 아닌가. 그러다가 그는 공연한 신경과민이라며 도리질을 쳤다. 내몸이 이렇듯 고단한 것은 업무에 찌들고 정신적으로 여러 가지 고통을 받고 있기 때문일 것이다. 나도 기를 펴고 사는 날에는 다시 건강을 회복할 수 있으리라.

그렇지만 이토록 자신의 정신과 육체를 파먹는 듯한 옛추억이 자신의 의식이 없어지기 전에는 지워지기 어려울 것이라는 생각이 들자 영섭은 조금전 자신의 기대가 허물어지는 느낌이었다.

오늘도 영섭은 회사에 출근하였다. 언제나 그렇듯이 머리 속이 어지럽고 잠을 이루지 못하는 그였지만 그래도 아직까지 출근시간을 어겨 본 적은 없다. 이것은 윗사람에게 건실하게 보이려고 한데서 나온 버릇이 아니요, 자기가 마땅히 지킬 것은 지킨다는 것, 특히 요즈음같은 때에 정신을 한 곳으로 통일하여 몸을 지탱하기 위해서는 이 출근시간부터 지키는 것이 좋다고 판단을 내렸기 때문이다. 이것은 과장이 늘 말하는 시간 엄수에 대한 장황설과는 달랐다. 과장은, 생산능률에 있어서 시간을 잘 지키고 안 지키는 것이 큰 관계가 있다고 역설하고 있지만, 영섭은 순전히 자기를 위해서 그렇게 하는 것이다.

그러나 이러한 시간 엄수가 정신 통일에 도움을 주리라 생각하면서도 이것이 도리어 자기를 신경질적으로, 더 나아가서 신경쇠약에까지 이르게 하는, 자기 모순이 될지도 모른다는 것을 간혹 깨닫고 영섭 스스로 자기를 향해 비웃을 때도 있었다. 그렇지만 또 다른 이유를 영섭에게 솔직히 고백하라 한다면 그것은 늘 자기의 폐를 의식하는 까닭에 아침 공기, 그 상큼한 아침 공기를 놓치지 않으려는 것이다.

영섭이 모자를 걸고 자리에 앉자 급사아이가 차를 따라 놓았다. 그리고 그 아이는 영섭을 흘끔 올려다보면서

"오늘은 어째 안색이 더 좋지 않으신데, 어디 아프신 데라도 있으세요?"
하고 넌지시 말을 건넨다.

이 급사아이는 아마 이 회사 안에서 영섭을 위하여 마음을 쓰는 단 한 사람일 것이다. 비가 오면 묻지도 않고 영섭의 집에서 우산을 갖다 주고, 담배 심부름으로 마코를 사오라고 구멍 뚫린 오전짜리 한 푼을 주면 제 돈을 보태어 십전짜리 피죤을 사다가 슬쩍 놓고 자리를 비키는 때도 있다. 이런 때면 영섭은 그 아이를 불러

"자네, 이게 어찌된 일인가?"
하면, 그 아이는 얼굴이 빨개져 가지고 웃으며

"아녜요."
하고 달아난다. 영섭은 또 이것이 미안해서 하루를 무거운 마음으로 지낸다. 급사아이에게까지 동정을 받는 사람이 되었는가 싶으면 그는 그만 얼굴이 화끈 달아올랐다. 이것은 꼭 그 아이로 인해서가 아니라 이렇듯 자신이 이 세상에서 큰 모욕을 당하고 사는 듯해서였다. 이렇게 옹졸한 마음이 드는 것은 자신의 본디 타고난 성격 탓도 있지만 가난으로 하여 생긴 자존심 때문이라 생각되었다.

오늘은 들어오자마자 그 아이가 자신의 얼굴을 보고 어디가 아프냐고 묻는 것으로 미루어, 심상치 않은 둘 사이이기에 그 아이가 바로 본 것이라 여겨졌다. 그래서 더욱 마음이 섬뜩하였다.

"정말 그래보이나?"

영섭의 음성은 공허하게 들렸다.

"아니에요, 그저 좀 안색이 안 되어 보이셔서요."

하고 급사아이는 싱긋 웃고 가 버렸다.

이때에 과장이 들어왔다. 이 사람은 얼굴생김은 크나 그 눈이라든가 귀의 생김, 콧날의 모양은 언뜻 보아도 신경질적으로 생긴 사나이이다. 안경을 써서 얼굴이 나이보다 아래로 보이고 눈이 잘 드러나 보이지는 않지만, 누군가에게 친근하게 굴 때면 그 눈이 가물거리는 것과 제비 꼬리같이 가느스름한 수염 밑에 약간 두터운 듯한 입술을 가볍게 놀리는, 그러한 그의 눈과 입이 그의 출세에 큰 역할을 한 것이리라. 윗사람에겐 점잖으면서 공손하고, 아랫사람에게는 겸손하면서도 잔소리가 많고, 비록 부드러운 말투지만 바늘같은 경구로 슬그머니 상대방을 누르는 것으로써 그는 이 회사에서 정평이 나 있다.

영섭은 차를 마시다 말고 일어섰다. 술이 아직도 깨이지 않은 탓인지 불에 데인 것처럼 벌건 과장의 얼굴을 힐끗 보며 허리를 굽히고 인사를 하였다. 과장은 영섭을 옆으로 힐끗 보고는 자리에 앉았다.

"김영섭 씨, 요새 어디가 불편해요? 젊은 사람이 수염이 길어서 그런지 퍽 어두워 보이는군."

하며 그는 신문을 펴들고 본다.

"네, 좀 바쁜 일이 있어서 수염을 못 깎았습니다."

영섭은 말을 마치고 슬그머니 자리에 가 앉았다. 과장은 무슨 생각을 하였는지 영섭을 힐끗 돌아보고는 싱긋 웃으며 신문을 다시 보다가 테이블 위에 놓인 초인종을 친다. 급사아이가 달려왔다. 그 아이가 과장 옆에 와 섰건만, 보았는지 못 보았는지 그는 건성으로

"인환아!"

하고 불렀다. 인환은 급사아이의 이름이다. 인환이는 과장 옆으로 다가섰다.

"네, 부르셨어요?"

과장은 그제서야 인환을 쳐다보았다.

"냉수 한 그릇 가져오너라."

인환이 냉수를 떠오자 그는 단숨에 들이키고는 혀끝으로 수염을 훔쳤다. 이때 중역실의 급사아이가 왔다.

"전무님께서 좀 오시래요."

과장은 옷 매무새를 고치고 중역실로 들어갔다. 영섭은 급사아이에게도 들은 이야기지만, 과장에게서도 그런 소리를 듣고 나니 맥이 풀려서 일이 통

손에 잡히지 않았다.

 얼마 뒤에 과장이 돌아왔다. 그는 다시 신문을 뒤적거리다가 접어서 테이블 옆에 밀어 놓고는 깔쭉깔쭉한 턱의 수염을 어루만지며 무슨 생각을 골몰히 하더니 영섭이 있는 쪽으로 고개를 돌린다.

 "내가 권할 것은 못 되지만 술을 좀 마셔 보지 그러나. 술을 마시던 사람이 별안간 술을 끊게 되면 그것도 병이 된다니까."

 앞자리에 앉은 두 사람은 웃음을 참는 것인지 고개를 숙인다.

 "네, 저도 그렇게 생각해 보았습니다마는 술을 마시면 이젠 머리가 몹시 아파서요."

 "그야 누구나 술 마신 그 이튿날은 매일반이지. 그렇다고 술 안 마시는 이들은 너무 졸해 보여서 무슨 일을 같이하기가 좀 뭣하더구먼."

 "그건 그렇기도 해요."

 영섭이 선뜻 그의 말에 동의한 것은 자신이 제일 맘에 꺼리는 그 화제가 너무 길게 가는 것이 싫어서 피할 생각에서였다. 그런 한편으로 작년 어느 때인가 영섭이 술이 과해서 결근을 했을 때에

 "젊은이가 술을 그렇게 함부로 마셔서야 되겠나?"

하던 그때의 말과, 술을 마시라고 권유하는 지금의 말이 다르니 우습기도 하였다. 만일 그의 말대로 앞으로 술을 계속하다가 혹 결근이라도 한번 하면 옛말이 또 되풀이될 것이었다. 어쨌든 과장이 자신을 위하여 걱정해주는 것만은 감사하였다. 저렇게 교활한 사람에게도 따뜻한 정은 있었나보다 싶었다.

 오후 퇴근시간이 될 때까지도 급사아이의 말과 과장의 말이 귀에 쟁쟁하여 일도 안 되고 마음이 산란하였다. 과연 내가 병이 든 것일까, 하는 생각을 하면 온몸에서 식은땀이 다 났다.

 시계가 오후 네 시를 쳤다. 과장은 자리에서 일어나더니 영섭의 책상 옆으로 다가왔다.

 "이따 나 좀 보고 가시오."

하고서 은근한 눈치로 영섭을 보고는 팔을 걷으며 밖으로 나간다. 세면장으로 가는 모양이었다. 얼마 후 과장은 이마 위의 머리털을 손수건으로 닦으며 들어왔다.

 "아차, 이발을 할 건데 괜히 세수를 했군."

 과장은 혼자 중얼댄 말이나, 영섭의 앞에 서서 하는 말이니 그대로 듣고만 있을 수 없어서 영섭은 빙그레 웃어 보였다. 영섭이 이렇듯 다른 사람에게까지도 예민한 것도 병이라면 병이었다.

"자, 나하고 같이 나가 봅시다."

과장은 모자를 내려서 쓰고 양복저고리 깃을 바로 고친 다음 단장을 팔에 걸었다. 영섭은 과장이 갑자기 웬일일까, 하면서도 모자를 쓰고 따라 나섰다.

두 사람은 회사를 나서서 전차에 올랐다.

"어디로 가시렵니까?"

영섭은 요사이 번잡한 데를 피해다녔던 터였으므로 너무 번잡한 데면 피하고 싶은 마음으로 물었다.

"우선 이발을 좀 같이 하지. 나는 어쩐지 경성역 구내 이발소가 정이 들어서. 어쨌든 거기에서 이발하고 그곳에 식당도 있고 하니 목부터 축이면서 어디 좋은 데를 생각해 봅시다."

영섭은 오늘 과장의 말마따나 그 동안 끊었던 술을 마시면 심기가 어떨까 하였던 터였다. 과장이 자기에게 호의를 베푸는 듯하였으므로 아무튼 오늘은 그가 하라는 대로 해 보기로 하였다.

"젊은이가 그게 뭐요? 그 깨끗한 얼굴을 그 모양으로 만들다니! 우리같이 나이 먹은 사람도 하루라도 수염을 밀지 않으면 온종일 맘이 찌뿌드한데!"

경성역 구내 충계를 오를 때까지 과장은 계속 잔소리였다. 영섭은 얼굴이 벌개졌다. 다른 사람이 자기를 일깨워 주는 것이 불쾌하기도 하였지만 한편으로는 부끄럽기도 하였다. 한 달에 한 번, 혹은 석 달에 한 번쯤 깎는 머리, 수염도 덥수룩해져서야 면도를 하곤 하는데 그 칼이라는 것도 오랫동안 갈지 않고 그대로 두었다가 가죽혁대에다 썩썩 문질러서 쓰기 때문에 이가 빠지고 날이 무딜 대로 무디어져서 수염을 깎으려다가 제 살을 베기 일쑤였다. 어느 때 정말 보기 흉하면 가위로 추스르기만 하는 것도 요사이는 만사에 의욕을 잃어 그런지 그나마 다 잊어버린 지 오래다. 또 면도칼을 문지르던 혁대도 그 칼에 허리를 잘려 지금은 헌 넥타이로 양복 허리띠를 하니 화장실에 갈 때마다 한참을 쩔쩔매면서, 그 허리띠를 풀게 된다. 그럴 때마다 '아무래도 혁대를 사야 할 텐데' 하면서도, 돈이 생길 때면 잊어버리고 해서 이제는 그 넥타이 허리띠로 낡을대로 낡아, 어느 때는 이것이 옹매졌기 때문에 끄를려면 눈물이 나오도록 쩔쩔매는 때가 있다. 지금 영섭이 그것을 떠올려 보니 스스로도 우스워져서 픽 하고 웃음이 나왔다.

"왜 그러나?"

과장은 자기말 끝에 영섭이가 웃은 줄 알고 좀 불쾌해진 모양이다.

"아닙니다. 기침이 좀 나와서요."

영섭은 기침을 두어 번 했다.

"어째 몸이 그렇게 약하담. 약을 좀 먹어야겠구먼."

과장의 말이 끝날 즈음, 두 사람은 이발소 문 앞에 다다랐다. 마침 이발소 안에는 손님이 없었다. 두 사람은 나란히 회전의자에 앉았다. 두 사람은 옆 거울 뒷거울에 비친 여러 개의 자기 모습을 보고 자신을 입체적으로 관찰하는 행운을 얻은 듯이 이리 두리번 저리 두리번 하였다.

과장의 뒤통수는 반들반들하게 머리가 빠져 있었다. 영섭은 그것을 보고 당신도 이미 허물어져 가는 인생이구려, 하고 마음속으로 뇌었다. 그 만큼 인생을 살았으면 그렇게 조바심을 하지 않아도 살 수 있다는 것을 알 법도 한데, 과장은 여전히 삶에 급급해한다. 그로 해서 그의 밑에 있는 미래가 긴 젊은 사람들이 얼마나 전전하는지 그는 알기나 할까. 그가 생활을 위해 직장에 목을 걸고 있는 거라면 다른 사람도 마찬가지이다. 죽으면 다함께 흙 속에 묻혀 썩어갈 몸이건만……, 과장은 왜 다른 사람의 아픔을 헤아리지 못하는 걸까. 영섭은 그가 좀더 너그러워지길 바라며 마음의 소리를 과장의 영혼에게 보냈다.

영섭은 스스로의 생각에 도취되어 눈물이 날 것만 같았다. 그렇다면 이러는 나는 저 과장보다 앞선 사람일까 돌이켜보았다. 과장도 어떤 면에서는 나보다 앞선 점도 있으리라 생각되었다. 그렇다면 그런 것들이 어느 한 사람에게라도 아름다운 공헌을 한 것이 있던가 생각하니 자기도 그와 하나도 다를 바 없는 인간같이 느껴졌다. '아하' 그의 마음의 비명이 숨결을 몰아서 탄식이 되었다.

이발사는 영섭의 그 기다란 머리털을 무자비하게 깎기 시작했다. 매번 느끼는 일이지만, 이발사는 털이면 깎을 줄만 알았지 그 사람의 얼굴 생김새라든가 그 머리 생김을 보아가며 깎는 것 같지는 않았다. 상고머리면 누구나 일본 상인 머리같이, 갈라붙이는 머리면 꼭 똑같은 자리를 가르곤 하였다. 이발소에 붙여 놓은 이발 견본화를 일종의 법전같이 믿는 자들이 이발사이다. 영섭이 이발을 잘 안 하는 이유가 바로 이런 점에도 있었다.

과장은 깎지 않아도 좋을 머리를 깎고 있는 듯했다. 으레 그만한 나이의 사람들이 하는 짓이지만 이발 기계로 바짝 밀고서 위만 가지런하게 남겨서는 갈라붙인다. 그것은 희게 센 머리카락을 보이지 않게 하려는 일종의 묘방인지도 모른다.

영섭의 머리가 다 깎여지고 면도가 시작되었다. 더운 수건으로 입과 턱을 찜질하자 기분이 좋아졌다. 잠시 후 이발사는 수건을 치우고 커다란 칼로 텁수룩한 수염을 밀기 시작하였다. 면도가 끝난 뒤 머리를 감기고 얼굴에 화장수를 발라 주는 등 안마까지 받고 나서야 영섭은 이발사에게 빼앗겼던 자유를 되찾았다. 거울 앞에 선 영섭은 매끈하게 다듬어진 자신의 얼굴을 바라보고는 기분이 저으기 상쾌해졌다.

"어떻소, 정신이 나지? 나도 기분이 아주 상쾌한데."

과장이 이발료를 치르며 말하였다.

"네, 한결 마음이 상쾌하군요."

"그럴 거요."

과장이 앞장을 서고 영섭은 그 뒤를 따라서 어느 술집에 들어섰다. 두 사람은 식당 테이블을 사이에 두고 맥주를 마시기 시작했다.

"김군은 아마 삐루쯤은 한 박스 이상은 할걸? 나도 삐루를 좋아하지만 요즘은 삐루를 많이 마시면 신경통이 생겨서……."

"저야 얼마 마시겠습니까? 마시는 데도 풋술이지요. 그런데 독일같은 데는 삐루를 차 대신 마시기 때문에 알콜이 적게 들어서 그런지 취하지 않는다는데 여기 것은 알콜이 많다더군요. 삐루가 속에 들어가면 더운 것하고 찬 것하고 잘 안 맞아서 그럴까요? 제 생각엔 아마 그래서 신경통 같은 게 생기는 것 같은데."

"글쎄, 어쨌든 시원한 맛에 마시니까. 사실은 술이라는 게 그리 좋은 것은 아니래도 만약 이 술이 없었더라면 인생의 절반은 무의미했을지 모르지. 나도 사실 건강을 생각해서는 먹지 말자 하지만, 고민이 있는 사람이다 보니 그것을 잠시라도 잊으려면 이것이 있어야 하거든. 김군도 아이를 낳고…… 참, 김군에게 아이가 하나 있다구 했지? 그래, 아이나 많이 낳고 집안 살림이 점점 커져가고 하면 남모르는 고민도 그만큼 늘지. 몇 십 명 식솔이 나만 쳐다보고 있다 보니 혹 내가 술에 너무 취해서 들어가면 집안 사람들이 나를 위해 걱정을 하는 것인지, 아니면 내가 이 술로 패가망신 하고 나면 저들의 밥줄이 끊어질 것을 생각해서들 그러는지 알게뭔가. 불쌍한 것들이지. 나 한 사람에게 생활은 물론 운명까지도 내맡기고 있으니 딱하기도 하지만 가엾단 말이야…… 자, 어서 들지."

과장은 영섭의 잔에 삐루병을 기울인다.

"참 어려우시겠습니다. 과도기에 있어서는 모두가 희생이죠. 얼마 동안은 하는 수 없지요. 자, 드십시오. 저만 마시는 것 같습니다."

영섭이 과장의 잔에 술을 따랐다.

"어두워져야 아무데라도 갈 것이니까 여기서 조금 더 마시고 이야기나 하지! 그런데 월급생활로 그래도 집칸이나 장만하고, 비록 손바닥만한 것이지만 전답도 있고 한 이는 나뿐인 것 같은데. 사실 월급 가지고 그만한 식구를 거느릴 수 있겠나? 자네도 지금부터 그런데 유의를 하지 않으면 그저 월급쟁이로 밤낮 그 턱일 테니……. 그런 일로 어떤 때는 자네뿐 아니라 우리 과에 있는 이들 걱정에 내가 밤잠을 못자며 근심하는 때도 있다네. 누가 들으면 거짓말 같다고 웃을 이도 있을지 모르나 남의 윗사람 되기가 얼마나 어려운 줄 아나? 그 자리에 앉아 보면 누구나 될 것 같지만 첫째는 포용력이 있어야 하고, 또 우두머리 될 만한 배짱이 있어야 되지 않겠소? 남의 일은 다 쉬워 보이기도 하겠지만, 김군, 나를 믿으시오. 피차에 믿읍시다. 아무리 생각을 해도 나는 어디고 다른 자리에 옮겨갈 것 같아 하는 말이네만 만약 후임자를 생각한다면 중역들이 다른 데서 데려오기 전에 내가 보기에는 김군밖에 적임자가 없다고 보네. 혹 중역들이 자기 사람을 쓰려고 우긴다 하더라도 내 자리에 둘 사람이면 내게도 의향을 물어보고 결정할 것이니, 그렇다면 일이나 그 곳 공기를 모르는 사람보다는 김군이 나을 것 아니겠소? 김군이 내 팔이 되어 애써 주어야겠소. 별 사람이 있겠소? 누구나 자기 일만 잘 알면 되지. 자, 한 잔 더 드시지.”

과장은 의기양양해져서 술을 따르며 영섭을 보고 벙글벙글 웃는다. 영섭 자신도 과장의 기분이 좋아보여서 마음이 편안했다. 그리고 지금까지 그가 한 말이 사실이라면, 과장이 그 동안 자기를 볶아대기는 하였으나 속마음으로는 자기를 버리지 않은 것 같아서 고마웠다. 두 사람은 어지간히 술기운이 돌았다.

“자, 이제 그만 나가볼까?”

과장은 손수건으로 수염에 묻은 삐루 거품을 훔치고 회중시계를 꺼내 보았다.

“그러시죠. 저는 오랜만에 마셨더니 어찔합니다.”

영섭은 자리에서 일어나려다가 갑자기 눈앞이 핑 돌아서 눈을 감았다 떴다. 온몸에 술기운이 퍼져서 그런지 자리에서 일어나고 싶지 않았으나 과장이 서두르는 바람에 하는 수 없이 일어섰다.

“그럭저럭 일곱 시가 되었군. 술마실 때는 이야기를 두어 마디만 해도 이렇게 시간이 가는구려!”

과장은 카운터에 가서 돈을 치뤘다. 두 사람은 역 구내를 빠져 나왔다. 해가 긴 까닭에 저무는 햇살이 아직도 동편 빌딩들을 눈이 부시게 비추고 있었다.

“요리집을 갔으면 좋겠으나 무슨 흥미가 있어야지, 기생시간 대주러 가는 셈이니까. 또 요새 기생들은 얼굴만 반반하면 일류라니까 김군도 아마 그런 데는 비위가 맞지 않을게요. 젊은이에게는 그래도 모던한 게 좋을 테지? 어디 산뜻한 데를 구경해 봅시다. 가만, 카페같은 데는 우리가 갈 데가 못 되

고, 어디 젊은이 덕에 나도 젊은 기분 좀 내봅시다그려. 빠 ─ 가 좋지. 가
만 있자, 옳지. 저번에 어느 시골 친구가 오는 바람에 한번 가본 데가 있는
데, 그곳이 조용하고 마담도 소위 인테리라는 것이 김군이 퍽 좋아할 것 같
군. 자, 가지.”
　과장이 앞서서 전차 정류장을 향하여 갔다. 영섭은 과장이 자기의 의향을
물어보는 것 같으면서도 영섭의 의견 따위는 안중에도 없다는 듯 혼자 자문
자답하며 결정하는 폼이 우스웠다. 젊은이 덕에 젊은 기분을 내보겠다는 것
이 가벼운 말이지만 재치있는 말도 같았다. 그리고 나이먹은 이들의 비애가
풍기는 것 같아 씁쓸했다.
　이들은 전차에서 내려 본정통으로 들어섰다. 상점들이 늘어선 곳을 못 미
처 좁다란 골목으로 들어서서 붉은 등에 ‘빠 ─ 출입구’ 라고 쓴 집 앞에
서 걸음을 멈추었다.
　“이집 마담이 조선여자인데 아주 세련되었어, 영어까지도 곧잘 알더구먼.
그런데 나는 나이가 먹어 이런 곳에 오기가 체신이 없어 보여 그러니 김군
이 앞서 들어가게나.”
　과장이 영섭의 등을 슬그머니 떠들었다.
　“저도 이런 곳이 처음이라서 좀 서먹서먹한데요.”
　“허허, 무슨 소리. 젊은이가 이런 데서도 용기가 없다면 말이 되겠나.”
　영섭은 속으로 이런 것에 무슨 용기가 필요한가 싶었지만 어쨌든 들어가
보기로 하고서 문을 열고 들어섰다.
　밖은 아직도 해가 있는데 빠 ─ 안은 이미 밤이었다. 푸르스름한 전등불
빛이 어디서 비추는 것인지, 발을 들여놓으면서부터 사람을 끌어들이는, 더
구나 술기운 있는 사람을 흥분시키는 그 무엇이 그 안에 흐르고 있었다. 두
사람은 자리를 잡고 앉았다. 그러나 아까 과장이 입에 침이 마르도록 말하
던 그 마담은 없었다.
　“얘, 마담 어디 갔니?”
　과장이 카운터에서 접시를 훔치는 아이에게 소리쳤다.
　“네, 목욕갔어요.”
　그 아이도 조선 아이였다.
　“간 지 오래 되었니?”
　“네, 한참 되었어요. 곧 오실 거예요.”
　과장은 저으기 안심이 되는 모양이다.
　“우선 차라도 가져오너라. 무엇을 드시겠소? 아이스 커피나 한 잔씩 할
까? 얘, 아이스 커피 두 잔만 가져와.”

과장은 영섭의 의사를 존중하는 듯하면서도 이렇듯 모든 게 독단이었다. '나는 이런 조그만 일에도 남의 의사를 존중하는 사람이오' 하는 듯이 그 눈치만 살짝 보이고는, 물론 너는 내 말에 복종할 테지, 하는 식으로 해치우는 그 버릇이 이 빠 — 에서까지 나오고 있는 것이다.

"애, 그 레코드나 좀 틀려무나, 심심하구나. 김군도 음악을 좋아하시겠지? 우리는 베토벤이니 모차르트니 슈베르트니 하는 악성의 이름은 학교에서 배워서 알고는 있지만, 그들의 음악을 조선 가곡이 귀에 젖은 사람들이야 어찌 알겠습니까? 사실 너무 고상해. 재즈나 한 곡조 틀어라."

과장의 그 떠드는 모양으로 보아 그는 꽤 흥겨운 모양이다. 아이가 레코드를 틀고는 아이스 커피를 가져왔다.

이때에 문이 열리며, 금방 도가니 물에서 빼낸 유리 항아리 같은 마담의 얼굴이 나타났다. 그녀의 손에는 목욕 기구를 넣었을 듯한 고무 주머니가 들려 있다. "안녕하세요." 하고 마담은 환호하면서 과장 앞으로 뛰어오다가 낯설은 영섭을 보고는 주춤했다. 그 여자는 영섭을 옆눈으로 슬쩍 보고는 과장 옆에 와 앉았다.

"그 동안 왜 통 안 오셨어요? 다른 데 좋은 일이 있었던가보군요?"

마담은 과장과 꽤 친분이 두터운 듯 보였다. 만약 낯설은 영섭만 없었으면 과장에게 응석이라도 부릴 것 같이 둘 사이가 허물이 없으면서도 은근해 보였다.

"천만에. 바쁜 몸이, 게다가 나이깨나 먹은 사람이 이런 데를 자주 다니면 되나? 어쩌다가 기분도 낼 겸 스트레스도 풀 겸 다니는 게지. 참, 내 좋은 친구를 한 분 소개하지. 이분은 우리 회사에 같이 계신 분인데, 김군, 자, 이 마담은 샬리라는 이 빠의 마담인데 인사하시지."

과장은 샬리라는 여자와 말을 더 주고받으면 영섭이 앞에서 창피한 꼴을 보일 것 같아서 그랬는지 슬쩍 영섭과 인사를 시키면서 그 거북한 대화의 끈을 흐트려 버렸던 것이다. 과장은 말을 마치고는 너털웃음을 웃어 보인다.

"처음뵙겠습니다. 저는 샬리에요. 많이 사랑해 주세요."

샬리는 금세 수줍은 표정으로 두 빰이 붉게 타며 고개를 숙여 영섭에게 인사했다.

"네, 그러세요? 저는 김영섭이라 합니다. 퍽 좋으신 이름이시군요. 샬리 템플과 친척지간은 아니십니까? 누구에게나 사랑을 받는 좋은 이름이십니다."

움츠렸던 영섭의 마음도 오랜만에 여자를 대하니 풀리는 듯했다. 그는 샬리와 말을 주고받으면서, 죽은 자기 아내와 마주 앉아 그 아내의 이름을 가지고 논란하던 지난날이 생각났다. 그 아내의 이름은 천주교에서 세례명으로 받은 마리아였다. 그래서

"나와 결혼을 해서 아들을 낳아도 그건 내 아들이 아니겠군요. 하느님의 아들이지? 마리아는 동정녀로서 하느님의 아들을 낳았다 했으니까 말이오"

하고서 두 사람이 웃던 생각이 났다.

"호호호……. 김상은 처음 뵙지만 말씀을 퍽 잘하시는 게 재미있으신 분일 것 같아요."

샬리가 흥겨워진 모양이었다.

"이제 알았지만 김군도 농담을 잘하는군. 그런데 샬리는 김상을 처음 보자마자 반한 모양인가? 어쨌든 좋구먼, 젊은 사람들의 정열을 막을 수 가 있나. 두 분이 앞으로 잘 친해 보시지. 두 분이 다 외로운 모양이니까."

"그러면 김상은 아직 결혼을 안 하셨어요? 저런, 그럼 너무 늦으셨군요. 아니지 서양 사람들을 보고 말하자면 지금이 제일 좋으신 때이군요."

샬리는 흑진주 같은 눈동자를 반짝 빛내며 명랑한 어조로 말했다.

"민감하기도 하지, 외로운 몸이라는 것만 듣고도 결혼을 안 했다는 의미로 생각을 하다니. 어쨌든 두 분이 친해 보시오. 그렇다고 속되게 사귀면 안 되고 피차에 인격적으로 사귀는 것이 좋아요. 자, 심심하구먼. 술 좀 가져오지. 김군, 삐루로 할까? 삐루를 마신 끝이라 다른 술을 섞어 마시면 위를 버릴 테니, 그래, 삐루를 가져와. 안주는 야채 사라다가 좋겠군!"

과장이 담배를 물자 샬리가 성냥을 그어 대었다. 과장은 테이블 위에 놓여 있던 담배갑에서 다시 한 개피를 꺼내어 제 입으로 피어서는 영섭에게 건네주며 의미 있는 웃음을 지어 보였다.

"잠깐 실례하겠어요."

샬리는 일어서서 두 사람에게 예를 하고 나서 다시 영섭에게 생긋 웃어보이고는 카운터 뒤로 갔다.

"여자는 저만하면 괜찮지 않소? 그래도 미인축에 들걸?"

과장은 담배 들은 손의 새끼손가락으로 수염을 매만지며 말했다.

"좋군요."

"김군 눈에도 그렇게 보일 줄 알았어. 내 눈이 아직 무디진 않군!"

두 사람은 시원스레 웃었다. 아이가 삐루를 가져오자 한 잔씩 따라 놓고 바라만 보았다. 십분쯤이나 지난 뒤에 샬리가 화장을 하고 나왔다. 목욕을 갓 한 얼굴에 새로 한 화장이 잘 먹어서 함박꽃같이 고왔다. 두 팔과 가슴과 등덜미를 드러낸 양복 사이로 보이는 윤택한 살결이 무척이나 고혹적이

었다. 윤기 흐르는 단발의 까만머리가 백옥같은 이마에서 나풀거렸다. 붉은 립스틱을 바른 입술로 웃으며 그녀가 이 편으로 올 때에 과장은 정신을 잃고 바라보았다. 샬리가 그들 가까이 오자 그녀의 몸에서 풍기는, 조금은 고급스러운 향기가 영섭의 후각을 자극하였다. 그 향기는 영섭이 집에서 회사로 가는 길에서 맡던 아카시아 향기 같았다. 영섭은 그 길에서 늘 하던 버릇처럼, 이 여자의 고운 육체에서 풍기는 향취를 숨소리 없이 들이마셔 보았다.

"자, 드세요."

샬리가 과장과 영섭의 잔에 술을 따르고는 영섭을 슬쩍 보며 권한다. 영섭은 샬리의 눈을 보면서 무엇인가 자기를 얽어매려는 듯한 야릇한 매력을 느꼈다. 영섭은 술을 반쯤 비우고는 잔을 내려 놓았다.

"처음 뵙는데 실례되는 말씀이지만 김상(선생)은 예술가 같으세요?"

샬리는 굳게 다문 영섭의 입에서 어떻게든 말을 터뜨리게 하려는 수작이다. 영섭은 쓸쓸히 웃었다.

"요새 젊은이들은 모두 예술가 같다는 표현을 잘 쓰는데 무엇을 보고 그렇게 말하는지는 모르지만, 대체 샬리는 김상의 무엇을 보고 하는 말이지?"

과장은 이렇게 샬리의 말을 거들면서도, 내심 샬리와 영섭이 만나자마자 벌써 그들의 눈이 속삭이는 것 같아서 좀 서운해하는 눈치다.

"왜요, 김상의 눈만 보셔도 그렇지 않아요? 얼굴 전체가 예술가가 안 되면 안 될 것같이 생기지 않으셨어요?"

샬리가 이렇게 말하고는 영섭을 보며 실눈을 해 가지고 웃었다.

"예술가가 안 되면 안 될 얼굴이 따로 있나? 그건 난생 처음 듣는 말인데, 어쩌면 첫눈에 그렇게 홀딱 반한담. 바른대로 말을 해."

이렇게 다그치며 과장이 웃자 두 사람도 따라서 웃었다.

조금 있다가 과장이 전화를 하러 카운터로 가자 샬리가 영섭의 옆으로 와 앉았다.

"김 선생, 자주 오세요. 오실 때 제가 있는지 전화로 물어 보시고 오세요. 내일 오시겠어요?"

그제야 샬리는 비로소 조선 말을 내놓았다. 영섭은 샬리의 탄력 있는 팔이 자기의 팔을 휘감고 손까지 잡자 가슴이 두방망이질하는 것을 느꼈다. 이 여자가 왜 이리 서두나 하면서도, 인생의 살 만한 의미가 여기에도 있는 것 같았다.

"내일은 틈이 없는데요. 어쨌든 올 때엔, 전화를 하고 오지요."

“그러세요. 그럼 곧 한번 오세요. 오실 때 혼자 오셔야 해요.”

“네, 혼자 오지요.”

영섭은 자기의 주머니 사정을 생각해서 용기있게 대답을 못 하였다.

샬리는 영섭의 어깨에 그 곱살스런 손을 얹고는 영섭의 얼굴을 유심히 바라본다. 너무 바짝 보았기 때문에 그녀의 입술은 영섭의 눈 아래서 붉게 움직이며 하얀 이가 가지런히 드러났다. 그리고 그녀의 긴 속눈썹 깊숙히 무엇인가 애소하는 듯한 눈동자가 서글서글하게 빛나며 자기의 얼굴 위로 향하고 있었다. 영섭도 웃었다. 그가 웃자 샬리는 금세 고개를 떨구고는 가볍게 한숨을 내쉬었다. 그녀는 무엇인가를 생각하는 듯하더니 다시 영섭의 손을 꼭 쥐어 주고는 일어서서 자기 자리로 갔다. 이 때 과장이 돌아왔다.

“그래, 그 동안 재미있는 이야기 좀 나누었나? 군자는 그런 때에 피해주는 게 예의지. 김군, 이제 그 동안 오래 묵었던 우울증은 좀 풀렸는가? 어느 회사를 다 둘러놓고 보아도 나 같은 과장은 아마 없을걸세. 부하를 생각하다 나중에는 애인까지 구해 주는 일까지 하니 말일세.”

세 사람은 또 웃었다. 이래저래 이들은 취하였다. 영섭과 과장은 밤 열한 시나 되어서야 그곳을 나오게 되었다. 나올 때, 문간에서 샬리는 영섭의 손을 또다시 꼭 쥐어 주었다. 그리고 자기의 꽃수건을 영섭의 양복 윗주머니에 반쯤 걸치게 끼워 주었다. 과장은 취해서 이것을 보지 못하였다. 영섭은 얼른 그녀의 손을 쥐어주고 나왔다. 샬리는 이들이 멀리 사라질 때까지 문간에 서 있었다.

과장과 영섭은 종로 네거리에서 헤어졌다. 영섭이 조금 걸어 오다가 돌아보니 과장은 인력거를 타려고 하고 있었다. 영섭은 오늘 일이 꼭 꿈만 같았다. 과장이 자기를 대하는 태도가 돌변한 것, 또는 아무리 그런 곳에서 노는 여자라 하더라도 샬리가 자신에게 애틋한 시선을 주던 일. 여태껏 그가 살아오면서 생각지도 않았던 이런 모든 일들이 오늘 밤 그에게 있었던 것이다. 샬리는 누구에게나 친절히 굴어야 할 처지이나 그렇다고 아무에게나 사랑까지 분배할 것 같은 여자는 아닌 듯 보였다. 혹시 약한 마음 때문에, 혹은 누구의 힘에 의해서 자기의 육체가 더럽혀졌을지라도 자기의 진정한 사랑을 두 번 이상 바칠 수는 없을 것이다. 첫사랑은 경험했으리라. 그러나 그 첫사랑에 실패를 하였다면 다음으로는 거기에 대한 복수라든가 고독 때문에 맺어지는 사랑일 것이다.

영섭은 종로 야시장으로 들어섰다. 야시가 한창이었다. 물건 파는 사람들의 아우성 소리가 귀를 때렸다. 그 중에는 시골 사람을 붙들고, 물건을 만져만 보고 사지 않는다고 떼를 쓰고 싸우는 사람도 있었다.

술이 취한 영섭은 한참 동안 이 광경을 바라보았다. 잠깐 사이에 시골사람
이 달려들어 장사꾼의 뺨을 때렸다. 뺨을 맞은 장사꾼과 시골 사람이 붙어
서 싸우기 시작했다. 물건들은 이 두 사람의 발길에 흐트러지고 짓밟혔다.
순사가 왔다. 순사가 오자 싸움은 제지되었다. 사람들이 다 헤어진 뒤 그
장사꾼은 주저앉아 물건을 거두며 울었다. 영섭의 머리는 다시 무거워졌다.
그러나 그는 픽 웃고는 활개를 치며 걷기 시작했다.

영섭은 지금 아카시아 길을 간다. 고요한 밤 바람이 살랑이는 이 길은 아
카시아 향기로 가득 찼다. 영섭은 언뜻 그 샬리라는 여자의 얼굴 어느 구석
인가가 자기의 아내와 닮은 곳이 있는 듯함을 깨달았다. 그 눈이, 그 입이,
그 음성이 묘하게도 비슷했다. 어쩌면 그 이상으로 자기의 아내와 닮은 데
가 많은지도 모른다. 다만 아내보다 나이가 약간 적은 듯할 뿐이다. 이상한
일이라 생각했다.

언뜻 그는 아내에게서 들은 말이 생각났다. 아버지와 어머니가 일찍 돌아
가시자 아내와 아내의 여동생 두 자매는 외가에서 길러졌다. 그러나 외가가
파산을 하게 되자 그 가족들은 사방으로 흩어졌다. 그래서 영섭의 아내는
어느 서양 여선교사 집에 있게 되고, 그 동생은 동경으로 가는 외숙을 따라
갔다. 그 뒤에 외숙이 그 곳에서 죽자 그 동생의 소식은 지금까지 묘연했던
것이다. 혹 그 여자가 아닐까? 영섭에게는 어떤 영감이 스쳐가는 듯했다.
자기 아내의 말에 의하면, 그 동생과는 닮은 데가 많다고 하였었다. 영섭은
지금 곧 다시 돌아가서 그 진위를 알고 싶었다. 그러나 자기가 술이 취하여
환각에 사로잡힌 거라고 생각했다. 요사이 아내를 많이 생각했던 터라 그런
착각도 있을 법했다. 아무리 한 어머니에게서 나온 자매라도 그렇게 닮을
수는 없다. 인류가 아무리 셀 수 없을만치 많다 해도 다 다른 외모와 골격
을 가지고 있다. 그러니 이렇게 생각하는 것은 분명 자기의 착각 아니면 혹
약간 비슷한 데가 있는 것을 보고 그 때의 분위기 때문에 언뜻 똑같게 보였
는지도 모른다고 생각하였다.

그는 혼자 웃었다. 자신이 아내를 지극히 사랑했기 때문이라 위로하였다.
내가 죽은 아내를 너무 깊이 생각하는 것은 아닌가, 모두가 병이 있는 까닭
이다. 신경쇠약증이나 폐병에 가까운 중병일 것이다.

"저는 폐가 약한 것 같아요."
하던 아내의 말이 언뜻 생각이 났다. 그렇다. 내게도 아내에게서 그 병균이
옮아서 그것이 번식하는 것이리라. 그는 눈물이 핑 돌았다. 그렇다면 나의
일생도 그만인 것인가. 그는 불현듯 쓸쓸한 자기의 검은 그림자를 보았다.
그때 그의 눈앞에 허우적거리며 울고 덤비는 어린 아들이 나타났다. 영섭에

게는 귀여운 아들이었다. 그와 아내가 결혼한 지 일년도 못 되는 사이에 생겨나서 제 어미가 죽던 날에 태어난 아들이었다. 그와 아내와의 사랑의 결정체이며 영섭의 모든 소망을 차지하고 있는 아들이었다. 영섭은 그 아들의 장래를 위해서라도 마음을 약하게 먹어서는 안 된다고 자신을 꾸짖었다. 거기에 생각이 미치자 자기가 그 어린 생명에게 큰 죄를 지은 것 같았다.

영섭은 걸음을 재촉하였다. 그는 지금 그의 어린 아들의 울음소리를 들은 것이었다. 그의 눈에는 복슬복슬한 아들의 손이 자기의 턱을 어루만지며 코를 쥐고 흔드는 환영이 어리었다. 영섭은 두 팔을 벌렸다. 그리고 소리쳤다.

"일성아!"

그러자 일성이는 젖을 제대로 먹지 못하여 배가 고파서 우는 환영으로 나타났다.

"아아! 가엾은 생명아!"

하고 그는 소리를 내어 울며 걸음을 더욱 빨리하였다.

영섭의 아내는 해산을 하자마자 그 날로 죽었다. 어린아이는 암죽으로 며칠을 살렸으나 말라 가기만 하여 유모를 대었다. 영섭의 늙은 어머니가 몸이나 성했으면 모르되 중풍병으로 여러 해 고생을 하다가 끝내 반신불수가 되어 버려 거기에 의지할 수도 없게 되었던 것이다. 만약 노모가 성한 몸이어서 며느리의 해산을 잘 도왔으면 죽지 않았을지도 모르는 일이요, 또 어린아이도 암죽을 먹이나마 아무 탈이 없었을는지도 모른다. 어린아이는 태어난 지 얼마 되지 않아 경기로 시름시름하는데 영섭은 앞길이 캄캄했다. 이곳저곳 수소문해서 유모를 하나 구하니, 밥짓는 식모 월급 주랴, 유모 월급 주랴, 어머니께 약을 대랴, 넉넉지 못한 월급으로 근근이 꾸려 가자니 식모도 툴툴, 유모도 툴툴, 게다가 식모와 유모가 배가 맞아서 반신불수된 노인을 은근히 괄시하고 똥, 오줌 심부름도 하기 싫어서 그대로 내버려 두기 때문에 영섭이 퇴근을 하여 돌아와서는 손수 치우기도 하였다.

사실 식모나 유모도 먹고 살기 위해 그런 일을 한다지만 남의 집 늙은이 똥, 오줌 받아 내는 것을 좋아할 리는 없었다. 그래서 식모는 한 달에도 두 번 세 번 바뀌는 때도 있었으나, 이번에 들어온 유모만은 늘 찡찡 울면서도 제 것을 먹여 기르는 아이에게 정이 들고, 또 어미 없는 자식이라 가엾게 생각해서 그랬는지 제 친자식같이 길렀다.

유모의 젖꼭지가 어린애의 입에 길이 들자 유모는 아이에게 더욱 애착을 갖게 되었고, 아이는 유모의 젖꼭지까지 만지작거리게 되었다. 어느 틈에 삐쩍 말라가던 아이가 이제는 제법 토실토실하게 살이 올랐으나 간기(肝氣)

가 심하여 온밤을 뜬 눈으로 지새게 될 때에는 유모도 짜증을 냈다.

 유모는 젊었다. 젊고도 어딘지 여자다운 고운 태가 자르르 흘렀다. 이 여자는 신여성이 아니라는 이유로 소박을 맞은 여자로 모양새가 퍽 얌전해 보였다. 그녀는 자신이 젊기 때문에 영섭의 신세를 이해했고 동정했으며, 어느 때는 눈물까지도 흘렸다. 얼마 전 식모가 또 나가게 되었다. 유모는 밥을 짓고, 집안을 치우는 일까지 해야 했기 때문에 어린애의 젖먹는 시간을 맞추지 못하였다. 아이에게 젖을 몰아서 먹인 탓인지 아이가 간기가 부쩍 심해졌다.

 어제 저녁에는 너무도 그 간기가 심하여 경기를 했다. 영섭이 밤중에 뛰어나가 약을 사 먹인 것이 효험이 있었는지 오늘 아침에는 눈을 말똥말똥 뜨고는 제 아비의 코를 쥐고 흔들기까지 하였다.

 유모는 아이가 죽으면 자기의 큰 과실이 될까 봐 애를 태우다가 아이가 회생한 것을 보고는 저으기 안심이 되었는지 허탈하게 웃었다. 영섭도 마주보고 웃었다. 유모와 영섭은 처음으로 서로 바라보고 웃게 된 것이다. 유모에게는 그것이 기쁨을 준 모양이었다. 그녀는 영섭이 출근한 뒤 아이를 안고 온종일 혼자 즐거워했다.

 그런데 오후 네 시쯤부터 아이는 다시 간기를 시작했다. 유모는 혼자서 쩔쩔매며 애를 태웠다. 기름에 파뿌리를 달여서 먹이는 등, 별별 짓을 다해도 아이는 눈을 뜨지 않았다. 유모는 혼자 엉엉 울고도 싶었다. 아무도 없는 집에 어린애만 두고 나갈 수도 없어 동네에 아는 여편네를 불러서 한의사를 불러오라 하였다. 가기가 싫어서 간신히 갔다온 그 여자는 의사가 없다는 말을 전하였다. 어린아이의 손끝 발끝이 더욱 새파래졌다.

 영섭이 자기집 앞에 다다랐다. 집에서 어린애 소리는 나오지 않고 흑흑 느껴우는 여인의 소리가 흘러나왔다. 영섭은 이상한 예감이 들어 가슴이 덜컹하였다. 그는 어젯밤 일성이가 앓던 모습을 생각하고는 그것이 그 아이의 죽음을 예시한 것은 아닌가, 하는 방정맞은 생각이 스쳐갔다. 오늘 아침 그 아이가 눈을 초롱초롱 뜨고서 자기를 쳐다보며 코를 쥐고 흔들 때 그는 반가운 마음에 웃기는 하면서도 마음은 서글펐다. 어미 없는 자식이 남의 젖을 물고 사는 처지가 가여워서였기도 했지만 그 아이의 눈빛이 흐렸기 때문이었다. 사람이 마지막 운명하기 전에 간혹 정신이 또렷해지는 일이 있지만 눈만은 죽음의 빛으로 흐린 법이었다. 그것은 그의 아내도 그랬었다. 이 아이가 멀지 않아 가겠구나, 하고 영섭은 속으로 생각하고 마음이 언짢았으나 어린아이의 간기라는 것은 그렇다가도 깨끗이 낫는 수도 있어 안위하고서 회사에 나갔고 또 과장과 술까지 먹은 것이다.

영섭은 대문을 들어설 때 다리가 무거웠다. 죽었으면 어떻게 하나, 그는 일성이마저 없어지면 미치든지 그렇지 않으면 중병이 들지 모른다. 영섭이 마루 끝에 앉는 소리가 나자 유모가 뛰어나왔다.

"큰일났어요!"

유모가 부르짖었으나 영섭은 멍하니 서 있을 뿐이었다. 그는 유모의 울음을 듣고 만사가 이미 결정된 것이라 생각한 것이다.

"아이가 암만 해도……."

유모는 흐느끼며 목석같이 서 있는 영섭의 무섭게 뜬 눈을 보고 입술을 떨었다.

"그럼 죽지는 않았나요?"

영섭은 유모의 '암만 해도'란 말에 아직 아들의 생명이 끝나지 않았음을 알고 조금 숨을 돌렸다. 그는 구두를 벗고 마루로 올라섰다.

"오늘 종일 아이가 간기가 나서 금방이라도 죽을 듯했어요. 아기 혼자 두고 의사를 부르러 갈 수는 없고 그래서 하도 답답하기에 옆집 사람에게 부탁을 했더니 의사가 없더라지요. 그래 기름을 끓여 먹였더니 조금 나은 모양입니다만은 아무래도 심상치 않아요."

유모는 방에서 새어나오는 불빛에도 새파랗게 죽은 얼굴이다.

"너무 고생을 시켜드려서 미안합니다."

영섭은 유모가 혼자 애가 탔을 광경을 짐작하자 측은해 보였다. 영섭이 방으로 들어갔다. 아이는 이불을 덮고 누워 있었다. 쌔근쌔근하는 숨소리가 영섭의 가슴을 때리는 것 같았다. 그는 어린애의 앞으로 가 앉았다. 손을 만지니 싸늘했고 머리는 더웠다. 부석부석한 얼굴은 전등불빛에 더욱 창백해 보였다. 눈은 꼭 감겨 있었고 입술은 경련으로 실룩거렸다. 목구멍에서 가래가 끓는지 숨을 쉬는 대로 가르릉가르릉 소리가 났다.

"똥, 오줌은 어떻게 누었나요?"

영섭은 등 뒤에 서 있는 유모에게 물었다.

"네, 아까 낮에 푸른 똥을 누고 한 삼십 분 전에 오줌을 누었는데 아주 노란 오줌이었어요."

"네!"

영섭은 불안한 얼굴로 벌떡 일어섰다.

"가서 의사를 불러올 테니 잘 좀 보아 주십시오."

영섭은 밖으로 뛰어나갔다. 자기의 피붙이라는 생각을 떠나서 세상에 나온 지 몇 달도 안 된 작은 생명을 죽게 할 순 없다는 생각이 들었다. 영섭은 회사와 거래가 있는 정의사를 찾기로 하였다. 이 의사는 밤에는 별로 왕진을 안 하는 이로, 요리집에나 그렇지 않으면 첩의 집에서 밤을 보내는 때가 많았다. 혹시 없으면 낭패라고 생각하며 불안한 마음으로 뛰어갔다.

밤은 이미 깊었다. 큰길에는 자동차나 기생 혹은 술주정꾼이 탄 인력거가 보일 뿐이었다. 정의사의 집 앞에 다다르니 불이 다 꺼져 있었으나 초인종을 눌렀다. 한참을 기다려도 인기척이 없었다. 몇 번이나 초인종을 눌렀으나 역시 잠잠하였다. 나중에는 문을 잡아 흔들고 소리를 쳤지만 아무런 대답이 없었다. 필연코 자기가 추측한 것과 같이 알고도 모른 체하거나 그렇지 않으면 어느 요리집에서 밤을 새든지 소실의 집에 있는 것이라 생각했다. 버럭 화가 나서 문을 박차고 들어가서 소리를 치고 싶었으나 그대로 돌아섰다.

수중에 돈은 없었으나 어린애나 살려 놓고 보리라 생각하고 발을 떼어 놓았다. 아내가 죽을 때, 보아 주던 의사를 찾아가기로 하였다. 아직도 그때의 약값을 치루지 못한데다, 이 밤중에 깨워 일으키기가 미안했지만 이때까지 약값을 조르지 않고 돈이 생기거든 내라고까지 하던 무던해 보이는 의사였다. 기왕 자기를 보아 주던 터이니 한번 더 보아 달라고 간곡히 말해 보리라 생각하고 김의사에게로 갔다.

그 집은 아직도 불이 켜져 있었다. 마침 의사는 무엇을 연구하는 중이었는지 영섭을 선뜻 맞이해 주었다. 의사도 영섭이가 이 밤중에 왔을 때는 필연코 무슨 급한 일이 있으리라고 보았던지 먼저 영섭이 온 일을 친절하게 물었다. 영섭이 이 깊은 밤중에 뛰어온 사유를 밝히자 의사가 먼저 서둘러서 자동차를 부르고 하여 영섭과 같이 탔다.

"내가 누구에게 들으니 당신의 가정 형편이 안 되었더군요. 부인을 잃으시고 애기를 유모에게만 맡기셨다니 그게 될 일입니까? 다시 결혼을 하셔야겠군요. 집 안에 주부되시는 분이 안 계시면 그 모양입니다."

"그래요. 그러나 어디 요새 여자들이 어려운 살림을 하려듭니까?"

두 사람이 차 안에서 이런 이야기 저런 이야기를 나누는 동안에도 영섭은 그 동안 일성이가 죽지나 않았을까, 애가 탔다. 차는 영섭의 집으로 들어가는 골목 밖에서 멈추었다. 두 사람이 내리자 의사가 요금을 치렀다. 영섭은 창피했으나 의사의 눈치로 봐서 자기가 요금을 낸다 해도 굳이 말릴 것 같았다. 의사가 영섭의 집으로 들어가서 방문을 열었을 때는 다행히 어린아이는 눈을 뜨고 있었다. 유모는 영섭이 의사와 함께 들어오는 것을 보고는 일어섰다.

"어때요?"

영섭이 유모에게 물었다.

"글쎄요, 지금 간신히 눈을 떴는데 팔다리가 점점 새파래져요."

"네! 그게 심상치 않은데요!"

의사가 맞장구를 쳤다. 의사는 어린아이의 맥부터 짚어 보더니 기색이 좋지 않았다. 그는 청진기를 어린애 가슴에 대어도 보고 입도 열어 보았다. 그리고 주사를 줄 터이니 깨끗한 물을 들여오라 하였다. 유모가 물을 들여오자 기구를 소독하고 약을 넣어 가지고 어린아이에게 주사를 주었다. 웬만하면 아파서 울겠지만 일성이는 누운 그대로 숨소리만 높을 뿐이었다.

"사실 이 주사가 마지막 시험입니다. 만약 회생을 하면 기적일 것입니다. 곧잘 생겼는데, 거참 가엾군요."

의사는 손을 씻고는 유모가 내주는 수건에 손을 씻으면서 어린아이에게서 시선을 떼지 않았다.

"그럼 죽겠군요."

영섭의 얼굴에는 경련이 지나갔다.

"글쎄요, 나는 장담 못 하겠습니다."

"저를 어째요!"

의사의 말에 유모는 가슴이 덜컥 내려앉은 모양이다.

"사람은 누구나 죽음을 면할 수는 없습니다. 일찍 죽고 늦게 죽는 것밖에 다른 것이 없지요. 그렇게 생각하면 죽음에 대해서 냉정해집니다."

의사가 가방을 다시 챙겨들면서

"과히 실망은 마시지요."

하고 영섭의 팔을 쥐고 흔들었다.

"네."

영섭은 의사의 말에 무의식적으로 대답을 하고서 의사를 따라 밖에까지 나갔다.

"아참, 차를 부르는 걸 잊었으니 이를 어쩌지요?"

이렇게 말하며 밖으로 먼저 뛰어나가려 하는 영섭을 의사가 붙잡았다.

"천만에요. 오늘은 좀 피로하기도 하니 머리를 좀 식힐 겸 슬슬 걸어 가겠습니다. 여기서 거기가 얼마나 된다고……. 아까는 하도 급한 일이고해서 타고 왔지만……."

의사가 대문을 나갔다.

"어서 들어가 보시지요."

"네!"

영섭은 의사를 보내고 나서 일성이 걱정에 다시 집 안으로 뛰어들어왔다. 어린아이는 여전히 별 차도가 없는 듯 보였다. 영섭과 유모는 어린 것 앞에 목석처럼 앉아 있었다. 아이의 죽음의 고개를 바라보고 앉아 있는 두 사람은 꺼져 가는 생명에게 숨을 불어넣을 듯이, 아니면 자신들의 생명까지도 가져 가기를 기다리는 것같이 바라보고 있다. 그들은 심장의 고동이 얼마나 거대한 소리인가를 이때 처음 알았다. 그들 조그만 심장의 고동은 놀라우리만치 그들의 고막을 울리고 있는 것이다. 이 조그만 심장이 뛰는 동안에만 인간은 역사를 쌓는다. 만약 인류의 심장이 뛰는 소리를 한꺼번에 듣는다면 그것들은 무엇인가 거대한 것을 낳기 위하여 새로운 것을 창조해 내는 힘찬 소리와 같이 들릴는지도 모른다. 지금 이 두 사람은 이 인류 역사의 한계의 새로운 별 같은, 말하자면 빛을 만들고자 하는 것처럼 이 아이의 생명의 회복을 기다리고 있거나 자기들 심장이 박동하는 소리를 듣는 것인지 모른다.
  만약 일성이가 죽음의 고개를 넘지 않고 눈을 번쩍 뜨고 살아난다면, 그것은 기적일 것이다. 영섭은, 기적은 신화에서나 전설에서만 있는 것이 아니라 간혹 어느 시대, 어느 사람에게도 있을 수 있는 일이라는 것을 일성이를 통해서 깨닫고 싶었다. 종교를 믿는 사람은 기적을 신령의 신비라든가, 신의 손길이 닿은 것이라고 해석할는지도 모른다. 그러나 이 일성이는 주사 한 대, 현대과학의 아주 조그마한 힘에 의해 하나의 기적을 만들어야만 한다. 물론 그 주사 속에도 신의 계시가 있었다고 한다면 굳이 우기지는 않을 것이다. 어느 때는 그런 믿음이 인간의 일생을 기쁘게 하는 때도 있기에……. 어쨌든 일성이는 그 순간 희미하게나마 눈을 뜨며 깨어났다. 그 조그만 코와 입으로 막혔던 숨을 터놓았다. 그리고는 몸을 조금 뒤척였다. 그러더니 '뿌디딕' 하고서 똥을 누는 소리가 났다. 죽을 때만 똥을 싸는 것이 통념이지만 일성이에게는 이러한 일이 살아난 후에 있었다. 일성이는 처음에는 힘없이 눈을 떴다가 나중에는 커다랗게 떴다. 떠서는 두리번두리번하다가 유모를 보고는 방긋 웃었다.
  영섭과 유모는 그제서야 안도의 숨을 '휘' 내쉬었다. 그들은 무한히 길었던 긴장의 연속이 이 순간을 위해 존재한 것이나 되는 것처럼 눈물이 나도록 기뻤다. 그들에게 있어 이렇듯 기쁜 순간은 난생 처음이기나 한 것처럼 그들의 웃는 얼굴에는 땀이 흘렀다. 눈물이 흘렀다.
  유모는 일성이의 똥을 치우기 시작했다. 아이는 본능적으로 발을 바둥거렸다. 조그맣게 아로새긴 고추 같고 붓끝 같은 어여쁜 고놈 끝에서 오줌이 쪼르르 나왔다. 기적이다! 영섭은 어린 아들의 부활에서 어떤 커다란 진리를 깨달은 것같이 마음 속 깊이 감격하였다. 만약 이 기적을 자기 아내와 같이 보았더라면 얼마나 기뻤을까. 그녀는 분명 이런 때에 영섭에게 매달려 몸부림을 치면서 기뻐하였을 것이다. 그는 저렇게 무서운 체험을 하고 있는 어린 아들을 집에 내버려 두고, 술을 먹고 분향에 도취되어 있던 것을 생각하고서 실로 어린아이를 바라보기가 부끄러웠다. 이 세상에 자식을 둔 무수한 아비들이라면 이것을 생각해야만 하리라.

이튿날 아침, 일성이는 제 아버지의 품에 안기어 다시 그 아비의 싱겁게 내민 코를 쥐고 흔든다. 유모는 부엌에서 밥을 지으면서 이것을 내다보고 웃었다. 그 착한 의사가 아이를 돌보아 준 덕에 일성이 살아났기에 사실 이 모든 공적은 그 의사에게 돌리는 게 당연하였다. 영섭은 침착하고 어질며 이해가 깊은 그 의사야말로 가엾은 무리들의 벗이요, 이웃이라 생각했다. 그래서 그는 이 기적을 그 의사에게 알리지 않으면 안 되리라 생각하여 어린애를 유모에게 맡기고 밖에 나가 그 의사에게 전화를 걸었다. 의사는 자기 일이나 되는 양 기뻐하더니 조금 있다가 영섭의 집으로 뛰어왔다. 의사도 그 아이를 안고 둥게둥게를 하며 어르다가 다시 주사 한 대를 더 놓아 주었다.

"다 선생님의 힘이올시다."

영섭이 의사의 손을 힘있게 쥐며 감격어린 목소리로 말하였다.

"무얼요, 우연이라는 것도 있지요. 현대과학이 아무리 발달되었다 하더라도 어디 믿을 수 있습니까? 나는 그것을 경험으로써 안 것이지요."

두 사람은 웃었다. 이때에 밖에서 영섭이 다니는 회사의 급사아이인 인환이가 뛰어들었다.

"무슨 일이지?"

영섭은 놀라는 기색으로 물었다.

"전무님께서 이것을 갖다 드리라고 해서요."

급사아이는 편지를 영섭에게 내주었다. 영섭은 전무가 보낸 편지를 받아들며 가슴이 섬뜩하였다. 불행만 맛본 사람은, 항상 자신에게는 이 세상 모든 일이 불행만 예시할 것이라고 생각하듯, 전무의 편지가 마치 영섭에게 어떤 흉보일 것만 같이 생각되었다. 한 회사에 있어도 일년에 한번이나, 많으면 몇 달에 한 번쯤 마주 앉아 이야기하던 전무가 무슨 큰일이 있기 전에는 자신에게 이렇듯 서신으로까지 알릴 필요가 없었기 때문이었다. 더군다나 요즈음 회사에서 인원감축설이 돌고 있어 회사 안 공기가 험악하였던지라 혹 거기에 자기가 끼이지나 않았나 하는 추측이 앞섰다. 그는 떨리는 손으로 그 편지를 뜯어 보았다. 그 편지는 의논할 일이 있으니 지금 곧 들어오라는 내용이었다. 영섭은 필시 무슨 좋지 않은 일이 있으리라 지레 짐작하고서 급사아이를 먼저 보냈다. 의사가 돌아가자 영섭은 아침밥도 먹지 않고 회사로 들어갔다.

중역실로 들어가니 전무가 혼자 앉았다가 얼굴에 화기를 띠며 일어서서 영섭을 맞이한다. 전무는 영섭에게 푹신푹신한 의자를 권하고는 자기도 마주 앉았다. 영섭은 전무의 기색이 상상 밖으로 좋아 보여 혹 어제 저녁 과장의 말마따나 승진을 시키려는 모양인가보다 하였으나 어느 모로 보든 자기가 지금 과장의 자리에 앉을 만한 배경도 없고 또 본인 스스로도 과장의 말을 그대로 믿을 수는 없다고 생각했다. 어찌됐든 전무의 입에서 무슨 말이고 나올 터이므로 좌우간 들어보기나 하자 생각하고 전무를 바라보았다.

"이렇게 일찍 들어오시라 한 것은 김영섭 씨에게 한 가지 기쁜 소식을 알리려고 하는 것입니다. 나중에 아는 것도 좋지만 발표하기 전에 먼저 당사자 되는 이에게 알려드리는 것이 좋을 듯해서 이렇게 실례를 했습니다. 다른 것이 아니라 김형이 소개하신 도본(圖本)이 다른 전문가들 것보다 낫고 또 새로운 점이 있어서 중역회의에서는 그것을 쓰기로 결정을 보았습니다. 그래서 물론 거기에 대한 보수도 있어야 하겠고 해서 전문가들에게 주는 것보다는 김형이 본사에서 일을 보시고 해서 약소하나마 보수를 드리기로 했습니다. 참 기쁩니다. 본사 직원의 손으로 된 본사 사옥을 신축하게 되었으니 이것은 누구에게든지 자랑할 만한 일입니다. 그런데 언제 그렇게 건축에 대해서 연구를 하셨나요? 사람은 누구나 가볍게 볼 것이 아니라는 것을 이제야 알았습니다. 사장님께서도 나중에 만나뵙고 치하를 하시겠지만 어쨌든 이 회사에서 사무를 보시면서라도 그 방면에 연구를 계속하십시오. 회사에서도 앞으로 거기에 조력을 아끼지 않을 것이고 신축 낙성하는 날 우리 회사에서도 건축을 맡아보는 기관을 세우려고 합니다. 그때는 김형을 주축으로 하여 일을 맡길 계획입니다. 그것은 아직 발표할 단계는 아니지만 그것이 안 되더라도 신축 낙성하는 날에는 분명 김형의 지위도 생각할 것입니다. 그 보수에 대하여는 이렇습니다. 보수라고 할 것까지는 없지만 본사 상급사원들을 모아 놓고서 어느 형식 밑에서 사장이 드릴 것입니다. 그럼 아침을 안 드셨을 터이니 우리집에 가서 찬은 없으나마 같이 잡숫고 들어오십시다."

영섭은 이런 일이 의외였던지라 무어라고 대답할 말이 나오지 않았다. 언젠가 회사에서 사옥을 신축하고자 설계도를 모집한다는 광고를 신문에 낸 적이 있었다. 그때 영섭이 그 동안 틈틈히 연구하였던 건축에 대한 지식으로 설계를 하여 별 기대없이 회사에 내어 본 것이 당선되었다는 것으로 영섭은 이 일이 꼭 꿈만같이 느껴졌다.

"그 변변치 않은 것이 어떻게……."

영섭이 말을 시작하려니 전무는 손짓을 해가며 가로막는다.

"천만에. 겸손의 말씀이 따로 있지요. 이제 건축만 시작하면 김형이 총감독을 하셔야 할 것이니까 지금까지 보시던 일은 다른 사람에게 맡길 작정입니다. 어쨌든 잘 되었습니다. 김형도 사실 그 동안 고생이 많으셨지요. 내가 말할 것은 아니지만 김형이 일을 남보다 몇 배를 하고 계신 것도 다 알고 있었으나 입이 여럿이고 눈이 하도 많다 보니 기회를 보고 있던 참인데……. 우리 회사에서 김형은 이제 혜성과 같은 존재가 되었습니다. 자, 시간이 얼마 안 남았으니 집에 얼른 다녀 오십시다."

이래서 영섭은 전무의 집으로 따라갔다.

밤 열두 시가 넘어서야 영섭은 ××관이란 요리집을 나왔다. 낮에는 전무의 말과 같이 회사원을 모아 놓고 사장 이하 중역들이 다 모인 자리에서 영섭에게 시상식이 있었고 회사원들과 함께 요리집에서 축하식을 한 것이다. 식장에서 이천 원이란 수표가 든 봉투를 받았다. 영섭은 급사아이 인환이를 시켜 은행에서 그 수표를 바꾸어다가 인환에게 삼백 원을 주었다. 인환이는 이것을 받으면서 눈물을 흘렸다. 그것은 돈을 보고 흘리는 눈물이 아니라 영섭의 큰 마음에 감격하였던 까닭이다.

영섭은 아카시아 숲길을 걸어 집으로 향하였다. 꽃이 질 무렵이 되어서 그런지 향기가 몹시 코를 찔렀다. 만약 오늘 같은 날 아내가 있었더라면 발걸음을 더욱 빨리하였을 것이요, 오늘의 일을 이야기하면 아내는 기쁨으로 말미암아 밤을 새웠을지도 모른다. 죽은 사람을 생각해서 무엇하랴 하였지만, 기실 이번 그 건축설계를 하느라 밤마다 책상머리에 몸을 구부리고 씨름하고 있을 때 아내의 도움이 컸었다. 중역실의 내부는 어떻게 꾸미고 사장실은 어떻게 꾸미고 하면서 여자 특유의 섬세한 감각으로 큰 도움을 주었던 것이다. 그래서 이것은 자기 한 사람이 만든 것이 아니라 아내와 두 사람의 힘으로 된 것이고 보니 그것이 당선된 지금에 있어 그는 마음이 더욱 슬프지 않을 수 없다.

"이것은 꼭 당선될 것입니다. 내가 생각해도 조선에서는 최신식이면서도 견실한 건축물이 될 것입니다."

지금도 아내의 말이 귀에 쟁쟁하다. 또 그것을 회사에 제출하던 날,

"꼭 당선이 되었으면 좋겠는데요. 아무리 날고 기는 사람이 있다 하더라도 이것만은 이길 수 없을걸요?"

하던, 아내의 진심에서 우러나온 축원을 마음 깊이 눈물겹게 듣던 그때의 기억이 되살아나 영섭의 마음을 아프게 했다. 아내는 그에게 있어 큰 후원자였었다. 그 큰 힘을 그는 잃은 것이다. 그 잃은 힘을 어디서 다시 찾는

단 말이냐. 영섭은 술에 취한 탓도 있지만 옛날 모든 정희가 새삼 끓어올라와서 엉엉 소리를 내며 울면서 걸어갔다.

영섭은 그 동안, 그리고 오늘 하루 온종일 반신불수가 된 자기 어머니의 존재를 잊었던 것을 깨달았다. 제 아들을 위하여 자기의 어머니까지 잊었던 걸 돌아보면서 영섭 자신을 기른 어머니는 자기를 위하여 얼마나 많은 희생이 있었을까 싶었다. 그는 건넌방 미닫이를 열어 보았다. 어머니는 주무시고 계셨다. 언제나 유모가 깨끗이 치워 놓은 방, 깨끗한 어머니의 이부자리, 그는 유모가 그 북새통에도 잊지 않고 착실하게 자기의 병든 어머니를 돌보아드리는 것을 보고는 눈물이 나도록 고마웠다.

"저런 여자를 싫다고 이혼한 놈이 있으니……."

하고 혼잣말을 뇌이면서 제 방으로 갔다. 유모는 일성이의 옆에 누워 잠에 취해 있는 그 꼴이 영낙 없는 친자식, 친어머니 같았다. 인기척을 들은 유모는 벌떡 일어났다.

"이를 어쩌나! 아이 아버지께서 들어오시는 것도 모르고 잤네."

유모는 눈을 부비며 일어섰다.

"아닙니다. 그대로 주무시지요. 저는 아랫방에서 자지요."

영섭은 방을 나가려 하였다.

"별 말씀을 다 하세요. 이 방 주인께서 딴 방에서 주무시다니……. 이따가 애가 울든지 하면 저를 깨우세요."

유모는 나갔다. 영섭은 다시 살아나 쌔근쌔근 평안하게 잠들어 있는 아들을 물끄러미 내려다보다가 빙그레 웃었다.

어느 날씨가 쾌청한 일요일, 유모차를 탄 일성에게 우유 젖꼭지를 물리고 젊은 아버지인 영섭이 유모차를 밀고 아카시아의 꽃길을 가고 있었다. 백화점에서 새로 사온 양복을 입은 일성이는 옷에 반사된 햇빛에 눈이 부셔서인지 눈을 깜빡거리며 물도 안 나는 우유 젖꼭지를 빨면서 두리번거린다. 영섭이는 오랜만에 휘파람을 불었다. 이제 영섭에게 병이 있다면 아직도 아내를 잊지 못하는 병밖에는 없을 것이다.

www.ingramcontent.com/pod-product-compliance
Lightning Source LLC
Chambersburg PA
CBHW050504160726
48003CB00001B/154